Competitive
Sports
Information
Integrated
Services

竞技体育
信息集成服务

孔军 著

武汉大学出版社

图书在版编目(CIP)数据

竞技体育信息集成服务/孔军著.—武汉：武汉大学出版社,2009.11
ISBN 978-7-307-07367-8

Ⅰ.竞… Ⅱ.孔… Ⅲ.运动竞赛—情报服务—研究 Ⅳ.G252.7

中国版本图书馆 CIP 数据核字(2009)第 182583 号

责任编辑：詹 蜜　　责任校对：黄添生　　版式设计：马 佳

出版发行：武汉大学出版社　（430072　武昌　珞珈山）
　　　　　（电子邮件：cbs22@whu.edu.cn　网址：www.wdp.com.cn）
印刷：武汉中远印务有限公司
开本：720×1000　1/16　印张：17.25　字数：245 千字　插页：2
版次：2009 年 11 月第 1 版　　2009 年 11 月第 1 次印刷
ISBN 978-7-307-07367-8/G·1462　　定价：33.00 元

版权所有，不得翻印；凡购我社的图书，如有缺页、倒页、脱页等质量问题，请与当地图书销售部门联系调换。

内 容 简 介

　　信息集成服务理论与实践研究是信息管理与服务领域的重要分支和重点研究课题，将信息集成服务引入竞技体育领域是一个新的研究课题。竞技体育信息集成服务研究以用户为中心，面向竞技体育各方面主体的信息需求，在分布式环境下探索信息资源的整合机制与集成服务的组织理论，旨在解决竞技体育信息的集中需求与资源分散、异构分布之间的矛盾，以此出发，推进面向多元主体的全程信息服务与保障。

　　竞技体育的发展不仅需要包括资金投入、技术和人才在内的资源保障，而且需要充分的信息保障。为了改变我国竞技体育分布的非均衡状态，除有形资源（主要是资金、技术和人才）共享外，还需要信息共建共享作保障，我们完全可以通过基于互联网的信息资源整合，实现面向我国各类主体的竞技体育信息服务的社会化和全程化。信息资源网络的发展和基于网络的数字信息资源共建共享的推进，为竞技体育信息服务的发展提供了支撑条件，推动了跨越服务机构和服务系统边界的信息资源共享与集成服务的发展。

　　本书的基本思路是，围绕竞技体育发展中的信息资源保障和信息服务提供，以竞技体育用户信息需求为中心，把信息集成服务作为一种新的服务理念和类型来看待，重点放在当前数字网络环境下竞技体育领域内的信息服务发展与创新上，研究竞技体育信息化过程中以用户为中心的信息集成服务问题。全书分为 8 个部分，内容如下：

　　第 1 部分从研究背景与研究意义出发，围绕竞技体育信息集成服务的国内外研究现状、研究方法、创新点进行阐述。

第 2 部分对竞技体育结构及其用户信息需求进行分析。对我国竞技体育结构、竞技体育信息资源类型与分布状况、竞技体育用户分类以及不同用户的信息需求等方面进行剖析。

第 3 部分分析竞技体育信息服务及其现状。从基于竞技体育活动的信息服务组织、竞技体育信息服务业务开展和竞技体育信息服务手段及其数字化发展等三个方面分析我国竞技体育信息服务现状,指出我国竞技体育信息服务中存在的问题与不足。

第 4 部分对竞技体育信息资源整合平台构建及其实现进行研究。竞技体育信息集成服务的开展,需要进行面向用户的竞技体育信息资源整合平台支撑。以此出发,本部分探讨了面向用户的竞技体育资源整合平台构建要求与原则,进行基于用户体验的竞技体育信息资源整合平台设计,从网络结构和功能结构两方面确立竞技体育信息资源整合平台结构。

第 5 部分探讨竞技体育信息集成服务业务推进。本部分分析了竞技体育信息集成服务的组织形式,对竞技体育信息集成服务的实现进行了研究;提出了竞技体育信息资源整合的跨系统实现战略,针对竞技体育信息资源整合平台跨系统整合推进中的问题,在对策研究的基础上讨论了基于平台的竞技体育信息集成服务的业务拓展。

第 6 部分对竞技体育信息集成服务的实现技术进行研究。竞技体育信息集成服务的开展,需要技术支持,以此出发,本部分探讨了竞技体育信息集成服务技术发展和竞技体育集成信息服务的技术实现。

第 7 部分对面向用户的竞技体育信息集成服务管理进行研究。本部分围绕竞技体育信息集成服务中的用户管理、专业人员管理、服务流程优化、服务质量控制和服务标准管理等问题进行了全方位研究,提出了相应的对策。

第 8 部分,以中国体育资讯网和国家帆船帆板队信息平台的信息集成服务为案例,根据中国竞技体育信息集成服务的横向(覆盖多个运动项目)与纵向(单个运动项目区域分布)结合的特点,在实践总结的基础上,通过本人所进行的竞技体育项目信息集成服务平台研发和初步应用,提出了完整的项目信息集成服务实现方案。

在本书的结语中,展望了竞技体育集成信息服务未来发展,提出了继续深化的课题。

序

"发展体育运动,增强人民体质"是毛泽东同志提出的我国开展体育运动的指导方针,体育运动的开展已成为社会主义物质文明和精神文明建设的重要组成部分。在新的时期,全民健身活动与竞技体育的蓬勃发展充分展示了国家创新和中华崛起的文明风貌。

作为体育运动重要组成的竞技体育,不仅关系到全民体育活动的开展,而且体现了体育运动的进步,标志着全民体育活动发展水平和追求。对此,各国均给予高度关注。由此,提出了竞技体育研究的新课题。

现代竞技体育,不仅体现在体育项目的组织、运动员训练、人才培养和竞赛上,而且需要在信息化环境下进行沟通和交流,组织全方位的体育科技研究和创新。无疑地,面向竞技体育的信息服务组织,处于十分重要的位置。在国家体育战略发展导向下,孔军博士立足于体育信息化中的信息服务组织问题,进行系统研究,在面向现实问题的解决中,取得了"竞技体育信息集成服务"研究成果。这是值得庆贺的,随着反映创新成果内容著作的出版,必将对竞技体育信息服务产生多方面影响。

竞技体育的发展不仅需要包括资金投入、技术和人才在内的资源保障,而且需要充分的信息保障。为了改变我国竞技体育分布的非匀衡状态,除有形资源(主要是资金、技术和人才)共享外,还需要信息共建共享作保障,因此我们完全可以通过互联网进行信息资源整合,实现面向我国各类主体的竞技体育信息服务的社会化和全程化。信息资源网络的发展和基于网络的数字信息资源共建共享的推进,为竞技体育信息服务的发展提供了支撑条件,推动了跨越服务机构和系统边界的信息资源共享与集成服务的发展。

将信息集成服务引入竞技体育领域是一个新的研究课题。竞技体育信息集成服务研究，以用户为中心，探索信息资源的整合机制与服务集成的组织理论，旨在解决竞技体育信息的集中需求与资源分散、异构分布之间的矛盾，以此出发，推进面向多元主体的全程信息服务与保障。

该书围绕竞技体育发展中的信息资源保障和信息服务推进，以竞技体育用户信息需求为导向，将信息集成服务作为一种新的服务理念来看待，研究竞技体育信息化过程中信息集成服务的实现。该书的建树在于，分析竞技体育信息集成服务的组织形式，构建了竞技体育信息集成服务的科学体系，提出竞技体育信息资源整合的跨系统实现战略，在对策研究的基础上进行了基于信息资源整合平台的竞技体育信息集成服务的业务拓展。

在理论研究中，作者根据网络发展和信息服务的固有特征，从竞技体育信息服务需求、资源类型与分布分析出发，在揭示集成服务发展规律的基础上，确立了竞技体育信息集成服务的组织理论；与此同时，构建了以用户为中心的竞技体育信息集成服务系统，确立了信息化环境下的竞技体育全程服务理念，通过实证探索了信息集成服务平台成果的应用。

该书作为孔军同志的创新性研究成果，是其攻读博士学位和潜心于体育学研究的一部代表性著作，充分体现了作者独特的交叉学科优势和求实的研究作风。在此，预祝作者在体育信息管理领域不断取得新的进展和突破，为我国竞技体育和信息服务的发展做出新的贡献。

胡昌平

2009 年 10 月 1 日于武汉大学

目 录

1 导论 ………………………………………………………………… 1
  1.1 研究背景与意义 ……………………………………………… 1
    1.1.1 竞技体育发展中的资源保障与信息服务组织 ……… 1
    1.1.2 竞技体育信息化发展中的服务集成导向 …………… 2
    1.1.3 面向奥运的数字信息服务平台支撑 ………………… 3
  1.2 竞技体育信息集成服务的相关概念 ……………………… 4
    1.2.1 关于现代"竞技体育" …………………………… 4
    1.2.2 关于现代"集成" ………………………………… 9
    1.2.3 关于"信息集成" ………………………………… 13
    1.2.4 关于"信息集成服务" …………………………… 16
  1.3 国内外相关研究现状的分析 ……………………………… 19
    1.3.1 竞技体育信息系统共建研究 ………………………… 20
    1.3.2 竞技体育信息服务共享研究 ………………………… 21
    1.3.3 竞技体育信息集成服务实践发展 …………………… 22
    1.3.4 竞技体育信息集成服务研究存在的问题与不足 …… 24
  1.4 研究内容、研究方法与创新 ……………………………… 25
    1.4.1 研究内容 ……………………………………………… 25
    1.4.2 研究方法 ……………………………………………… 27
    1.4.3 创新之处 ……………………………………………… 27

2 竞技体育结构及其用户信息需求分析 ……………………… 29
  2.1 竞技体育项目结构与项目用户构成 ……………………… 29
    2.1.1 竞技体育的项目结构 ………………………………… 30

  2.1.2 我国竞技体育的项目布局…………………………… 32
  2.1.3 非均衡状态下的我国竞技体育项目用户及其
     信息需求结构…………………………………………… 37
 2.2 用户所需竞技体育信息资源类型与分布………………… 43
  2.2.1 竞技体育信息资源类型与特征……………………… 43
  2.2.2 竞技体育信息资源的结构与分布…………………… 51
  2.2.3 我国与项目对应的竞技体育信息资源的地区分布 … 70
 2.3 竞技体育用户类型结构与需求特征……………………… 73
  2.3.1 竞技体育信息用户分类……………………………… 73
  2.3.2 竞技体育信息用户的职业性需求特征……………… 75

3 竞技体育信息服务及其现状分析…………………………… 88
 3.1 基于竞技体育运动的信息服务组织……………………… 88
  3.1.1 面向运动训练和比赛的信息服务…………………… 88
  3.1.2 面向竞技体育科学研究的信息服务………………… 90
 3.2 竞技体育信息服务业务的开展…………………………… 91
  3.2.1 专题信息服务………………………………………… 91
  3.2.2 定题信息服务………………………………………… 93
  3.2.3 信息检索服务………………………………………… 96
  3.2.4 专项委托服务………………………………………… 96
  3.2.5 参考咨询服务………………………………………… 97
 3.3 竞技体育信息服务手段及其数字化发展………………… 99
  3.3.1 竞技体育信息服务形式……………………………… 99
  3.3.2 基于网络的竞技体育信息服务发展 ………………101
 3.4 面向用户的竞技体育信息服务中的问题与
   信息集成对策 ……………………………………………102
  3.4.1 竞技体育信息服务中的现存问题 …………………102
  3.4.2 面向用户的竞技体育信息服务障碍 ………………103
  3.4.3 面向用户的竞技体育信息集成对策 ………………105

4 基于互联网的竞技体育信息资源整合平台构建 ……………108

4.1 信息构建理论在竞技体育信息资源整合
    平台中的应用 ………………………………………… 108
  4.1.1 信息构建的理论发展 …………………………… 108
  4.1.2 信息构建理论对信息资源整合平台建设的促动 … 110
  4.1.3 基于信息构建的竞技体育信息资源整合
        平台建设 ………………………………………… 112
4.2 竞技体育信息资源整合平台构建要求、原则、
    资源配置与功能 ……………………………………… 118
  4.2.1 竞技体育信息资源整合平台构建要求 ………… 118
  4.2.2 竞技体育信息整合平台的构建原则 …………… 121
  4.2.3 竞技体育信息平台的资源配置 ………………… 123
  4.2.4 竞技体育信息资源平台的功能设置 …………… 125
4.3 竞技体育信息资源整合的跨系统实现 …………… 127
  4.3.1 竞技体育信息资源平台跨系统整合定位 ……… 127
  4.3.2 竞技体育信息资源平台跨系统整合架构 ……… 130
  4.3.3 竞技体育信息资源整合平台跨系统整合的推进 … 131
4.4 我国竞技体育信息资源整合平台建设的战略发展 … 134
  4.4.1 竞技体育信息资源整合平台面临的新问题 …… 134
  4.4.2 竞技体育信息资源整合平台的战略规划与发展 … 135

5 用户导向下的竞技体育信息集成服务组织 …………… 138
5.1 竞技体育信息集成服务业务及其发展 …………… 138
  5.1.1 集成化竞技体育信息发布 ……………………… 138
  5.1.2 基于神经网络集成技术的竞技体育专家
        系统服务 ………………………………………… 141
  5.1.3 竞技体育信息集成化检索 ……………………… 143
  5.1.4 竞技体育信息集成化推送服务 ………………… 146
5.2 竞技体育信息集成服务的组织形式 ……………… 147
  5.2.1 基于资源共享的服务组织形式 ………………… 147
  5.2.2 基于机构合作的服务组织形式 ………………… 149
5.3 竞技体育信息门户组织与集成服务的实现 ……… 152

5.3.1 竞技体育门户中的信息资源集中利用 …………… 152
   5.3.2 竞技体育信息门户的服务要求 ………………… 153
   5.3.3 竞技体育信息门户的实现形式 ………………… 157
 5.4 基于合作数字化平台的竞技体育参考咨询与
     智能代理服务 ……………………………………… 158
   5.4.1 基于合作数字参考咨询的竞技体育信息
         集成服务 ………………………………………… 159
   5.4.2 基于智能代理的竞技体育信息集成服务 ……… 161

6 竞技体育信息集成服务实现技术 ……………………… 168
 6.1 信息链接的技术及其应用 ………………………… 168
   6.1.1 信息链接技术在竞技体育信息集成
         服务中的实现 …………………………………… 168
   6.1.2 信息链接的作用 ………………………………… 170
   6.1.3 信息链接技术应用中要注意的问题 …………… 171
 6.2 互操作的技术实现 ………………………………… 172
   6.2.1 基于资源整合的竞技体育信息系统互操作
         特征及目标 ……………………………………… 172
   6.2.2 竞技体育信息系统互操作的特征 ……………… 173
   6.2.3 基于资源整合的竞技体育信息系统互操作目标 … 174
   6.2.4 互操作技术在竞技体育信息集成服务中的实现 … 175
 6.3 信息过滤的技术实现 ……………………………… 184
   6.3.1 信息过滤一般模型 ……………………………… 184
   6.3.2 竞技体育信息集成过滤服务的实现方式 ……… 186
 6.4 智能信息推拉的技术实现 ………………………… 188
   6.4.1 智能信息推拉技术的技术流程 ………………… 188
   6.4.2 智能信息推拉的技术实现方式 ………………… 190

7 面向用户的竞技体育信息集成服务管理 ………………… 193
 7.1 竞技体育信息集成服务中的用户管理 …………… 193
   7.1.1 竞技体育信息服务中的用户信息集成 ………… 193

目 录

  7.1.2 用户数据模型的构建 …………………………… 195
  7.1.3 用户管理系统的建设 …………………………… 197
 7.2 竞技体育信息集成服务中的专业人员管理 ………… 199
  7.2.1 专业人员的服务技能管理要求 ………………… 199
  7.2.2 专业服务团队的组织与人力资源整合 ………… 201
 7.3 信息集成服务流程优化 …………………………………… 203
  7.3.1 传统信息服务流程及其缺陷 …………………… 203
  7.3.2 基于集成服务的流程重构 ……………………… 205
  7.3.3 基于服务功能集成的业务流程优化 …………… 206
 7.4 信息集成服务的质量控制 ……………………………… 208
  7.4.1 优质信息服务的质量指标 ……………………… 209
  7.4.2 基于用户的集成信息服务质量评价 …………… 211
  7.4.3 信息集成服务的质量控制 ……………………… 212

8 竞技体育信息集成服务案例分析 …………………… 218

 8.1 中国体育资讯网信息集成化服务分析 ……………… 218
  8.1.1 体育资讯网信息集成化服务情况 ……………… 219
  8.1.2 体育资讯网信息平台集成信息服务特点 ……… 223
  8.1.3 体育资讯网信息平台集成服务的不足及其
     原因分析 ………………………………………… 224
 8.2 国家帆板队集成信息服务实践分析 ………………… 228
  8.2.1 帆船帆板集成信息服务平台的基本功能 ……… 229
  8.2.2 面向运动队的帆船帆板信息集成服务的
     组织机制 ………………………………………… 234
 8.3 竞技体育项目信息集成服务平台的研发及应用 ……… 236
  8.3.1 用户需求为中心的竞技体育信息集成服务平台
     总体框架 ………………………………………… 236
  8.3.2 竞技体育项目信息集成服务平台的功能设计 … 237
  8.3.3 竞技体育信息集成服务平台的实现 …………… 239
  8.3.4 竞技体育信息集成服务平台的服务提供与
     应用前景 ………………………………………… 242

参考文献 …………………………………………………… 247
后　记 ……………………………………………………… 260

1 导 论

信息集成服务理论与实践研究是信息管理与服务领域的重要分支和重点研究课题。竞技体育信息集成服务研究以用户为中心，面向竞技体育各方面主体的信息需求，在分布式环境下探索信息资源的整合机制与集成服务的组织理论，旨在解决竞技体育信息的集中需求与资源分散、异构分布之间的矛盾，以此出发，推进面向多元主体的全程信息服务与保障。

1.1 研究背景与意义

竞技体育的发展、信息资源网络的建设和基于网络的数字信息资源共建共享的推进，使得竞技体育用户越来越期盼以用户为中心的、跨越服务机构和服务系统边界的信息资源共享与集成服务，竞技体育信息服务行业在关注个性化服务的同时，还应该重视和关注集成服务。

1.1.1 竞技体育发展中的资源保障与信息服务组织

长期以来，受区运战略、省运战略、全运战略与奥运战略的影响与导向，我国竞技体育各级利益主体围绕各自的战略目标，形成了各具特色的运动项目结构。区运、省运、全运和奥运战略之间虽然存在某些差异，实际上仍然是局部战略和整体战略的关系。目前，我国的竞技体育运动项目结构受多种因素的影响。其中，竞技体育的非均衡发展状况是其中一个重要方面。非均衡发展通常是指不同地区、行业、人群在发展过程中的资源分配、财富积累、经济收入、权力运用等方面产生不平衡或不均衡现象，或呈现愈来愈显著的差异趋势。非均衡发展从资源有效配置的角度出发，考虑在经济发展的初始状态下，如何把有限的资源分配于最有生产潜力的地方。当前，我国竞技体育的总体实力与美国、俄罗斯比较有一定的距离，与德国、法国、澳大利亚等相比处于同一层次。项目结构存在着夺金项目分布面窄，优势项目不多，田径、游泳等基础项目薄弱，篮球、足球、排球等社会影响较大的集体项目处于相对劣势，冬季项目仅有少数小项目达到世界先进水平等问题。由于世界竞技体育优势项目的国家分布格局加上我国的地域辽阔、人口众多等国情，我国的竞技体育一直处于一种非均衡发展状态。我国竞技体育的非均衡状态主要表现为：①运动项目布局区域不平衡；②运动项目之间普及率不平衡；③各区域重点投入项目不尽相同。① 竞技体育的这种非均衡发展状态使得国内各省市的竞技体育项目设置失衡，实力差异显著，体育资源高度稀缺，这样的现实状况，在发展上试图"齐步走"、管理上寻求"一刀切"是不现实的。当前，我国竞技体育发展中的有限资源主要是保障那些具有创造优良运动成绩的竞技体育项目，把有限的资源配置在这些优势项目和拳头项目上。

竞技体育的发展不仅需要包括资金投入、技术和人才在内的资源保障，充分的信息保障同样至关重要。为了改变我国竞技体育的非均衡发展状态，除有形资源（主要是资金、技术和人才）共享外，还需要信息共建共享作保障。我们完全可以通过基于互联网的信息资源整合，实现面向我国各类主体的竞技体育信息服务的社会化和全程化。

1.1.2 竞技体育信息化发展中的服务集成导向

高水平的信息服务是竞技体育发展的重要保障。竞技体育的高竞争性使得竞技体育信息用户对相关信息的需求日益迫切，对信息

---

① 吴希林，袁守龙，孙平，唐家珍．我国竞技体育运动项目结构特征及奥运设项效益研究［J］．体育科学，2007（5）．

的质量和时效性也提出了更高的要求。

竞技体育信息资源的类型多样，且分散地存在于各个有关的系统之中。目前，从我国竞技体育信息资源的整体布局来看，缺少统一规划和有效管理。传统的系统、行业管理结构，导致部门之间缺少合作，彼此间缺乏协调。虽然各系统投入了相当的人力、物力进行信息资源建设，然而，各系统、部门信息资源配置大多处于"各自为政"的状态，造成了信息资源集成中的重复建设。另外，各系统、部门往往根据局部需要确定资源建设目标，从而导致各部门、系统的信息资源整体结构欠佳，资源组织规范程度不高，共享性差，使得信息孤岛林立，不能实现服务系统间的互操作。竞技体育信息资源未能有机地联系起来，使得信息用户获取信息相对困难，导致了竞技体育信息的集中需求与资源分散、异构分布之间的矛盾。

随着体育信息化的发展，基于互联网的竞技体育信息资源的互联互通，可以使全世界的体育信息资源连成一体。国家体育管理与运动项目组织系统网络、国家专门性体育信息网、国家体育总局各运动项目管理中心的项目信息系统、各省市自治区体育局及下属单位信息网站、国际专业体育组织和机构网站的建立，以及出版发行机构、图书馆、媒体（报纸、电视台、电台）、体育网站等提供的海量网络竞技体育信息资源，意味着我国的体育信息服务已进入基于互联网的共享时代，这就要求在更广泛的范围内进行竞技体育信息资源的集成，在竞技体育信息服务组织上，进行面向用户的集成化服务。

1.1.3　面向奥运会的数字信息服务平台支撑

2008年北京奥运会的举办是我国的一次重要机遇，这将极大地激发全国各族人民的爱国热情，对于我国社会主义现代化建设事业具有重要意义。奥运会的成功举办有利于改革开放和现代化建设，有利于世界更多地了解中国，有利于中国更快地走向世界。奥运会的成功举办有赖于很多因素的共同作用，其中，奥运信息的有效组织与服务保障是确保奥运会成功举办的重要方面。随着奥运会在全球影响的日益扩大，竞技体育信息的开发与利用也成为人们关注的一个重要问题。要实现"科技奥运"的目标，需要建立奥运数字信息服务保障平台。奥运数字信息服务平台建立的公众数据库，将为不同用户提供多种接入方式和个性化服务。另一方面，随着各国信息化进程的加快，人们越来越意识到信息的重要性，广大体育爱好者和体育工作者希望能充分利用互联网技术及时地获得与奥运会有关的信息与服务，该领域的研究人员更是十分需要这样的帮助和服务。然而，奥运信息的现实需要与我国本领域研究的现状之间存在着巨大的反差。如何加强该领域的研究工作，将分散的信息进行有机整合，是体育信息管理研究领域亟待解决的问题。在这一背景下，对奥运信息进行资源整合，为竞技体育工作者和其他信息用户提供集成服务，为我国成功举办2008年北京奥运会提供有力的支持。

1.2 竞技体育信息集成服务的相关概念

用户的信息需求推动了信息集成服务理念和理论的发展，开展对竞技体育信息集成服务的研究是为了满足竞技体育信息用户日益增长的信息需求，它是信息集成服务研究成果在竞技体育行业领域的一次全新尝试和实践应用。在本节中，将对竞技体育信息集成服务的相关概念进行探讨。

1.2.1 关于现代"竞技体育"

19世纪，"体育"概念从日本引进我国之初，我国体育的形式与内容还相对比较简单，随着社会的发展，体育活动的形式与内容日益丰富，体育内部发生了分化，一种专门以训练竞赛为主要目的的特殊活动出现了。后来，这种活动日益专门化与部门化，并最终成为只有经过系统训练的人才有可能参与竞争，且多由正式资格的社会组织才能组织的社会实践——竞技体育。

我国学界对于竞技体育概念的研究大致始于20世纪70年代末，同时国外学者对竞技体育的概念也有相关研究。国内外学者关

于竞技体育概念的研究可以说是百花齐放，仁者见仁，智者见智。概括起来，目前学界对竞技体育概念的研究主要体现在以下方面：①

（1）从目的角度定义竞技体育的概念

我国体育学院《运动训练学》通用教材（1989年版）提出了竞技体育的概念：竞技体育是在全面发展身体，最大限度地挖掘和发挥人体在体力、心理、智力等方面潜力的基础上，以提高运动技术水平和创造优异运动成绩为主要目的的一种活动过程。② 2000年出版的《运动训练学》通用教材对此定义作了一定修改，提出竞技体育是体育的重要组成部分，是以体育竞赛为主要特征，以创造优异运动成绩、夺取比赛优胜为主要目标的社会活动③；任海教授（1989）认为，竞技体育是为了最大限度地发挥个人和集体在体格、体能、心理和运动能力等方面的潜力，取得优异运动成绩而进行科学的系统的训练和竞赛。④ 颜天民（1999）提出，竞技体育是指在进行体育活动的主体之间，采用公开的共同认可的方式和规范，最大限度地发挥参与主体的运动技术、体力、智力及心理水平等方面的能力，以提高运动训练和竞赛为主要形式，进行相互之间身体运动能力优劣比较，挑战极限、超越自我的竞争活动。⑤ 李卫（2001）认为，竞技体育是在全面发展身体，最大限度地挖掘和发挥人在体能、技能、心理、智力方面潜力的基础上，为提高运动技术水平和创造优异运动成绩为主要目的而进行科学、系统的训练和

---

① 肖林鹏著．中国竞技体育资源调控与可持续发展［M］．北京：北京体育大学出版社，2006．

② 体育学院通用教材．运动训练学［M］．北京：人民体育出版社，1989．

③ 体育学院通用教材．运动训练学［M］．北京：人民体育出版社，2000．

④ 任海．关于体育划分为竞技体育、学校体育和大众体育的质疑［J］．体育论坛，1989（4）：34．

⑤ 颜天民．竞技体育的价值引论［D］．北京：北京体育大学，1999．

竞赛以及为之提供有效的社会和物质保障的活动过程①。

以上对竞技体育概念的界定大致反映出我国体育界的流行观点，尤其是有些观点在专业教材中出现，因而在体育界传播较广，被认可程度较高。综合来看，上述定义均不同程度地突出了竞技体育的主要目的——创造优异成绩及水平，夺取比赛胜利，而竞技体育往往也会给人以这样的印象。总体而言，上述定义较完整地展示了竞技体育的概念。值得商榷的是，这种定义过多地将竞技体育定位在生物学意义的体能竞争上。当前，竞技体育日益成为影响深远的社会文化活动，片面从生物论观点认识竞技体育显然是不够的，归纳出更能揭示竞技体育本质的概念仍有待深入研究。

（2）从特点角度定义竞技体育的概念

美国 Angele Lumpkin（1990）认为，竞技体育是按照正式的比赛规则，个体为寻求战胜对手而表演的一些竞赛性的身体活动。② 日本佐藤臣彦（1991）认为，竞技体育是含有游戏性、竞争性、规则性等属性的身体活动的总称③；周爱光（1996）认为，竞技运动是一种具有规则性、竞争性或挑战性、娱乐性、不确定性的身体（身体性）活动。④ 俄罗斯著名运动训练专家马特维也夫（1997）指出，竞技体育是指包括纯粹的竞赛活动，针对在竞赛活动中取得成绩的准备过程，以及在这一活动的基础上形成的特殊的人际关系和行为规范。⑤ 德国体育学者笛姆（K. Diem）认为，"从广义上来说竞技运动就是游戏，从狭义上来说竞技运动是有组织的身体性

---

① 李卫. 中国竞技体育区域发展的理论与实证研究［D］. 北京：北京体育大学，2001.

② Angele Lumpkin. Physicm Education and Sporta Contempo Troduction［R］. USA, 1990.

③ 佐藤臣彦. 从体育竞技向体育和竞技运动概念的分离与独立［J］. 体育科学，1991（41）：805.

④ 周爱光. 试论竞技运动的本质属性——从游戏的观点出发［J］. 体育科学，1996，16（5）：12.

⑤ 马特维也夫. 竞技体育理论［M］. 姚颂平，译. 上海：华东理工出版社，1997：4.

游戏"。美国体育学者托马斯（C. E. Thomas）说："竞技运动具有游戏的要素，但在规则、组织性和对结果的评价等方面超出了游戏的范畴。"日本体育学者今村浩明主张，"竞技运动在广义上与游戏同义，在狭义上是游戏的诸形式之一"。① John W. Loy JR 把竞技运动作为一种游戏活动，一种有组织安排的游戏，作为一种社会惯例，一种社会境遇或社会体系。②

上述概念中出现了竞技运动与竞技体育的不同提法，值得一提的是，目前国内有观点认为竞技运动就是竞技体育，如《体育科学词典》中指出：竞技体育也称竞技运动，简称运动③；还有观点认为竞技运动是竞技体育的上位概念④。事实上中国学者在引进有关体育的外来词汇时，往往会存在选择本土词汇与外来语对接的含义分歧等问题。如在国外反映竞技运动与身体娱乐的 Sport 一词，其真正含义一是娱乐消遣活动，二是竞技活动。⑤ 而我国则普遍认为 Sport 即是竞技体育。在将 Sport 这一名词翻译成汉语的时候，经常以"竞技"或"运动"来对应。这种置换无疑忠实地传达了 Sport 所具有的竞技的本质，却未能留出余地给它固有的娱乐性因素。⑥ 不管上述概念的含义分歧如何，这些概念都说明了竞技（体育）运动是包括游戏在内的身体活动。笔者认为，这些仅是竞技体育（运动）的特点而已，以特点充当本质来定义概念显然是不合适的。

---

① 周爱光. 竞技运动概念的发展演变、本质属性及其划分的研究 [J]. 体育学刊, 1998 (4): 45-48.

② John W. Loy JR. 竞技运动的本质含义 [J]. 体育文史, 1998 (4): 51-53.

③ 中国体育科学学会, 香港体育学院. 体育科学词典 [M]. 北京: 高等教育出版社, 2000: 152.

④ 田麦久, 武福全. 运动训练科学化探索 [M]. 北京: 人民体育出版社, 1988: 17.

⑤ 我国体育社会科学研究状况与发展趋势课题组. 我国体育社会科学研究状况与发展趋势 [M]. 北京: 人民体育出版社, 1998: 34.

⑥ 陆小聪. 论 Sport 概念的演变与发展 [J]. 天津体育学院学报, 1997, 12 (2): 40-41.

(3) 从需要角度定义竞技体育的概念

李艳翎(2000)从竞技体育的本质属性和社会属性分析出发,依据人的需要与利益是推动事物发展动力的基本思路,将竞技体育定义为在全面发展身体,最大限度地挖掘和发挥人在体力、心理、智力等方面潜力的基础上,以提高运动技术水平和创造优异运动成绩为手段,以追求利益为主要目的的一种组织化的社会活动。简而言之,竞技体育是通过竞技追求利益的一种活动过程。① 我国学者袁旦教授(1998)从马克思主义的需要观点出发,提出近代以来在"小体育"向"大体育"演进过程即体育的社会化过程中,为满足人们通过观赏竞技表演获得特殊审美享受的需要,产生了以竞技运动表演为谋生手段的职业,由此开始了体育的分化过程。现代体育日益形成具有生产与消费需求结构的系统,随着职业体育俱乐部这种体育服务生产组织的出现,职业体育组织的国际联系的形成,现代奥林匹克运动的兴起,至20世纪80年代,终于在现代体育中形成了一个满足人们通过观赏高水平竞技表演,获得一种为一切其他表演艺术不能取代的审美享受和刺激的功能特异化的组成部分,即竞技体育。② 上述定义都以需要作为视角来分析竞技体育的本质。事实上,对于任何一个概念都存在多角度的认识问题,但归纳出最能体现概念本质的定义确实不是一件容易的事。

综合以上三个角度的分析与研究,我们认为,从广义上讲,现代竞技体育活动是一种全面发展人的主体作用,最大限度地挖掘和发挥人的体能、技能、心理、智力等方面潜力,以体育竞赛为主要特征,为提高运动技术水平、创造优异运动成绩和夺取比赛优胜为主要目的而进行的运动训练与体育竞赛活动,以及在此基础上形成的特殊人际关系、行为规范和一系列有效的保障和社会活动。同时,它也是一种在体育社会化过程中形成的满足人们通过观赏高水

---

① 李艳翎. 社会转型期中国竞技体育运行的研究 [D]. 北京:北京体育大学,2000:16.
② 中国群众体育现状调查组. 中国群众体育现状调查与研究 [M]. 北京:北京体育大学出版社,1998:7-13.

平竞技表演而获得的其他任何艺术表演形式不能取代的审美和享受的体育组成形式。从狭义上讲，竞技体育就是以体育竞赛为主要特征，以创造优异运动成绩，夺取比赛优胜为主要目标的运动训练与体育竞赛活动过程，以及围绕运动训练与体育竞赛产生的活动。

1.2.2 关于现代"集成"

集成的概念是我们认识信息集成规律、实施信息集成服务的基础。①

（1）现代"集成"的含义

从集成的一般意义和各领域内的具体内涵可以看出：从静态上讲，集成是一种理念；从动态上讲，集成是一个过程。②

《现代汉语词典》将集成的基本内涵解释为汇聚之意；我国广为流传的"集大成"之说，将集成界定为事物中好的方面的因素集合，它可以促使达到整体最佳的效果；而在英文中，"集成"的英文术语为"integration"，它来自于 integer 这一词根，integer 来自于拉丁语的词根"in"（内部）和 tangere（联系），集成具有内部相互联系、融合为一个整体或一体化的含义。集成有多种称谓，如"整合"、"一体"、"综合"等。现代"集成"的技术基础是以数字化和网络化为标志的信息技术，系统集成和信息集成的发展促进了信息服务的变革，信息集成服务已成为促进图书情报界重构服务体系，提升服务能力的主要服务形式。

1973 年美国的约瑟夫·哈林顿（Joseph Harrington）在《计算机集成制造》一书中首次提出了计算机集成制造（CIM）的概念，即借助计算机将企业中各种与制造有关的技术系统集成起来，从而提高企业适应市场竞争的能力③。其基本思想之一就是整个制造生

---

① 周永红. 以用户为中心的信息集成服务研究 [D]. 武汉：武汉大学，2006.

② 史海燕. 网络信息集成服务的概念体系、服务模式与体系结构研究 [D]. 长春：吉林大学，2004：11.

③ 霍国庆等著. 企业信息资源集成管理战略理论与案例 [M]. 北京：清华大学出版社，2004.

产过程实质上是信息的采集、传递和加工处理过程，企业借助各种技术实现对企业生产活动中信息流的有效管理，以及信息流与物流的集成。因此，CIMS 就是综合运用信息技术、生产制造技术、现代管理技术等各种相关技术，将企业生产全部过程中有关人、技术、经营管理三要素及其信息与物流有机集成并优化运行的复杂系统。

在我国现代"集成"思想的倡导者应是著名的科学家钱学森等人，他们提出用定性定量相结合的综合集成方法处理开放的复杂巨系统。从一般意义上讲，集成是指一个整体的各部分之间能彼此有机地、协调地工作，以发挥整体效益，达到整体优化之目的，也即"整体大于部分之和"。

具体到不同的研究领域，集成的概念略有不同。在系统集成技术领域已基本取得共识，普遍理解为通过对系统要素、因素或元素进行整合，以求系统状态达到较优，如美国专门从事信息行业调查研究的 IDC 公司认为①，系统集成是将软件、硬件与通信技术组合起来，为用户解决信息处理问题的业务。IBM 公司是最大的计算机制造商，也是最大的系统集成承包商，它把系统集成定义为将信息技术、产品与服务结合起来，负责实现特定功能的业务。日本通产省认为系统集成是掌握用户的需求，并根据用户的需求全面负责用户系统的设计、软件开发、运行准备与维护的服务。上述几种说法虽有不同，但基本内涵是一致的。

在管理领域，虽然对"集成"的表述尚是各抒己见，但却共同强调要从着眼于组合转换到着眼于融合，从着重要素的相互促进转换到要素的相互竞争、制约和依存，而且把管理制度以及具有创新能力的人看做是具有较大权系数的要素，如中国人民大学教授李宝山和刘志伟在《集成管理——高科技时代的管理创新》一书中认为："集成是指某一系统或某一系统的核心把若干部分、要素联结在一起，使之成为一个统一整体的过程，集成的原动力是新的统

---

① 陈厚云，张大为. 系统集成与系统集成服务业 [J]. 中国计算机用户，1992（5）：46-50.

一形成之前某种先在的系统或系统核心的统摄、凝聚作用。"① 从管理的角度来说，集成是一种创造性的融合过程，只有当构成一系统的要素经过主动的优化，选择搭配，相互之间以最合理的结构形式结合在一起，形成一个由适宜要素组成的、优势互补的有机体，才能被称为集成。集成的本质是一种竞争性的互补关系，即各种要素通过竞争冲突，不断寻找、选择自身的最优功能点，在此基础上进行互补匹配。集成是含有人的创造性思维在内的动态过程，它能够成倍地提升整体的效果、有利于优胜劣汰、有助于实现动态平衡。

在信息管理与服务领域，信息集成是指针对既定任务，对信息资源、技术资源和智力资源进行有机融合和优化使用的过程，集成服务是对集中服务或分散服务的否定。集成意味着集成后的服务总效益大于集成前的服务分效益之算术和。②

黄杰等在总结不同学者从不同角度关于集成的理解和描述后，将集成的内涵概括为：集成是指为实现特定的目标，集成主体创造性地对集成单元（要素）进行优化并按照一定的集成模式（关系）构造成为一个有机整体系统（集成体），从而更大程度地提升集成体的整体性能，适应环境的变化，更加有效地实现特定功能目标的过程。③

（2）现代"集成"的基本特征

现代"集成"具有以下基本特征④：①目标性。集成是人类的一种有意识、有选择的行为，具有十分明显的目的性和主动性。如基于机构合作的信息集成服务中关于信息服务机构的选择不是盲

---

① 李宝山，刘志伟．集成管理——高科技时代的管理创新［M］．北京：中国人民大学出版社，1998．

② 霍忠文．信息集成服务管理论要［J］．情报理论与实践，2000（1）：1-4．

③ 黄杰等．集成的内涵与特征初探［J］．科学学与科学技术管理，2003（7）：20-23．

④ 黄杰等．集成的内涵与特征初探［J］．科学学与科学技术管理，2003（7）：20-23．

目的，而是如何提升整体的服务能力作为集成的主要目标。②创造性。集成是一个融入了人的创造性思维活动的过程。人们通过发挥自身的创造力和主动性，才使各分散的集成要素超越一般性的结合而有机地聚合在一起，充分实现集成要素的优势互补，整体功能的增强及结构的优化，从而使得集成体发生质的跃变。③动态性。集成不是静止孤立的，而是集成要素不断进行动态组合的过程。集成是由特定目标驱动的创造性过程，然而由于环境和目标的变化，集成活动也呈现动态变化的态势。另外，由于集成涉及诸多要素的交织活动，各要素的结合关系形式多样并且不断变化波动，这使得各要素的结合方式千变万化，而集成活动则必须动态地匹配这些变化。同时，这种动态变化的特征并不是线性的或平衡的，而是非线性的。集成能够形成整体性能极强的集成体，获得整体性能的骤变放大的效果正是这种非线性动态作用的结果。④开放性。集成呈现的是全方位开放的一种格局。集成体是一个开放的有机整体系统，通过不断地与外部环境进行交换和作用，不断地吸纳更新自身的内涵形式，从而不断地进化和发展，进一步提升整体性能。如虚拟组织的形成与运作就充分体现了集成的开放性。⑤整体优化性。集成不仅是集成要素的简单加和，而且是指通过集成主体有意识、有选择的对集成要素进行优化与整合，从而实现整体的功能倍增或功能优化。经过这种有目的的比较选择，使得要素能够以一种充分发挥各集成要素优势的方式结合在一起，并最终实现整体优势以及整体优化的目标。

  从以上分析可以看出，现代集成其实是建立在系统理论基础之上的，系统论对于集成理论的发展具有指导作用。但现代集成理论与系统论是有所区别的。系统概念通过强调认识客观事物整体性、层次性等特征，使得人们能够更加科学地把握事物的组成要素、结构及其环境，从而更加有效地发挥客观事物（系统）的功能。而从关于集成内涵的界定来看，集成是构造系统，尤其是高级系统的途径或方式，各种零散的、互不相干的要素通过集成而形成一个极富活力的新系统，通过实现要素间的非线性相互作用，集成体能够产生整体效能的聚变，从而集成所构造的系统要比一般形式的系统具有高得多的功能和效果。

1.2.3 关于"信息集成"

目前信息集成研究主要体现在两个方面：一是对于信息集成概念、内涵等理论方面的探讨，二是对具体信息集成技术开发应用方面的研究。

（1）信息集成的含义

严格意义上的信息集成，只有在当前的网络环境下才能实现。粟慧总结了信息集成常见的几种表述①：①信息集成是一种使相关的多元信息有机融合并优化使用的理念，信息集成不是信息的堆积或信息载体的物理堆积；②信息集成是针对某一特定领域某一特定用户的需求，以信息为对象，信息资源为本体，服务为动力，网络技术为手段，协同作业为方法，把信息资源诸要素有机融合并使之优化的动态过程，是一个优化要素、体系重构的过程；③信息集成是一种或针对某个目标或面向某项特定服务对信息进行组织和管理的理念，集成的核心是以资源作为大系统，采取技术手段进行整合，实现资源共享；④信息集成是根据某一特定主题将来自不同信息源的（无论其地理位置、数据结构和通信要求）相关信息有机地链接成一个整体，借助于网络技术和应用软件的支持提供用户访问；⑤信息集成是针对既定任务，对信息资源、技术资源、智力资源进行有机融合和优化使用的过程。

南京大学国家信息资源管理南京研究基地有关信息集成研究方向②中提出了信息集成的主要目标是面向网络环境下数字化信息资源的有序化、结构化（well-formed）的组织和存储及高效、准确的检索和利用，其研究领域及其主要内容包括：①数字对象的组织与描述方法，如信息内容及其体系结构、元数据及其描述模式、基于

---

① 粟慧，杨福康. 信息集成研究进展 [J]. 图书情报工作, 2004, 48 (7): 100-104

② 南京大学国家信息资源管理南京研究基地. http://202.119.40.21/yjfx.asp [EB/OL]. [2005-10-20].

ontology 语义信息模型等；②概念和内容检索，如数据模型及其索引技术、特征信息的自动/半自动抽取方法、异构数据库互操作性探讨等。

笔者比较赞成霍忠文的观点，即信息集成不是信息的堆积，或信息载体的物理堆积。信息集成是一种或是针对某个既定目标，或是面向某项特定任务，对信息进行组织和管理的理念①。信息集成与现代管理集成一样，都是为了实现整体目标的优化，对集成要素进行优势互补和动态组合，使相关的多元信息有机融合并优化使用的一种理念和过程。信息集成的理想目标应是5个"正确"的实现，即在正确的时间，将正确的信息以正确的方式传送给正确的人，以作出正确的决策或操作。

（2）信息集成的主要内容

关于信息集成的主要内容，有的认为信息集成的重点应该放在数据与信息资源本身的集成上；有的认为信息集成的重点应该放在集成环境或共享环境上；还有的学者认为，信息集成的重点应该放在应用系统的开发和集成制度建设上。实际上，应该把数据集成、服务与应用系统集成、服务内容与功能集成、流程集成、技术集成和环境集成等集成要素耦合起来，作为一项工程或重点项目来考虑。一般的，信息集成主要包括以下主要内容：

①数据集成。数据集成是信息集成的基础，如果数据不集成，就不可能实现数据共享，应用也就集成不起来，更不用提集成服务。做好数据集成，首先要对整个信息系统中的数据进行全局的分析，整理出全局数据视图，并理清各信息系统之间的数据关系，然后建立数据交换平台实现各个系统之间数据的有序交换与共享。

如果要做比较彻底的数据集成，使得信息系统后续使用过程中产生的数据能够进入规范的管理，需要关注以下问题：第一，数据标准，数据标准是数据规范使用的保证，是数据能够共享的基石。第二，主题数据库，主题数据库是面向业务主体建立的、信息源唯

---

① 霍忠文，张捷. 信息集成服务发展战略 [J]. 情报理论与实践，2001，24（1）：1-5.

一、结构稳定的信息系统数据库;如果能够在数据集成的同时,将原有的面向应用系统的应用数据库改造成主题数据库,将是一种非常好的可持续发展的数据管理方案。第三,数据交换平台,建立两两系统之间的数据共享路线容易导致数据的不一致、数据变更不能及时响应、数据共享路线太多难以维护、系统间互相影响运行性能、系统整体稳定性差等缺点。因此,要建立统一的数据共享交换平台,提供总线式的集中数据共享交换。第四,基于语义的全局数据视图,这是一项比较高的要求,是数据标准的高级系统实现,它使得应用系统之间的数据共享能够从语义的层面来定义,而不用关注数据的物理与逻辑存储。这对于新应用系统利用原有系统的数据将有非常大的帮助,极大地减少了因为新应用系统不断增加导致数据出现新的混乱的机会,也就是说,基于语义的全局数据视图的建立,将直接减少后续的数据集成工作量与频度。①

②服务与应用系统集成。服务与应用系统集成是信息集成的关键,它是消除信息孤岛的直接表现,也是为用户提供个性化集成服务的基础。第一可使用统一用户认证,将各服务与应用系统的用户统一管理起来,使用统一的数据交换。第二可利用数据交换平台实现应用系统之间的数据共享,解决数据孤岛问题,解决数据一致性问题,使得集成的应用系统建立在一个可靠的数据基础上。第三,使用统一平台实现服务与应用系统集成,为用户提供信息集成服务的单一入口点,初步实现系统集成和个性化服务。

③服务内容与功能集成。服务内容与功能集成是建立在数据集成、服务与应用系统集成基础上的,为用户提供贴切的信息服务,真正满足用户对于信息的个性化需求。简单的服务内容与功能集成可以先从信息发布与权限管理入手,使信息服务系统的各种信息能够按照用户需求和权限进行组织,实现用户进入信息门户后所看到的内容是其关心的并且有权限看的信息。更复杂的内容与功能集成

---

① 蒋东兴等.数字校园信息整合之我见[EB/OL].[2005-10-25]. http://www.cic.tsinghua.edu.cn/cicoa/uploadfile/1801/0/1115691307890/1115691462944.doc.

涉及文档管理、知识管理、目录技术、搜索技术等，并且对门户技术也提出了更高的要求。

④流程集成。流程集成是信息集成的高级阶段，它利用工作流、消息、协同等技术，实现跨系统的流程集成，使得不同的服务部门能够在一个统一的服务平台中实现对用户服务的协同处理，为用户提供真正意义上的集成服务。

流程集成不仅需要对服务系统有较大的修改和规范，同时涉及服务流程的再分析与重构。

⑤技术集成是信息集成的关键保障。技术集成以数据库网上互联和在线分析工具为基础，当前在该领域中，支持技术包括计算机技术、网络技术、软件技术、数据库技术、XML、元数据、搜索代理、数据挖掘、可视化技术等。

⑥环境集成由于研究者的环境视野有所差异，因此环境集成的侧重点也有所不同。如何全胜从技术大环境考察，提出了信息基础设施、计算机应用软件和信息标准三位一体构成的环境，并指出信息集成环境是柔性的，在一定程度上是交互的、开放的和动态有界的，并具有良好的互操作、兼容、组合、公共、可扩展等特征；这个环境能逐步包容由不同部门分别描述、组织、开发和管理的异构或异质的信息资源、信息加工平台、信息交流网络①。

1.2.4 关于"信息集成服务"

（1）信息集成服务的含义

信息集成服务具有广泛的适用性和应用背景，对信息集成服务的称谓目前没有完全统一，报刊文章当中经常出现信息集成服务、集成信息服务、集成化信息服务、信息服务集成、服务整合、一站式服务等交替使用的情况，有关信息集成服务的很多问题还处在研究过程当中，还没有公认的和普遍接受的定义，当前学术界从不同侧面对信息集成服务的具体业务组织进行了研究。

---

① 何全胜，罗伟其. 信息集成若干方法比较 [J]. 暨南大学学报（自然科学版），2001，22（3）：52-56.

有的学者从集成服务理念出发进行研究，认为信息集成服务是"基于信息集成理念基础上的信息服务"。信息集成是一种或是针对某个既定目标，或是面向某项特定的任务，对信息进行组织和管理的理念。信息集成服务不是服务业务的简单拼凑。"信息集成服务"与"集成信息服务"的提法，没有本质上的区别，都是强调"集成了"的信息服务。集成服务是对集中服务或离散服务的否定。信息集成服务必须建立在联通的基础上，但联通服务并不等于集成服务。集成意味着集成后的服务总效益大于集成前的服务分效益之算术和[1][2]。

安小米等也同样强调了"集成"化的服务理念，认为"信息集成管理与集成服务是指采用'集成'理念和原则，以用户服务为核心，将信息管理与信息服务的全过程看成一个复杂系统，融用户服务控制、管理过程控制和管理结果控制为一体，达到用户服务满意、管理过程经济高效和管理结果最大价值实现的一个管理与服务优化整合过程、一种最优化管理理念和一种最佳实践模式"[3]。

有的从服务要素与功能出发进行研究，认为信息集成服务是在信息资源集成基础上，综合利用现代信息技术，为用户提供综合集成的信息服务环境，融合图书馆各种服务功能（包括信息检索、信息代理、读者借阅、实时咨询、读者培训、信息导航与信息发布）的服务。信息集成服务是指以信息需求为牵引，以信息资源开发和利用为核心，以提高成本效益为动力，融合信息资源、信息技术、信息制度、信息技术人员等各要素，推进信息服务保障体系跨越式发展的进程。集成服务既要提供共性服务，又要提供个性化

---

[1] 霍忠文，张捷. 信息集成服务发展战略 [J]. 情报理论与实践，2001（1）：1-5.

[2] 霍忠文. 信息集成服务管理论要 [J]. 情报理论与实践，2000（1）：1-4.

[3] 安小米. 城市建设文件、档案信息集成管理与集成服务的理论框架 [J]. 档案学通讯，2004（2）：88-92.

服务；不仅要提供一般信息服务，还要提供情报服务和知识服务①。

有的则从组成框架与实现目标出发进行研究，认为信息集成服务只有在网络环境下才能得以实现，其基础是信息集成，用户利用信息集成服务时，在前台面对的是"一站到位"的计算机界面，而后台则是整体化的信息资源保障体系，用户通过计算机界面能得到动态的、在时间和空间上一致的、面向主题的信息服务。② 这类似于当前电子政务与电子商务领域经常提到的"一站式"服务。"一站式"服务原为欧美国家商业概念，即商家为了赢得消费者，不断扩大经营规模和商品种类，尽最大努力在一个地方满足消费者的购物所需。简单地说，就是商家备有充足的货源以便尽可能地让消费者在一个商店里买到所需的全部商品。"一站式"服务（One-Stop Service）是信息服务业对用户服务的目标，即通过最简单的操作，使用户能够一步到位地检索到所需要的信息资源，从而实现对各种不同资源以及不同数据库的高度、有效整合，通过一个访问入口（只需登录一次）向读者提供各类资源和服务。可见，"一站式服务"的实质就是服务的集成与整合。③ 近几年来，这一概念已被引进到信息服务业，并成为信息服务业追求的目标。

综上所述，我们认为信息集成服务是指在现代数字网络环境下，以现代信息集成理论和技术为基础，通过对服务要素进行集成与动态整合并构建优势互补的集成化服务体系，使用户在最少的时间里通过最小的成本利用到最需要的资源和服务的一种服务理念和模式。这种集成服务理念和模式能以最少的成本最大限度地满足用户的需求，不仅强调服务要素的集成，更强调服务内容与功能的集成和一站式服务目标的实现。

---

① 耿亦兵．图书馆信息集成服务研究与实践［J］．信息管理导刊，2002，15（4）：26-29．

② 徐学文．唐明湘．下一代因特网的信息服务：网络信息综合集成服务［N］．中国信息导报，2001（1）：26-27．

③ 郑邦坤，吕先竞．基于"一站式"服务的模式及支撑平台［J］．现代图书情报技术，2004（5）：52-54．

(2) 信息集成服务的要求与层次

信息集成服务的要求体现在：服务技术集成化，服务的标准化和规范化，服务流程的集成化，信息资源的集成化和服务功能的集成化。一般来说，信息集成服务包括以下三个层次：

①发现与收集资源。即将与一个服务主题相关的信息资源在网上形成逻辑上链接的物理分布环境，其形式可以是相关站点资源的各种形式的集成，也可以是有关主题的原始文献的聚集以及其他相关的各类型信息资源。

②集中处理资源。信息集成服务的基础是信息资源的集成，在统一的、可交换的数据标准下采集、加工、整序、集成基础信息和原始信息，形成共享数据库或信息库甚至知识库，同时以数据库网上互联和在线分析工具为基础，建设信息仓库，把信息资源有机地链接成一个整体。这样，用户在前台面对的将是"一站到位"的计算机界面，而后台则是整体化的信息资源保障体系。

③提供集成化的信息服务。集成化信息服务包括服务流程的集成化和服务功能的集成化。这种信息服务的集成不是单靠网络技术实现的，它需要涉及数据仓库、数据挖掘、人工智能等多方面的技术，其主要目的是为用户提供某类主题资源的统一查询入口和某类主题的完整资源空间，真正实现一站式服务要求。近年来，各种信息集成技术的成熟和商品化，为集成信息服务提供了相应的技术支撑。①

1.3 国内外相关研究现状的分析

竞技体育信息集成服务是竞技体育信息服务的方式之一，是信息集成服务理论在竞技体育领域的探索和应用。从2002年起，我国的情报学和体育学的专业杂志陆续刊发了一些有关体育信息整合和服务的论文。截至2008年4月，以"体育信息"、"整合"和

---

① 李家清. 资源共享环境下的信息服务模式变革 [J]. 图书情报知识. 2003 (5): 60-62.

"服务"为题名进行逻辑组配检索,在维普的"中文科技期刊数据库"中共检索到2002年以来的15条记录,对于外文期刊论文,利用OCLC Firstsearch 中的 Article First,共检索到14条记录。由此可见,到目前为止,国内外关于体育信息整合和服务的研究基础还比较薄弱,对于竞技体育信息集成服务的研究处于初始阶段。然而在图书馆学、情报学领域,对于文献信息资源整合与面向用户的集成研究,已有显著的成果,其中,有国家社科和自科基金资助项目两项,期刊论文实证主要集中于信息资源与服务整合、面向用户的个性化集成服务,集成服务中的系统互操作等。显然,这些成果可以应用于竞技体育的信息服务之中。

1.3.1 竞技体育信息系统共建研究

有关竞技体育信息系统的研究包括:竞技体育网络、数据库系统和信息系统。有关文章从不同侧面探讨了体育信息资源共建与共享、资源整合、体育网络以及竞技体育系统应用。

潘德利等人对以辽宁省体育信息资源建设为例进行分析,得出的结论是竞技体育信息资源建设的现状与竞技体育事业的发展需求不相适应,体育信息资源建设难以支撑竞技体育事业的发展[①]。目前竞技体育信息网络化面临数字鸿沟障碍,区域间信息数字鸿沟呈扩大趋势。体育信息网络基础薄弱,信息技术应用于体育行政部门存在差距。与此同时,竞技体育信息资源开发利用滞后,体育信息数据库建设落后于信息网络发展速度。基于这种低水平的体育信息化建设,将会阻碍竞技体育的长足发展和体育信息化进程。刘彩霞等在分析全国高等教育系统文献信息工作发展现状的基础上,结合文献信息资源共享理论,提出了全国高等体育教育系统文献信息资源共享模式的建设目标和建设原则[②]。全国16所体育院校、国家

---

① 潘德利,王宇,朱凡,孙玉宁,单立新.辽宁竞技体育信息资源建设发展研究 [J]. 图书馆学刊,2005 (2):38-40.
② 刘彩霞,王会寨,邱旭东,赵澄宇,牛敬莹. 全国高等体育教育系统文献信息资源共享模式研究 [J]. 中国体育科技,2003 (6):35-37.

体育总局体育信息研究所与各省、自治区、直辖市体育科研所于1999年5月正式启动"全国体育系统中文体育图书联合书目数据库"CJSC项目，采用"统一规范、分散加工、集中建库"的运行模式，从而为体育信息资源共享奠定了基础①。体育信息网络是体育信息的交互平台，是在计算机与通信技术的支持下，对与体育有关的各种介质的信息实现搜集、存储、处理、传递的基本支撑，旨在把与体育有关的各种介质的信息转变为促进体育发展。围绕竞技体育信息系统的开发，我国有关部门根据各运动项目管理中心及各省市区体育局用户的业务流程、业务往来，实际工作需要，自上而下进行设计，包括办公自动化系统、注册管理系统、赛事管理系统、外事管理系统、运动管理系统、决策支持系统、电子商务系统以及教练员竞训系统等的开发。此外，中国竞技体育管理信息系统的设计与建立作为中国竞技体育管理工作信息化建设的重要组成部分之一，它为中国竞技体育的信息化管理提供了先进的管理手段，提供了竞技体育各项管理系统的统一运行平台与接口，是综合运用中国竞技体育各项体育信息的前提，是全面实现竞技体育信息化管理的基础②。"中国竞技体育管理系统"由国家体育总局2002年立项，委托国家体育总局体育信息中心研制开发的部级信息系统。2003年项目完成后已投入运行，随后，地方和专项竞技信息系统的开发，逐步向网络化迈进，形成了基于网络的系统信息资源共享体制。

1.3.2 竞技体育信息服务共享研究

在信息时代，竞技体育成绩的提高，有赖于各种不同类型的信息服务的综合利用。竞技体育信息服务多种多样，主要有国家

---

① 全国体育系统中文体育图书联合书目数据库课题组. 全国体育系统中文体育图书联合书目数据库建设研究 [J]. 中国体育科技, 2001 (1): 6-10.

② 中国体育项目管理信息系统 [EB/OL]. [2008-04-10]. http://www.soft6.com/trade/7/76477.html.

直属体育信息机构、俱乐部专属体育信息机构、高校体育信息服务机构和个体专项体育信息机构4种[①]。结合我国实际情况，大体上可以采用以国家体育总局体育信息中心为主，国内高校体育信息服务机构为辅的信息服务模式，形成国家体育总局体育信息中心——体育院校信息机构——体育俱乐部信息机构——个人信息库的体育信息链式服务。从服务内容上，竞技体育信息服务模式分为专题服务、数据库检索服务、网络信息服务等。由此可见，竞技体育信息服务已立足于服务共享，除国家、省市外，俱乐部、个人专项以及体育类院校体育信息机构的服务已开始转变机制，逐步走向开放。

1.3.3　竞技体育信息集成服务实践发展

科技信息服务界早在20世纪70年代就已开展了计算机联机检索服务，随后走向基于网络的搜索。美国科学信息研究所（ISI）推出的学术信息资源集成服务与平台、美国盖尔集团公司（Gale Group）推出的集成化的基于万维网的"文学资源中心"（Literature Resource Center）、"英国电子图书馆计划"的复合图书馆（hybrid library）项目组推出的集成化信息检索系统、中国国家科学数字图书馆跨库集成检索系统、清华同方的异构统一检索平台（Uniform Search Platform，USP）、中国工程技术信息网、中国科学院国家科学数字图书馆、中国高等教育文献保障系统（China Academic Library & Information System，CALIS）等都已成功开展了不同层次的信息集成服务。这些积累将使竞技体育信息集成服务在信息化环境下得以发展。

竞技体育信息集成化动态发布是竞技体育信息集成服务的基本内容之一。当前网络信息服务正朝着集成化、主动化方向发展，因而竞技体育信息服务系统在资源集成并进行了相关的处理后，必须有针对性地向用户发布，而且这个过程是自动控制的，即集成化信

---

① 刘雪松，胡敏娟. 体育信息为竞技体育服务的模式研究［J］. 成都体育学院学报，2007（6）：55-58.

息服务平台要能够自动根据其数据库信息的变化、网上相关信息源的变化和深层开发的结果动态发布相关信息并及时提供相关资源服务。目前，我国有些专业体育网站在这方面进行了一些尝试，如中国体育资讯网（http：//sportinfo.net.cn/）。

"一台四网建设"是国家体育总局信息化建设的重要举措。"一台"即中国数字体育互动平台。"四网"指国家体育总局政府网站、中华全国体育总会网站、中国奥委会网站和华奥星空网站。近年来，在总局领导直接关怀下，总局职能部门、有关单位和华奥星空抓住雅典奥运会的契机，充分利用电视网、互联网、移动通信网等多方面的资源，全力打造中国数字体育互动平台，取得了丰硕的成果。联动中国移动、中国电信等国内强势企业，打造了"三、四、五传播大平台"，形成电视、网络、无线移动等多媒体的全面合作。这种创新模式在雅典奥运会期间备受社会各界关注和支持。当前，新浪开通的"华奥-新浪合作频道"，整合了奥运信息，极大地丰富了奥运图文资讯，使国内外广大观众轻松方便的获取体育信息。据统计，雅典奥运会期间华奥星空网站、体总网站、中国奥委会网站访问量直线飙升，最高流量值分别达到260万、18.9万和31.8万流量。实践证明，大力推进体育信息化，让数字演绎体育精彩，符合信息时代对体育发展的要求。

中国高等教育文献保障体系（CALIS）作为"211工程"高校服务体系的建设项目，各体育院校能够直接参与到CALIS项目之中。另外，中国数字图书馆工程和国家科技图书文献系统等项目必然扩展了体育信息服务内容。在国家体育总局科教司的指导下，全国16所体育院校、国家体育总局体育信息研究所与全国29家省、自治区、直辖市体育科研所正式启动了"全国体育系统中文体育图书联合书目数据库"（China Joint Sports Catalogue，简称CJSC）项目，通过CJSC项目，为体育系统联机采编、联机检索与馆际互借奠定基础。

奥林匹克文献信息中心自建的竞技体育数据库、中国优秀运动员数据库、中国优秀教练员数据库、中国运动队数据库、中国体育报刊数据库等特色数据库为竞技体育信息用户提供联机检索服务。

2008年，上海体育学院图书馆加盟中国高校人文社会科学文献中心（China Academic Social Sciences and Humanities Library，简称CASHL）。CASHL的宗旨是整合若干所具有学科优势、资源优势和服务优势的高等学校图书馆的文献资源，有计划地引进国外人文社会科学期刊，借助现代化的服务手段为全国高校人文社会科学的教学与科研提供高水平的文献保障。上海体育学院师生只要注册成为CASHL个人用户，便可查询并请求提供CASHL中心拥有的所有中外文文献。

此外，包括我国在内的世界各国非常重视体育信息中心的建设，目前世界上许多国家和地区都设有体育数字图书馆或体育信息中心。其中国外具有代表性的五个中心是：德国的体育文献信息中心、加拿大体育文献中心（SIRC）、澳大利亚国家体育信息中心（NSIC）、美国Paul Ziffen体育信息中心（PZSRC）、法国国家体育学院信息中心。欧洲各地区纷纷加强了体育信息工作，拟建立欧洲体育信息平台。北欧合作成立了北欧国家体育信息合作体（NORSIB），注重网站更新，进行了频繁和重要的信息交流。早在2002年，北美体育图书馆网（NASLIN）将美国385个具有体育科学硕士以上教育计划的大学中的205个发展为会员。目前，网络又有了新的发展。显然，这些研究与实践构成了面向多用户的竞技体育信息集成服务的基础。

1.3.4 竞技体育信息集成服务研究存在的问题与不足

竞技体育信息集成服务研究在于对竞技体育信息集成服务的体系与机制进行分析，构建竞技体育信息集成服务的理论与方法体系。从以上有关研究内容的分析可以看出，目前，竞技体育信息服务在平台建设、信息资源整合、信息服务模式研究和技术方法等方面已取得了初步成果，然而尚缺乏全面系统的理论研究和进一步的实证，主要表现在：

①缺乏对竞技体育信息集成服务基础理论的探讨，因此，需要加强竞技体育信息集成服务的内容与服务模式等问题的研究，以构建完整的理论体系。

②缺乏对国内外的竞技体育信息服务的比较分析，尤其缺乏对以用户为中心的体育信息集成与服务的深层比较研究，在实践上，与集成服务的需求形成反差。

③缺乏对竞技体育信息资源合理布局和协调管理研究。传统的系统、行业管理结构，导致部门之间缺少合作，彼此间缺乏协调。针对这一问题，理应从集成服务中的信息资源管理需要出发，将研究引向深入。

④案例研究较少，尤其缺乏对国外实践的总结，目前有关案例研究还停留在对个别信息集成服务系统的简单介绍上。

1.4 研究内容、研究方法与创新

将信息集成服务引入竞技体育信息服务领域是一个新的研究课题，本书将在竞技体育信息服务以及信息资源整合与集成服务成果基础上，围绕竞技体育活动的组织进行面向用户的竞技体育信息整合与服务集成研究。

1.4.1 研究内容

目前，国内外对竞技体育信息集成服务的研究还处于初始阶段。因此，在竞技体育中构建信息集成服务平台将是提升个性化信息服务水平的关键。本书按图 1-1 的研究框架进行内容安排与组织。

按图 1-1 所显示的研究思路，本书内容如下：

对我国竞技体育结构、竞技体育信息资源类型与分布状况、竞技体育用户分类以及不同用户的信息需求等进行剖析；

从竞技体育信息服务组织、竞技体育信息服务业务开展和竞技体育信息服务手段及其数字化发展等三个方面分析我国竞技体育信息服务现状，找出我国竞技体育信息服务中存在的问题与不足；

竞技体育信息集成服务的开展，需要面向用户的竞技体育信息资源整合平台支撑，以此出发，探讨了面向用户的竞技体育资源整

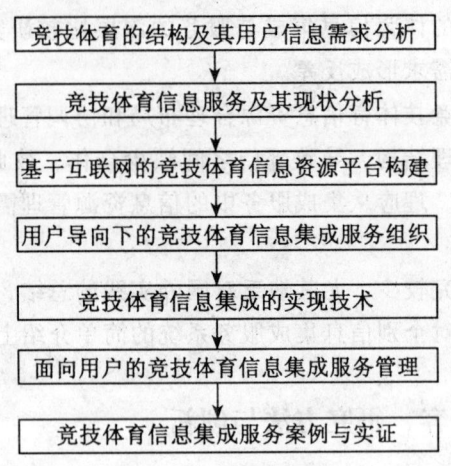

图 1-1 本书的研究框架

合平台构建要求与原则，进行基于用户体验的竞技体育信息资源整合平台设计，从网络结构和功能结构两方面确立竞技体育信息资源整合平台结构；

分析竞技体育信息集成服务的组织形式，对竞技体育信息集成服务的实现进行研究，提出竞技体育信息资源整合的跨系统实现战略，针对竞技体育信息资源整合平台跨系统整合推进中的问题，在对策研究的基础上讨论基于平台的竞技体育信息集成服务的业务拓展；

竞技体育信息集成服务的开展，需要技术支持，以此出发，探讨竞技体育信息集成服务技术发展和竞技体育集成信息服务的技术实现；

围绕竞技体育信息集成服务中的用户管理、专业人员管理、服务流程优化、服务质量控制和服务标准管理等问题进行全方位研究，提出相应的对策；

以中国体育资讯网和国家帆船帆板队信息平台的信息集成服务为案例，根据中国竞技体育信息集成服务的横向（覆盖多个运动项目）与纵向（单个运动项目区域分布）结合的特点，在实践总结的基础上，通过本人所进行的竞技体育项目信息集成服务平台研发和初步应用，提出了完整的项目信息集成服务实现方案；

在结语中，展望竞技体育集成信息服务未来发展，提出继续深化的课题。

1.4.2 研究方法

本书采用调查研究、比较分析、案例分析、综合分析与系统科学等方法，在研究过程中，着重于以下问题的解决：

①广泛搜集有关信息集成服务研究的文献，以便比较全面地把握目前的研究现状，在进行分析研究的基础上找出本文的突破点，形成本文的写作框架；

②采用调查研究方法，从宏观上掌握当前竞技体育领域内各系统信息集成服务发展状况和面临的主要问题；

③采用比较方法与案例分析法，从微观上分析掌握竞技体育信息集成服务发展中面临的具体问题；

④采用综合方法与系统分析方法，构建竞技体育信息集成服务系统结构，包括服务平台结构、信息资源结构、服务结构、关键技术运用等。

1.4.3 创新之处

本书立足于信息化国际环境，在国家竞技体育战略总框架下，针对目前竞技体育信息服务的分散和信息集中利用之间的问题，利用系统科学方法，在前期成果基础上，研究竞技体育信息集成模式、系统与实现，其创新包括：

①在动态环境下，根据网络发展和信息服务的固有特征，从竞技体育信息服务需求、资源类型与分布出发，在揭示集成服务发展规律的基础上，确立了竞技体育信息集成服务的组织理论。

②总结分析了目前竞技体育领域内主要的信息集成服务模式，构建了以用户为中心的竞技体育信息集成服务体系，构建了竞技体育系统信息资源跨平台整合模型，进行了基于模型的实证。

③在竞技体育信息集成服务的组织中，提出了信息化环境下的

竞技体育全程服务理论；从案例分析出发，针对我国目前竞技体育门户网站服务中信息集成的缺陷，通过实证探索了所取得的信息集成服务平台的成果应用。

2 竞技体育结构及其用户信息需求分析

竞技体育的非均衡发展决定了竞技项目的异构，对于我国而言由此形成了项目的地区分布和优势项目的国家组织特性。与此相对应，国家体育管理部门、国家运动队、地方运动队和其他机构及成员构成了竞技体育信息的主体用户。由此可见，研究用户的竞技体育信息需求应从竞技体育结构分析入手，以明确竞技体育用户及其信息需求分布与结构特征。

2.1 竞技体育项目结构与项目用户构成

随着社会的发展，体育活动的形式与内容日益丰富，一种专门以训练竞赛为主要目的的特殊活动出现了；后来，这种活动日益专门化与部门化，并最终成为只有经过系统训练的人才有可能参与竞争，且多由正式资格的社会组织才能组织的体育活动——竞技体育。竞技体育活动由于其对竞赛成绩提高和比赛优胜追求的本质特性，使得参与竞技项目运动员之间的竞争日益加剧，竞技活动中的信息收集、存储、加工、传输与利用越来越重要，如何针对竞技体育活动的用户开展个性化的信息服务成为体育信息服务部门重要的业务拓展内容。

从广义上讲，现代竞技体育活动是一种全面发展人的主体作用，最大限度地挖掘和发挥人的体能、技能、心理、智力等方面潜力，以体育竞赛为主要特征，为提高运动技术水平、创造优异运动成绩和夺取比赛优胜为主要目的而进行的运动训练与体育竞赛活动，以及在此基础上形成的特殊人际关系、行为规范和一系列有效的保障和社会活动。同时，它也是一种在体育社会化过程中形成的满足人们通过观赏高水平竞技表演而获得的其他任何艺术表演形式不能取代的审美和享受的体育组成形式。从狭义上讲，竞技体育就是以体育竞赛为主要特征，以创造优异运动成绩，夺取比赛优胜为主要目标的运动训练与体育竞赛活动过程以及围绕运动训练与体育竞赛产生的活动。

在本书中，我们将竞技体育的范围限定为以奥林匹克运动会比赛项目为主体的运动训练与竞赛活动过程以及围绕运动训练与竞赛活动产生的一系列相关活动。

2.1.1 竞技体育的项目结构

奥林匹克运动会包括夏季奥林匹克运动会和冬季奥林匹克运动会。根据国际奥林匹克委员会的资料，奥运会比赛项目的项目结构按照大项（SPORT）、分项（DISCIPLINE）和小项（EVENT）划分为三个层次。

夏季奥运会的项目结构以2008年北京奥运会为例，北京奥运会比赛共设28个大项，302个小项（包括165个男子项目、127个女子项目和10个男女混合项目），28个大项中只有水上项目、体操、排球和皮划艇项目等四个比赛项目设有分项。302个小项的项目分布结构如表2-1所示①。

表2-1　　　　　　北京奥运会的运动项目结构

大项项目	分项项目	项目数目	大项项目	分项项目	项目数目
水上项目	游泳	34	摔跤		2
	跳水	8	足球		5
	花样游泳	2	羽毛球		4
	水球	2	乒乓球		4

---

① 2008年北京第29届奥林匹克运动会［EB/OL］.［2008-04-08］. http://www.beijing2008.cn/cptvenues/sports/.

2 竞技体育结构及其用户信息需求分析

续表

大项项目	分项项目	项目数目	大项项目	分项项目	项目数目
皮划艇	皮划艇激流回旋	4	拳击		11
	皮划艇静水	12	曲棍球		2
排球	排球	2	跆拳道		8
	沙滩排球	2	举重		15
体操	竞技体操	10	手球		2
	艺术体操	2	铁人三项		2
	蹦床	1	现代五项		2
马术		11	棒球		1
帆船帆板		9	垒球		1
赛艇		10	柔道		14
击剑		47	自行车		18
田径		4	射击		15
网球		2	射箭		4
篮球		18			

冬季奥运会的项目结构以 2006 年都灵冬奥会为例,都灵冬奥会的比赛项目共设有 14 个项目,84 个小项(包括 45 个男子项目、37 个女子项目和 2 个男女混合项目)。84 个小项的项目分布结构如表 2-2 所示①。

表 2-2　　　　都灵冬奥会的运动项目结构

项目名称	短道速度滑冰	速度滑冰	花样滑冰	高山滑雪	自由式滑雪	跳台滑雪	越野滑雪	滑板滑雪	现代冬季两项	北欧两项	雪橇	雪车	冰壶	冰球
项目数量	8	12	4	10	4	3	12	6	10	3	6	2	2	2

---

① 姚少玲. 冬奥会比赛项目 [J]. 俄语学习,2006 (5):81-84.

31

2.1.2 我国竞技体育的项目布局

竞技体育项目的布局是关系到一个国家体育事业发展的重要内容。我国竞技体育的发展主要依靠国家的举国体制进行统一规划管理，因而，合理的竞技体育项目布局能够保证国家在竞技体育上以最小的投资获取最大的收益，即能确保国家在国际大赛上取得好的成绩，振奋民族精神，树立良好的国际形象。当前，我国体育事业正面临着发展上的变革，如何保证竞技体育在新的形势下的可持续发展，已成为我们现在应该认真考虑的问题。

(1) 世界竞技体育的发展与优势项目的国家分布

各国普遍重视竞技备战，竞技实力不断加强。奥运会是全球规模最大、影响最广的体育赛事，世界各国对奥运会的重视程度和参与热情普遍提高。许多国家采取有力措施，加大人力、财力、物力的投入。雅典奥运会后主要对手国调整竞技体育发展战略，强化各自的优势项目。雅典奥运会上俄罗斯赛前预测与实际表现形成较大反差，有近20个有实力的小项目标未能实现，美国优势项目田径、游泳比悉尼奥运会少了5块金牌，篮球等优势项目亦未获得冠军，德国强项赛艇、自行车金牌大面积失利，法国自行车的惨败等都对最终排名产生了影响。新的奥运周期，这些国家有针对性地调整战略方针和策略，汲取教训，采取措施，强化优势，以求东山再起。日本、韩国、古巴等国强化优势项目的态势对我国亦构成严重威胁，特别是相互交叉，共为优势的项目，竞争日趋激烈。

与此同时，世界竞技体育发展格局发生重大变化，奥运会奖牌分布趋于分散。第23～28届奥运会期间，获得金牌的国家和地区由25个上升至57个，增加了32个国家和地区，获得奖牌的国家和地区由37个上升至75个，增加了28个国家和地区，金牌及奖牌覆盖面不断拓展。这种金牌及奖牌数变化的走向表明，近20年来世界竞技体育发展格局发生了重大变化，奥运会项目的竞技水平在更多国家和地区得到了提高，有能力获得金牌和奖牌的国家与地区愈来愈多。

2 竞技体育结构及其用户信息需求分析

(2) 我国竞技体育发展及其项目布局

在我国的奥运发展规划中，优化竞技体育的项目结构至关重要。我国竞技体育受到国家和省市两级体育管理部门不同的战略思考的影响，在项目结构布局上形成多战略方向的现状。国家体育总局竞技体育管理部门最重要的任务是推进我国的奥运争光计划，着眼点是如何在奥运会上取得优异成绩，因此对于项目布局的考虑主要基于我国运动员在该项目上是否在世界竞技体育舞台上有竞争力。而省市一级的体育管理部门面临的最重要任务是组织本省市运动员参加全国运动会，以此出发，在国家战略框架下，进行体育项目的管理与协调。

我国在雅典奥运会获得金牌的项目达到 14 个（表 2-3），与美国的 15 个金牌项、俄罗斯 11 个金牌项、德国 12 个金牌项（表 2-4）相比差别不大，但是在竞技体育的总体实力上与美国、俄罗斯相比仍有较大差距，与德国、法国、澳大利亚等处于同一层次上。我国在雅典奥运会上夺取金牌的项目分布面较窄且大多数是在世界体育领域影响较小的项目，在田径、游泳这两大基础项目及社会影响力较大的篮球、足球项目上我国仍处于相对劣势。因此，我国要继续保持奥运会金牌总数第二的位置，必须在积极总结以往成功经验的基础上，围绕 2008 年奥运会目标，对我国正式开展的奥运会项目进行新的合理的结构调整，对奥运会重点项目实行动态管理，科学、准确、公正、合理地确定重点项目，实现优胜劣汰。

表 2-3　我国参加第 23~28 届奥运会获金牌项目情况

项目	23 届	24 届	25 届	26 届	27 届	28 届	合计
体操	5	1	2	1	3	1	13
举重	4	0	0	2	5	5	16
跳水	1	2	3	3	5	6	20
乒乓球	0	2	3	4	4	3	16
羽毛球	0	0	0	1	4	3	8
射击	3	0	2	2	3	4	14

续表

项目	23届	24届	25届	26届	27届	28届	合计
柔道	0	0	1	1	2	1	5
田径	0	0	1	1	1	2	5
击剑	1	0	0	0	0	0	1
游泳	0	0	4	1	0	1	6
跆拳道	0	0	0	0	1	2	3
女排	1	0	0	0	0	1	2
摔跤	0	0	0	0	0	1	1
网球	0	0	0	0	0	1	1
皮划艇	0	0	0	0	0	1	1
金牌数合计	15	5	16	16	28	32	—
金牌项目数	6	4	7	9	9	14	—

根据历届奥运会的比赛成绩,将我国具有竞技竞争实力的项目大体分为三类:①具有整体优势的金牌项目5个:体操、乒乓球、羽毛球、跳水、女举;②具有部分小项金牌实力的项目6个:柔道、射击、田径、游泳、跆拳道、男举;③具有部分小项冲击奖牌实力的项目有8个:击剑、射箭、赛艇、帆船、摔跤、自行车、女排、垒球。

表2-4 第24~28届奥运会美、俄、德获金牌项目情况

届数	类别	美国	俄罗斯	德国
24	金牌数	36	55	48
	金牌项目数	12	15	14
25	金牌数	37	45	33
	金牌项目数	12	12	13
26	金牌数	44	26	20
	金牌项目数	13	9	9

续表

届数	类别	美国	俄罗斯	德国
27	金牌数	39	32	14
	金牌项目数	12	15	6
28	金牌数	35	27	14
	金牌项目数	15	11	12

根据为奥运会输送过高水平竞技人才，于2005年1月28日被国家体育总局命名为国家高水平体育后备人才基地的212所各级各类体育运动学校的运动项目设置情况（表2-5），我国高水平体育后备人才基地设置的运动项目以田径、举重、柔道、篮球、摔跤、乒乓球、游泳、射击、跆拳道、体操、武术、足球、羽毛球、拳击、排球、皮划艇等16个项目为主体，这些项目设项率均值达42%，且均为中、高普及项目；传统优势项目中除跳水外均在主体项目之列，占主体项次的32%；田径、游泳、柔道、摔跤、跆拳道、拳击、皮划艇7个金牌设置较多的项目，虽然奥运会成绩不是很理想，但占据运动项目结构主体项次的47%，与全运战略的导向息息相关；三大球、武术等4个社会化程度较高的项目占主体项次的22%，这些项目中除女子排球外，其余项目的奥运成绩平平，武术套路还不是奥运会项目，全运会竞争难度也比较大，但项目的设项率依然较高，这与此类项目的社会化趋势密不可分。

表2-5　　　　　　　　我国运动项目设置情况①

项目名称	全国设项数量	全国总体设项率	普及程度
马术	0	0	低
铁人三项	0	0	低

---

① 国家体育总局，中国奥委会编．国家高水平体育后备人才基地［M］．北京：人民体育出版社，2005．

续表

项目名称	全国设项数量	全国总体设项率	普及程度
现代五项	2	1.94	低
水球	4	2.89	低
花样游泳	5	3.36	低
垒球	7	4.3	低
棒球	7	4.3	低
沙滩排球	6	3.83	低
帆船	8	4.77	低
曲棍球	11	6.19	低
手球	10	5.72	低
艺术体操	14	7.6	低
冬季项目	14	7.6	低
蹦床	23	11.85	低
自行车	26	13.26	低
射箭	27	13.74	低
跳水	33	16.57	中
散打	37	18.45	中
赛艇	36	17.98	中
网球	38	18.92	中
击剑	39	18.4	中
皮划艇	46	22.7	中
排球	54	26.47	中
拳击	60	28.3	中
羽毛球	60	28.3	中
足球	62	29.25	中
武术	69	33.55	中
体操	71	34.49	中

续表

项目名称	全国设项数量	全国总体设项率	普及程度
跆拳道	84	39.62	高
射击	94	45.34	高
游泳	95	45.81	高
乒乓球	102	48.11	高
摔跤	109	52.42	高
篮球	112	53.83	高
柔道	114	54.77	高
举重	127	59.91	高
田径	150	71.75	高

由此可见，我国竞技体育的项目布局以优势项目、金牌大户项目与社会化程度较高的项目为主体。

2.1.3 非均衡状态下的我国竞技体育项目用户及其信息需求结构

我国竞技体育项目用户是指开展竞技体育项目的国家、省市体育管理部门、运动队及相关人员。从我国参加历届奥运会比赛和各省市区参加历届全运会比赛的项目分布和竞赛成绩、我国各地区运动项目设置情况看，我国竞技体育项目用户及其信息需求结构如下。

（1）我国非均衡的竞技体育项目用户分布

长期以来，受区运战略、省运战略、全运战略与奥运战略的影响与导向，我国竞技体育各级利益主体围绕各自的战略目标，形成了各具特色的运动项目结构。区运、省运、全运和奥运战略之间虽然存在某些差异，实际上仍然是局部战略和整体战略的关系。目前，我国的竞技体育运动项目结构受多种因素的影响，其中，竞技体育的非均衡发展状况是其中一个重要方面。世界竞技体育优势项目的国家分布格局加上我国的地域辽阔、人口众多等国情，我国的竞技体育一直处于一种非均衡发展状态。①

①运动项目布局区域不平衡。从212所国家高水平体育后备人才基地运动项目设置数据可以看到我国运动项目的区域分布情况。设项率是指设项数除以相应区域高水平体育后备人才基地数。西部地区除垒球、棒球、曲棍球外，其他项目的设项率均低于东部和中部地区；中部地区除花样游泳、冬季项目外，其余项目的设项率均低于东部地区；东部地区除上述垒球、棒球、曲棍球、花样游泳、冬季项目外，其余项目的设项率均高于中部和西部地区。其中，以现代五项、沙滩排球、手球、帆船、艺术体操、冬季项目等的失衡状态尤为突出，各区域项目设置数量差距悬殊。

②运动项目之间普及率不平衡。运动项目的普及程度有赖于该项目的设项率，各区域运动项目之间设项率参差不齐，项目之间的普及程度极不均衡，其中，以中部地区运动项目的失衡最为严重。各地区在传统优势项目、金牌大户项目和社会化程度较高的项目上的普及率相对较高。花样游泳、沙滩排球、帆船、曲棍球、手球、艺术体操和蹦床等在国际比赛中有希望获取奖牌的项目普及率低，选材面窄；马术、铁人三项有待发展，项目投入仅仅局限于国家队层次，后备人才基地设项几乎为零，不利于运动项目的全面推广；冬季项目未能受到足够的重视，投入相对较少，普及率有待提高；非奥运项目中武术、散打、棋类、体育舞蹈和健美操等少数几个项目受内、外比赛或社会需求的驱动而保持一定的设项率外，其余项目被统统撤销。

③各区域重点投入项目不尽相同。设项率反映运动项目的普及程度，也反映运动项目的区域布局与相对投入力度。对项目设项率进行聚类分析，所有运动项目可分成Ⅰ、Ⅱ、Ⅲ层次，Ⅰ为低普及项目，Ⅱ为中普及项目，Ⅲ为高普及项目。高普及项目东部地区有8项，中部8项，西部仅1项；中普及项目东部地区有9项，中部11项，西部13项；低普及项目东部地区有2项，中部17项，西

---

① 吴希林，袁守龙，孙平，唐家珍．我国竞技体育运动项目结构特征及奥运设项效益研究 [J]．体育科学，2007（5）．

部17项。各区域高普及项目、中普及项目交叉较大,重点投入项目存在差异,各地区在重视传统优势项目、武术套路、摔柔跆拳、三大球和基础项目的基础上,东部地区突出击剑、皮划艇、排球项目;中部地区突出冬季项目、散打、赛艇、网球、皮划艇项目;西部地区突出跳水、排球项目。

(2) 我国竞技体育运动项目的地区布局与重点地区用户

我国从八运会开始就按照"缩短战线,突出重点"的战略原则,对全运会项目设置进行了调整,取消了9个非奥运大项。时至十运会,运动项目设置已与奥运会全面接轨①。对于各省市竞技体育的重点项目分布情况,表2-6列出了排名前八名的代表队。

表2-6　　　　　　　　重点省市的重点项目分布

省(市区)	优势项目
辽宁	田径、游泳(女)、举重、射击、乒乓球、柔道、足球(男)、散打、皮划艇、自行车
广东	田径、游泳、举重、射击、击剑、柔道、体操、赛艇、跳水、乒乓球、羽毛球
上海	田径、游泳(女)、射击、击剑、乒乓球、柔道、足球(女)、手球、垒球(女)、棒球
北京	乒乓球(女)、羽毛球、手球、垒球(女)、网球、摔跤(男)、跆拳道、皮划艇、花样游泳
江苏	田径、游泳、举重、射击(女)、体操(男)、击剑、跳水、篮球、乒乓球(男)、羽毛球
浙江	游泳、皮划艇、田径、赛艇
山东	田径、游泳、举重(女)、赛艇(女)、散打、皮划艇(女)
湖南	举重、羽毛球、体操、田径、跳水

① 葛会忠. 完成08奥运会参赛任务,奥运战略需全运会赛制 [N]. 中国体育报, 2005-11-19.

表 2-6 中分布表现出项目的集中分布和明显的地域特征。发展和巩固优势项目、基础项目，提高项目设置的效益，有利于提升各省市自治区竞技体育的竞争力。以田径项目为例，根据国内外重大赛事（全运会、全国田径大奖赛的总决赛、亚运会、亚洲田径锦标赛、世锦赛、奥运会）的比赛结果并结合我国田径运动员在各级赛事中的比赛成绩进行了统计分析，结果发现，我国田径项目各单项运动人才分布呈现区域相对集中的特点（见表2-7）。例如：我国短跑项目运动人才主要集中在四川、广西、江西、广东、江苏、北京等省市；跳远项目运动人才主要集中在四川、广东、辽宁、上海等地区；女子铅球项目主要集中在上海、河北、山东、浙江等地区；中长跑项目运动人才主要集中在辽宁、山东、河南、江苏、内蒙古等地区；男子竞走项目主要集中在云南、山东、陕西等地区。

表 2-7　　　　　部分田径项目各省市分布情况

项目	男子项目优势地区	女子项目优势地区
100m	江西、广东、四川	四川、广西、江苏
200m	广东、上海、北京	四川、广西、山东、江苏
400m	广东、河北、上海	山东、江苏、广东
800～1500m	河南、山东、辽宁、江苏	辽宁、河南、江苏
3000～5000m	山东、辽宁、上海、内蒙古	辽宁、河南、山东
10000m	山东、辽宁、内蒙古	山东、辽宁、河南
100～400m	上海、广东、北京	广东、河北、四川
竞走20～50km	云南、山东、陕西	辽宁
马拉松	——	辽宁、内蒙古、山东、云南
跳高	北京、山东、四川	上海、北京、广东、天津
三级跳	湖南、河北、广东	山东、广东
跳远	四川、河南、广东	辽宁、上海、广东、四川
铅球	北京、上海	上海、河北、山东、浙江

续表

项目	男子项目优势地区	女子项目优势地区
标枪	浙江、湖南、山西	北京、山西、陕西、山东、江苏
铁饼	河北、山东	河北、山西、山东
链球	江西、辽宁、四川	——

(注：依运动员代表的省份统计，不包括运动员交流所形成的项目区域分布差异)

由表可知，在短跑项目上，广东、上海、广西优势比较明显。在中长跑项目上，辽宁、山东、河南占据着主动。长跑地域优势比较明显的是辽宁和内蒙古，大部分优秀运动员主要来自我国北方。在跳跃项目上，优势比较明显的是广东，从近几年的成绩也反映出广东的优势。从投掷项目的地域分布来看，相对于其他项目较分散，这充分说明投掷类项目没有显著的地域差异。

竞技体育的非均衡是绝对的，而均衡是相对的。与国际最高水平相比，在运动项目结构上，存在着夺金项目分布面窄，优势项目不多，田径、游泳等基础项目薄弱，篮球、足球、排球等社会影响较大的集体项目处于相对劣势，冬季项目仅有少数小项目达到世界先进水平等问题。当前，竞技体育发展中的有限资源必须配置在具有创造优良运动成绩的竞技体育项目上。

竞技体育的发展不仅需要包括资金投入、技术和人才在内的资源保障，充分的信息保障同样至关重要。为了改变我国竞技体育的非均衡发展状态，除有形资源（主要是资金、技术和人才）共享外，还需要信息共建共享作保障。我们完全可以通过基于互联网的信息资源整合，实现面向我国各类主体的竞技体育信息服务的社会化和全程化。

运动队用户在我国竞技体育项目用户中处于中心位置。表2-8反映了我国部分竞技体育优势项目的重点运动队及其信息需求情况。

表 2-8　我国部分竞技体育重点运动队及其信息需求

项目	国家及重点省市运动队	信息需求内容	所需信息来源
体操	国家队、湖北、湖南、广东、广西、上海、北京等省市队	体操项目管理信息、竞赛规则信息、体操技术信息、运动员训练信息、体操有关法规信息、运动心理信息、体操科研信息、有关器材信息等	奥运会信息、竞技体育综合信息、国际体操运动赛事信息、各队相关信息、体操技术信息、体操器材信息、有关投资商信息等
篮球	国家队，八一队，各省市队，俱乐部队	篮球项目管理信息、竞赛规则信息、篮球技术信息、运动员训练信息、篮球有关法规信息、运动心理信息、篮球科研信息、有关器材信息、商业赞助信息等	奥运会信息、体育综合信息、中国篮球协会信息、国家体育总局信息、国际篮球联合会信息、美国NBA官方信息、欧洲各大联赛信息、国际相关网站信息、国内相关网站、有关省市俱乐部队信息、商业赞助信息等
乒乓球	国家队、辽宁、北京、广东、江苏、湖北、上海、山东、河南、河北、天津等省市队，俱乐部队	乒乓球项目管理信息、竞赛规则信息、乒乓球技术信息、运动员训练信息、乒乓球有关法规信息、运动心理信息、乒乓球科研信息、有关器材信息等	奥运会信息、竞技体育综合信息、国际乒乓球运动技术信息、各队相关信息、乒乓球赛事信息、乒乓球器材信息、有关投资商信息等
田径	国家队、辽宁、北京、广东、江苏、浙江、上海、山东、湖南、河北、天津等省市队	田径项目管理信息、竞赛规则信息、田径技术信息、运动员训练信息、田径有关法规信息、运动心理信息、田径科研信息、有关器材信息等	奥运会信息、竞技体育综合信息、国际田径运动技术信息、各队相关信息、田径赛事信息、田径器材信息、有关投资商信息等

2 竞技体育结构及其用户信息需求分析

续表

项目	国家及重点省市运动队	信息需求内容	所需信息来源
游泳	国家队、辽宁、北京、广东、江苏、浙江、上海、山东、湖南、河北、天津等省市队	游泳项目管理信息、竞赛规则信息、游泳技术信息、运动员训练信息、游泳有关法规信息、运动心理信息、游泳科研信息、有关设施信息等	奥运会信息、竞技体育综合信息、国际游泳运动技术信息、各队相关信息、游泳赛事信息、游泳场地信息、有关投资商信息等

表 2-8 所示的重点是部分竞技体育项目及重点类运动信息需求情况，但是从信息需求来源上看，其需求可以概括为如下几个方面：①竞技体育综合信息；②国际奥委会和国际单项体育组织信息；③竞技体育法规信息；④国家及省市体育管理部门信息；⑤单项体育协会信息；⑥运动队信息；⑦运动员信息；⑧运动器材及设施信息；⑨国内外赛事信息；⑩有关商务信息等。就内容而言，包括竞技体育法律法规、管理、竞赛、技术、训练、投资等各方面信息。鉴于信息来源的分散性和需求的复合性，因此需要进行面向项目用户的信息资源整合。

2.2 用户所需竞技体育信息资源类型与分布

竞技体育的发展离不开信息保障，然而，我国的竞技体育信息资源建设相对滞后。以下，通过对我国竞技体育的信息资源的类型与分布的分析，旨在优化信息资源配置，实现信息资源的集成化利用。

2.2.1 竞技体育信息资源类型与特征

结合竞技体育信息资源的实际情况，按信息资源的存在状态，可将竞技体育信息资源划分为潜在竞技体育信息资源和现实竞技体育信息资源两大类。潜在竞技体育信息资源是指个人在竞技体育学习和实践过程中获取但储存在大脑中的信息资源，如各类竞技体育工作人员在长期体育实践中形成的、存在于头脑潜意识中的知识、观念和经验，教练员对运动员竞技状态的诊断、裁判员临场判罚的技巧等；现实的竞技体育信息资源是人们在竞技体育的学习和实践过程中获取并表述出来的，能够为公众所利用的竞技体育信息资源。从资源利用的社会影响的角度看，虽然有许多现实的竞技体育信息资源来自于对潜在的竞技体育信息资源的揭示，但相比之下现实的竞技体育信息资源的可获取、可共享程度以及信息资源的利用水平对相关竞技体育事业的发展有着毋庸置疑的更广泛和更重大的影响。因此，本书的研究将重点围绕现实的竞技体育信息资源展开。

现实的竞技体育信息资源又可以依据其载体划分为竞技体育人力信息资源、竞技体育文献信息资源、竞技体育实物信息资源和竞技体育网络信息资源4种类型。①

（1）竞技体育人载信息资源

它是指人们在从事和接触竞技体育过程中，以人体为载体并能为他人识别的信息资源。按其表述方式可分为口语信息资源和体语信息资源。

口语信息资源是人们以口头语言表述出来但尚未被记录下来的竞技体育信息资源，如教练员对技术动作的讲解和分析、教练员和运动员在赛前对技战术的讨论等；体语信息资源是以人的体态和表情表述出来的竞技体育信息资源，如教练员对技术动作的示范、运动员以手势或肢体语言向队友表达战术意图等。

（2）竞技体育文献信息资源

它是指人类用文字、数据、图像、声频、视频等方式记录在一定载体之上的竞技体育信息资源。依据记录方式和载体材料的不同可将其划分为刻写型、印刷型、声像型、缩微型、机读型五个类别

---

① 孟广均等著．信息资源管理导论［M］．第二版．北京：科学出版社，2007．

2 竞技体育结构及其用户信息需求分析

的文献信息资源。

①刻写型竞技体育文献信息资源。刻写型竞技体育文献信息资源是以纸张、简牍等书写材料和一些天然材料为载体,通过书写和刻画等方式记录并能被他人直接阅取的竞技体育信息资源。比如教练员的训练计划手稿、运动员的训练日记、教练员之间关于运动训练的讨论信件、运动员的原始档案以及刻在一些天然材料(岩石、皮革)上的武术套路图等都属于这一类别。

②印刷型竞技体育文献信息资源。印刷型竞技体育文献信息资源主要是以纸张为载体,通过印刷技术,包括胶印、复印等方式记录的竞技体育信息资源,包括关于竞技体育的各种图书、印刷型连续出版物、印刷型特种文献信息资料,如会议资料、研究报告、专利说明书、政府出版物、学位论文、产品说明书、档案、标准、统计报表、图谱等都属于这一类型。印刷型文献便于更广泛地阅读、传播和交流,至今仍为主要的信息传播形式。

③声像型竞技体育文献信息资源。声像型竞技体育文献信息资源是以感光材料和磁性材料为载体,通过机录技术、磁录技术和光录技术等方式记录的竞技体育信息资源,如竞技体育录音带、录像带、胶片等都属于这个类别。声像型文献脱离了传统的文字记录形式,直接记录声音和图像,给人以直观的感觉和体验。体育声像型信息弥补了单纯文字信息的不足,可以使人们从多感知通道摄入信息,更利于信息与知识的理解和吸收,在加深印象并获得长久记忆的同时,促进新信息与自身已有认知的结合,加快外部信息的内化过程,有助于更快地形成新的认知。这无疑大大促进了竞技体育信息资源的开发深度。

④缩微型竞技体育文献信息资源。缩微型文献信息资源是以感光材料为载体,通过光学记录技术方式记录的竞技体育信息资源。比如关于竞技体育的缩微胶卷、缩微平片、缩微卡片等都属于这一类。缩微技术的特点决定了这类信息资源便于收集和保存,同时,它也存在诸多缺点,如需借助缩微阅读器方能阅读,这造成了阅读不便。

⑤机读型竞技体育文献信息资源。机读型竞技体育文献信息资

源泛指以磁性材料、激光材料为主要载体，通过磁录技术和激光技术等方式记录的竞技体育信息资源。由于机读型文献信息资源可以通过计算机与电子信息网络方便地实现网络传播，因此可以认为，机读型文献信息资源不是一种严格意义和传统意义上的文献信息资源，而是一种准网络信息资源，是处于文献信息资源与网络信息资源之间的一种中间型和过渡型信息资源。

上述5种类型的文献信息资源互相补充、互相转化，共同构成了竞技体育文献信息资源载体形态。

从信息资源开发与利用的角度研究竞技体育文献信息资源，仅仅按文献信息的载体形态特征对竞技体育文献信息资源加以类型划分是不够的，必须考虑从文献信息的编辑出版形式和文献信息学科内容两方面因素对竞技体育文献信息资源进行进一步的类型划分。

按文献信息学科内容对竞技体育文献信息资源进行类型划分，主要有运动训练生理学信息资源、生物力学信息资源、训练科学信息资源、运动和锻炼心理学信息资源、运动人体测量信息资源、比较体育信息资源、神经运动心理学信息资源、运动技能学习与控制信息资源、体育哲学信息资源、体育政治学信息资源、体育社会学信息资源、体育史信息资源、体育设施信息资源、体育法律信息资源、体育管理信息资源、运动医学信息资源等类型。

按文献信息的编辑出版形式，一般可将竞技体育文献信息资源分为关于竞技体育的图书、期刊、报纸、会议文献、学位论文、专利文献、科技报告、标准文献、产品样本、政府出版物、档案文献和地方文献等（如表2-9所示）。

表2-9　　　　　竞技体育文献信息资源类型

竞技体育图书	竞技体育图书是正式出版流通的竞技体育书籍的泛称，包括竞技体育专著、论文集、工具书、教科书等
体育期刊	体育期刊的优点体现在内容较新，能及时反映竞技体育领域内的新知识、新动态与新的研究成果

2 竞技体育结构及其用户信息需求分析

续表

体育报纸	体育报纸的基本特点是内容新、涉及面广、读者最多、影响最广的体育文献信息资源。及时性是报纸区别于书刊的最主要特征
竞技体育会议文献	竞技体育会议文献是在竞技体育学术会议上宣读或交流的论文、报告和其他有关资料。学术会议是体育科技人员重要的信息交流场所,传递的信息比较及时、集中,信息的针对性较强,兼有直接交流和间接交流两种方式的长处,其文献是了解国际及各国体育科技水平、动态和发展趋势的重要信息来源
竞技体育学位论文	竞技体育学位论文所探讨的问题针对性强、支持数据丰富,对问题阐述比较详细、系统、完整,具有一定的独创性、新颖性和较强的专业性,因而是一种重要的竞技体育文献信息资源
竞技体育专利文献	竞技体育专利文献是实行专利制度的国家及国际性专利组织在审批竞技体育专利过程中产生的官方文件及其出版物的总称
竞技体育科技报告	竞技体育科技报告是竞技体育科学研究成果的总结,或者是科研进展情况的实际记录,详细记载了科研活动的全部过程,包括成功的经验和失败的教训。它是各国体育行政部门之间、国内各竞技体育科研机构之间、体育行政部门和企业集团之间进行公开交流和内部交流竞技体育科技成果的主要媒介
竞技体育标准文献	竞技体育标准文献主要是对竞技体育工程建设质量、规格及其检验方法以及部分服务的有关标准所作出的技术性规定的文件,是相关同业必须依据的共同技术规范。标准文献具有时效性强、针对性强、具有一定的法律约束力的特点
竞技体育产品样本	竞技体育产品样本是对已经投入生产的竞技体育产品作介绍的文献资料,即对定型产品的性能、构造、原理、用途、使用方法和操作规程、产品规格等所作的具体说明。产品样本文献具有可靠性较强,产品和技术信息较完整,通常形象直观、图文并茂,出版及时,更新较快,多数由厂商赠送
竞技体育政府出版物	竞技体育政府出版物是由政府机构制作出版或由政府机构编辑并授权指定出版商出版的竞技体育文献,主要包括行政性和政策性文件、科技成果、科技研究报告等

续表

竞技体育档案文献	竞技体育档案文献是国家竞技体育行政部门、社会组织以及个人从事竞技体育活动直接形成的具有保存价值的各种文字、图表、声像等不同形式的历史记录，是完成了传达、执行、使用或记录现行使命而备留查考的文件材料。它侧重于存储和传递原始信息，具有无可争辩的客观性和可靠性，是查考和处理事务的真实凭据。竞技体育档案的价值还体现在它可提供大量的情报和知识，它还是历史研究所依赖的重要史料
竞技体育地方文献	竞技体育地方文献是指内容上涉及某一区域竞技体育发展的历史和现状，具有一定史料价值和学术价值的文献。竞技体育地方文献的各种材料都来源于实践，注重事实考证，是其他类型文献资料的重要补充

（3）竞技体育实物信息资源

它是指以实物为载体的竞技体育信息资源，如竞技体育运动器械和辅助训练设施的样品、著名运动员和教练员的雕像和蜡像等。

（4）竞技体育网络信息资源

竞技体育网络信息资源是以电子计算机技术、通信技术、多媒体技术相互融合而形成的以电子网络为传输载体或媒介的信息资源。与文献型信息相对应，它是"以数字化的形式存储于网络节点中的，借助于网络进行传播和利用的信息产品和信息系统的集合体"。

竞技体育网络信息资源可从不同的角度进行划分和归类。依据不同标准，网络信息资源可分成不同的类型，较典型的有以下几种：

①按时效性和文件组织方式进行分类。按时效性可分为电子报纸、动态信息、全文信息和书目数据库等大类；按文件组织形式可分为自由文本和规范文本两大类。

②按信息交流方式可以将网络竞技体育信息资源分为：非正式出版信息、半正式出版信息和正式出版信息。①

---

① 曾民族. 网络信息资源检索现状和性能评价 [J]. 情报学报, 1997 (2): 114-117.

非正式出版信息，指流动性、随意性较强的，信息量大、信息质量难以保证和控制的动态性信息。如电子邮件、专题讨论小组和论坛、电子会议、电子布告板新闻等工具上的信息。

半正式出版信息，又称"灰色"信息，指受到一定产权保护但没有纳入正式出版信息系统中的信息。如各种竞技体育学术团体和训练机构、企业、体育行政部门、行业协会等单位介绍宣传自己或其产品的描述性信息。

正式出版信息，指受到一定的产权保护，信息质量可靠，利用率较高的知识性、分析性信息，用户一般可通过电子网络查询到。如各种网络数据库、联机杂志和电子杂志、电子图书、电子报纸等。

③按信息内容所属领域分类，可分为运动训练生理学、生物力学、训练科学、运动人体测量、运动医学、体育法律、体育设施等类。

④按信息的利用形式分类。沿用图书情报学对非网络环境下的文献资源的分类法，可以把竞技体育网络信息资源分成7类：电子期刊、电子通讯期刊、图书的文本；论文抽印本、技术报告；法律文件、案例、政府出版物；商务数据、统计资料、实验数据；软件；图像数据、声音数据；数据库。① 这一分类并未充分体现出网络信息资源的分类特点。

⑤按照互联网信息资源的组织应用形式可将竞技体育网络信息资源划分为万维网（WWW）信息资源、电子邮件、USENET/Newsgroup 信息资源、LISTSERV/Mailing List 信息资源等。

从以上分析中可以看出，目前尚未形成一个比较系统的对竞技体育网络信息资源的分类方法。不同的信息资源划分方法从不同的侧面出发，兼之考虑到人们利用网络信息资源的习惯，相互补充，共同反映出网络信息的组织特点。

---

① 夏立新. WWW 环境下学术信息资源及其检索策略研究 [D]. 武汉：武汉大学博士论文，2002：23-25.

网络环境下竞技体育信息资源与传统的文献信息资源相比，具有以下特点：

①信息资源类型繁多。网络环境下，竞技体育信息资源主要包括数字化信息，如磁盘、光盘上的体育数字化信息、网上出版物，网络动态信息，联机数据库，网络竞技体育服务信息等。

②信息来源广泛。网络环境下，竞技体育信息的发布具有多种渠道，除传统的新闻、出版、电影、电视外，信息网络帮助人们实现自由出版的梦想。

③信息增长迅速。当前，网络已成为继报纸、期刊、广播、电视等传统媒体之后的第五大媒体。互联网上的竞技体育信息增长之快、信息量之广，是其他媒体无法比拟的。

④信息内容庞杂。网络上的竞技体育信息资源内容庞杂，除了各种专业信息外，也不乏一些虚假信息；既有国际水平的研究成果，也有难登大雅之堂的涂鸦之作。

⑤网络体育信息资源具有动态性和不稳定性。网络竞技体育信息资源比印刷媒体表现力更加丰富、灵活，包含的媒体类型也多种多样，除传统的文本信息外，还有图表、音频、视频等多种媒体。网络竞技体育信息资源通常以网状结构来组织，资源存放于网状结构中的各个节点，节点与节点之间用超链接来连接。网上竞技体育信息具有很强的交互性，信息提供者和读者可以就同一问题在网上及时交流观点、展开讨论，因而其动态性强，且不稳定。

在现实的竞技体育信息资源的类型中，竞技体育人载信息资源和竞技体育实物信息资源具有鲜明的特色并和特定的应用环境相联系，需采用专门的方法予以研究。竞技体育文献信息资源和竞技体育网络信息资源是当前社会信息资源组织建设和开发利用的重点。同时，由于计算机使用的普及和互联网络的发展，快速增长的网络信息资源更为信息的开发和利用提供了便利，越来越成为竞技体育信息资源开发利用的重要的形式。因此，本书主要讨论竞技体育文献信息资源和竞技体育网络信息资源这两类信息资源的开发利用问题，尤其以后者为重点予以讨论。

2.2.2 竞技体育信息资源的结构与分布

竞技体育信息资源的最大效益只有在合理分布的状态下通过优化配置才能得以发挥。竞技体育信息资源分布是指已经形成的竞技体育信息资源在空间、时间和数量上的结构形式，是以往各个阶段竞技体育信息资源规划和配置的结果，也是今后竞技体育信息资源进行布局调整、实现优化配置的依据和出发点①。掌握竞技体育信息资源的分布特征、影响因素是实现一个国家或地区竞技体育发展的重要保障。

良好的竞技体育信息服务建立在对竞技体育信息来源的充分把握和对用户信息需求的深入了解的基础之上。在我国竞技体育发展历史与组织现状的基础上，本节对现阶段我国竞技体育信息的来源作了比较详细的分析。全面了解竞技体育信息的来源，是获取、开发和利用竞技体育信息资源的前提。

对竞技体育信息来源的研究，可以从不同的角度进行。根据当前我国竞技体育发展的现实情况，我们可以依据信息的来源渠道进行研究；根据信息资源利用形式的发展趋势，我们可以从网络信息资源和非网络形式的其他信息资源的角度进行研究。在此，我们从信息来源渠道的角度来分析竞技体育信息资源的分布情况。

（1）社会化机构提供的竞技体育信息资源

社会化机构提供的竞技体育信息资源主要指那些非体育系统内机构提供的竞技体育信息资源，包括各类出版发行机构、图书馆、媒体、网站等提供的竞技体育信息资源。

①各类出版发行机构。出版发行机构主要是指出版社、期刊杂志社和书店等正规出版流通单位。它们以印刷版或电子版的体育图书、体育刊物以及各类体育音像资料的形式提供相关竞技体育信息。出版单位的设立和刊物的发行受到国家新闻出版部门的管理和约束，因此，这类信息通常经过严格的编审，信息的系统性、科学

---

① 黄长著. 中国图书情报网络化研究［M］. 北京：北京图书馆出版社，2002：143.

性和严谨性比较有保障，信息载体的制作质量较高，但出版周期较长影响了信息的及时性。

近年来，正规出版物的流通渠道越来越多样化，多种所有制的流通单位发展迅速，这创造了条件使得市场上各类体育信息需求得以更为灵敏地传导，客观上活跃了这类信息资料的发行和流通。这部分信息资料的目录信息比较容易获取，可以利用各出版社和书店的网站书目数据库获取相关信息。通常，出版社网站一般提供最新图书信息、图书目录等，有些网站也会提供一定的免费资源；网上书店一般提供大量的图书信息、详细的书目信息，还可以让读者免费下载部分电子书或是免费试读电子书的一部分。用户可以通过传统渠道去出版社和书店获取书目和购买相关竞技体育图书、刊物和音像制品。

②图书馆。包括大学图书馆和公共图书馆。公共图书馆侧重对本地区资源的整理，对本地区优势特色项目的资料或有收藏，尤其在获取体育发展历史资料时可以借助这一渠道获取特色资源。

③各类媒体。包括报纸、电视台和电台。它们提供的竞技体育信息主要包括：体育赛事报道和评论、竞赛日程、竞赛规程和竞赛结果发布、人物访谈、竞技体育各类专题报道、体育赛事视频和音频资料等。由于媒体的网络优势，媒体资源在即时性体育信息以及声像信息获取和传递方面具有很强的优势。

提供竞技体育信息的报纸包括专业体育类报纸和综合类报纸的体育版。这两类报纸大多有印刷版和网络版两种方式。国内体育专业类报纸种类非常多，其中具有一定影响力的包括《体坛周报》、《足球报》、《中国体育报》、《东方体育日报》、《扬子体育报》、《竞报》、《体育晨报》、《篮球报》、《球迷》、《羊城体育》、《体育周报》、《足球周报》等；综合类报纸的体育版更是数不胜数。它们主要提供各类重要赛事的新闻报道和评论、人物访谈等信息。

电视台提供的竞技体育信息包括体育新闻报道和评论、各类专题报道、人物访谈、竞赛日程、竞赛规程和竞赛结果发布、体育赛事视频和音频资料等，它也提供电视和网络两种服务方式。国内重要的电视体育信息来源主要有：中央电视台体育频道（http：//

sports. cctv. com/index. shtml）、CSPN 省级体育频道联播平台、地方性体育频道等。

广播电台提供的竞技体育信息主要包括体育新闻报道和评论、各类专题报道和体育赛事音频资料等。全国数以万计的各级广播电台提供此种信息服务。中央人民广播电台的《体育节目》是中国广播史上开播的第一个以体育报道为内容的专题节目，于 1955 年 4 月正式开播，从 20 世纪 50 年代中期至 80 年代后期，它是向全国传播重大体育新闻最快捷的信息渠道。此后，逐步被电视媒体所取代，而成为辅助的大众传播形式。

④各类体育网站。各类体育网站提供的竞技体育信息包括：竞技体育新闻报道和专题报道、在线数据库服务（便于查询比赛结果、统计数据、背景资料等各种与体育有关的信息）、体坛人物访谈、明星博客、竞技体育图像、视频与音频资料等。其中，2008 年北京奥运会网站内容如表 2-10 所示。

表 2-10　　　2008 年北京奥运会网站内容结构

竞赛与场馆	奥运场馆、比赛项目场馆设施、竞赛日程
新闻	官方新闻、各届奥运、奥运之城、体育要闻、特别报道、RSS
观众服务	北京欢迎你、青岛、香港、天津、上海、沈阳、秦皇岛
媒体运行	主新闻中心、场馆媒体中心、奥林匹克新闻服务、摄影服务、媒体服务
志愿者	志愿者新闻、志愿者培训、志愿者视频、志愿者手机
奥林匹克百科	北京奥运会、奥运术语、奥林匹克运动、历届奥运资料、奥林匹克标志
培训与教育	新闻动态、组织机构、课程资源、示范学校、同心结、基层信息
奥林匹克文化	开闭幕式、奥林匹克文化节、歌曲征集
火炬接力	火炬手、火炬接力路线、火炬、最新动态

续表

互动专区	电子杂志、读者反馈、常见问题解答
好运北京	中国水球公开赛、国际跆拳道邀请赛、跳水世界杯赛、中国游泳公开赛等
北京奥组委	奥组委动态、目标与理念、执委会名单、组织结构、环境保护、知识产权保护、市场开发、奥运监管、奥运人才等

我国有影响力的体育网站还有：新浪竞技风暴（http://sports.sina.com.cn/）；TOM 体育频道（http://sports.tom.com/）；搜狐体育（http://sports.sohu.com/）；ESPN 体育特区（英文）（http://espnet.sportszone.com）：ESPN 作为世界上最大的有线体育电视网，遍及世界体育运动的每个角落，以图片、声像、文字多种形式及时报道所有体育领域的新消息，包括新闻、排名、积分、现场报道、统计数字；体育运动网站（英文）（http://www.sportsweb.com/）；CNNSI 体育网站（英文）（http://www.cnnsi.com/）。

（2）体育系统内机构提供的竞技体育信息资源

长期以来，在我国竞技体育"举国体制"的模式下，体育局是竞技体育的直接职能管理部门，它集竞技体育发展的规划、执行、控制、协调、人才队伍管理、运动项目发展、竞赛管理等职能于一身。面向社会，国家体育总局通过建设"一台四网"，向公众提供相关竞技体育信息。"一台"即中国数字体育互动平台。该平台是一个宽带互动的综合性体育服务大平台，以信息技术为纽带，集成相关系统、应用、资源等要素，承载众多应用系统，包括体育网站、体育竞赛管理、电子竞技、网上赛事转播以及进行运动协会网上会员服务等。"四网"是指国家体育总局政府网站和基于中国数字体育互动平台建设的三个网站：中华全国体育总会官方网站、中国奥委会官方网站和华奥星空网站。它们之间的关系如图2-1所示。

①国家体育管理与运动项目组织系统网络。国家体育总局负责全国体育及运动项目的组织和管理，其工作依赖于信息网络支撑，

2 竞技体育结构及其用户信息需求分析

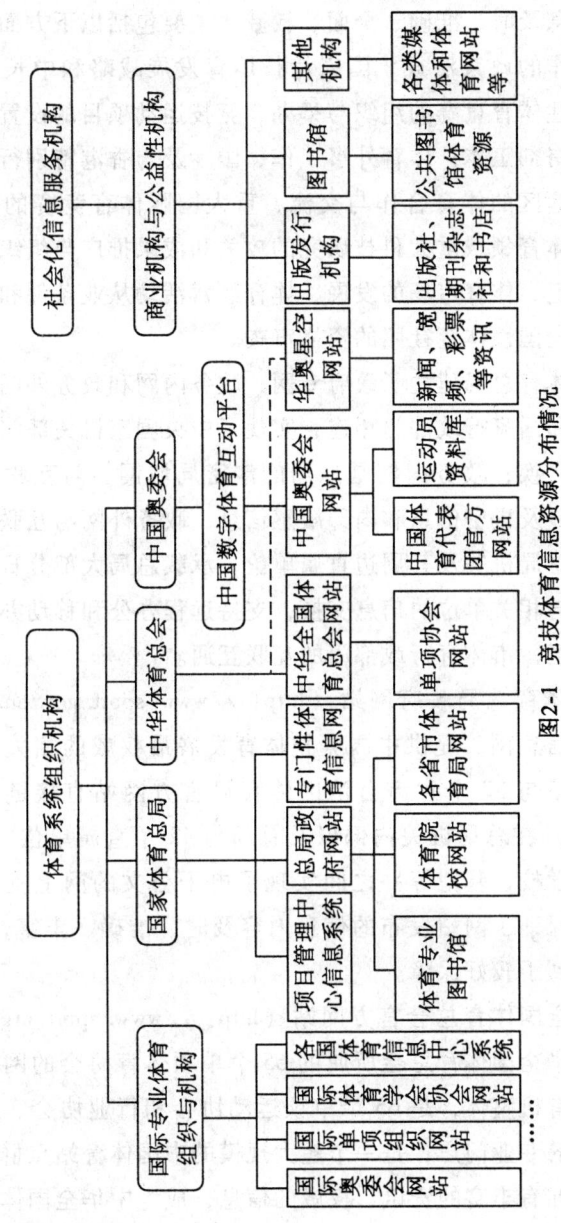

图2-1 竞技体育信息资源分布情况

由此构成了体育管理与运动项目信息网络。国家体育总局提供的竞技体育信息及时、准确、全面、权威,主要包括以下方面:国家竞技体育工作的政策法规;国家竞技体育发展战略和中长期发展规划;全国性体育竞赛的组织与举办、竞技运动项目的设置与重点布局、反兴奋剂工作;体育外事工作、国际及与香港特别行政区及澳门、台湾地区的体育合作与交流、重大国际体育竞赛的组织和举办;竞技体育领域重大科技研究的攻关和成果推广与组织;体育产业政策拟定、体育市场的发展、体育经营活动从业条件和审批程序的制定;全国性体育社团的资格审查。

国家体育总局建立了政府专网、政务内网和政务外网。政府专网与中央和国家行政部门相连,实现了中央国家机关部门之间的信息发布和交换;政务内网是总局的涉密局域网,与互联网物理隔离,运行涉及机密信息和内部敏感信息;政务外网与互联网逻辑隔离,覆盖总局机关及其周边直属单位,承载总局大部分日常办公业务,实现与相关单位的信息交换,支持远程办公和移动办公,实现与各省、区、市体育行政部门的互联互通。

国家体育总局政府网站(http://www.sport.gov.cn/):它即中国体育信息网,提供中国竞技体育发展最权威的相关信息和政策。该网站与37个省市自治区体育局官方网站直接链接,截至2008年2月在总局机关内部以及总局与42个直属单位(各中心、研究所、学校、基地等)之间实现了电子公文的网上批转与远程传输,这保证了网站发布的信息内容及时、准确、丰富,权威性、可靠性得到了较好保障。

中华全国体育总会官方网站(http://www.sport.org.cn):该网站将中华全国体育总会所属的65个单项体育协会的网站和网页组成一个有机整体,是65个单项运动协会和行业协会、省市体育总会成员的专业门户,是一个超大规模的中国体育站点群。各体育协会网站拥有丰富的资讯、权威的信息,成为中华全国体育总会网站的有力支撑,这也使得该网站拥有迅速、准确、全面、权威的体育报道。

2 竞技体育结构及其用户信息需求分析

中国奥委会官方网站（http：//www.olympic.cn）：该网站拥有中文和英文两个版本。该网站全面介绍了奥林匹克信息，是中国体育与世界奥林匹克运动的重要交流窗口。

华奥星空网站（http：//www.sports.cn）：该网站是一个超大型的体育娱乐商业网站门户。除了有丰富活跃的体育新闻外，网站还整合了中体在线网、电子竞技网、彩票中心网和体育用品展销网。

以上四大门户网站，各有特色，但在资源整合与服务集成方面还有待加强，表2-11对四大门户网站进行了比较，从中可看出当前竞技体育信息资源服务的差异。

表2-11　　　　　　　　四大门户网站的比较

结构特征 网络名称	网络导航	功能定位	主要业务	服务特色	问题
国家体育总局政府网站	提供	政府门户	体育新闻、体育政务、业务服务等	综合性	强调服务意识不明显，专项体育信息不全面
中华全国体育总会官方网站	提供	行业协会	体育专项协会信息服务	专业性	资源整合深度不够
中国奥委会官方网站	提供	奥运服务	有关奥运会的信息服务、博客、论坛	专业性	作为门户网站，对内对外宣传力度不强
华奥星空网站	提供	商业娱乐	体育新闻、电子竞技、体育彩票和体育购物，多种媒体整合，集商务体育信息资源为一体	商业性	专题资源挖掘的深度不够

另外，国家体育总局还建立了中国竞技体育管理信息系统。该系统以国家体育总局竞技体育司为核心，延伸到各项目管理中心，并覆盖全国各省市体育局。它以先进的数据库技术、现代通信与网络技术为依托，建立一个运动员登记注册管理的综合管理环境；并通过对各类各项体育信息的统计与分析，为竞技体育工作的决策提供参考；还为社会大众提供各类体育信息服务。

②国家专门性体育信息网。国家专门性体育信息网由国家体育总局信息中心组织，国家体育总局信息中心从宏观、战略的角度，对国际竞技体育和奥林匹克的发展趋势、有关国家体育运动的发展动态等，进行全面的、多方位的信息研究和专题报告，为国家制定体育运动发展规划、体育方针和政策提供有价值的参考依据。围绕我国的重点运动项目，对国外优秀运动队和运动员的训练方法和赛前准备进行追踪和综合分析，为决策部门、教练员、科研人员提供系列资料、数据和预测结果。

近期，该中心组织了体育信息研究重点实验室，主要为国家体育总局领导及相关管理部门、奥运会备战领导小组、各运动项目管理中心国家队、中国奥运会代表团服务。体育信息研究重点实验室的主要工作内容包括：国外竞技体育图文信息和声像信息的采集、翻译、整理、存储、检索、传播等相关服务，综合或专题研究服务以及专项信息的跟踪分析服务，国际反兴奋剂信息提供、动态跟踪与研究服务。

中国体育资讯网（http://www.sportinfo.net.cn）是国家体育总局信息中心建立的专业体育信息研究与咨询服务网站。网站充分利用国际互联网信息传播量大、辐射面广的优势，密切关注国内外竞技体育、体育产业、大众体育等领域发展的最新动态，广泛搜集、系统加工整理、深入研究、及时传递国内外体育信息；有针对性地为国家体育总局的决策提供具有战略高度的咨询服务，为运动训练与竞赛部门、体育科研与教学单位、体育中介机构、新闻媒体、体育经营企业提供系统的全方位的体育信息保障。该网站采用会员入网的形式，提供的竞技体育信息内容见表2-12。

2 竞技体育结构及其用户信息需求分析

表 2-12　　　　　　　　　中国体育资讯网结构

竞技体育信息数据库	已有 70 余万条记录，涉及国内外竞技体育最新发展动态，深度分析并及时报道国外主要对手国家重大赛事备战情况，为有关部门提供高质量的情报服务
运动训练信息数据库	收录了 1992 年以来经过收集、整理、翻译的国外具有代表性的高水平运动训练的情报信息资料，已建成 200 余万字的信息数据
竞赛成绩数据库	及时报道世界锦标赛、世界青年锦标赛、洲际锦标赛、洲际青年锦标赛、世界杯赛、洲际杯赛、其他国际赛以及世界纪录和世界排名成绩，还可以查阅奥运会、亚运会、全运会前 3 名、2000 年以来的世界成绩以及随后的最新成绩
反兴奋剂数据库	包括搜集报道国内外有关禁用药物与方法的最新研究动向、检测技术进展、奥林匹克运动禁药名单、国际体育组织反兴奋剂政策法规、重大国际或国内比赛药检信息、重大兴奋剂事件、重要国际会议等反兴奋剂动态以及国家体育总局颁发的各种反兴奋剂规定、通知和文件
体育政策法规数据库	包括体育领域的地方立法、监督审计、竞技体育、器材基地、科技教育、劳动人事、群众体育、体育经济以及其他综合类的政策法规
国外体育管理数据库	已建成 500 余万字信息资料，包括 1995 年以来的国外体育宏观管理、国际奥林匹克运动、大型综合性运动会、运动训练、国外体育财务管理、体育科研管理体制、国外体育政策法规、体育经费管理、体育产业与市场等领域的信息资料
体育产业数据库	已建成 200 余万字的信息数据，包括奥运经济、奥运市场开发、体育无形资产开放、体育市场、体育用品等领域的文章资料。数据库信息搜集范围广、内容比较翔实，有大量的体育经营案例，对体育产业管理、经营、科研、宣传等领域的专业人士具有特殊的信息
体操数据库	包括竞技体操、艺术体操、蹦床等项目的国内外发展动态、人物访谈、评论、世界排名、实力分析以及其他相关研究

59

此外，国家体育总局信息中心的其他数据库，为竞技体育提供了更为全面的信息来源。这些数据库包括：

体育声像资料多媒体目录数据库：该数据库采用先进的全文检索数据库软件构建而成。库内存有积累了几十年、近万小时音像信息的体育声像资料，该资料库是目前国内规模最大的专业声像信息库之一。目前，数据库录入的文字条目8 800多条，可在该数据库中检索到所有的声像资料片的名称、简介等，其中几千条重要的声像资料目录信息还带有"视频片段"演示，以便用户对声像资料有更直观的了解。

Chinasport 数据库，即国家体育总局全文及多媒体数据库管理系统。该库是有关体育、娱乐、健身等方面的书目数据库。目前主要收录与体育有关的中文文献，包括期刊论文、学位论文、会议论文，覆盖体育期刊130多种。截至2005年，数据量达12万多条。

国家体育总局信息中心建设的其他数据库还有全国运动等级一级以上运动员数据库，我国一、二级运动员数据库，中国竞技体育管理数据库，国家队备战信息管理数据库，全国体育系统人才数据库，全国体育场馆数据库，体育科研课题管理数据库，中文体育文献数据库。

③国家体育总局各运动项目管理中心的项目信息系统。国家体育总局各运动项目管理中心是全国各运动项目管理的行政机构，负责各个运动项目的规划、发展、统筹、管理、竞赛等。

为适应竞技备战急需对手情报信息工作的要求，国家体育总局各运动项目中心逐步设立了信息处等相关部门机构，这些部门为各运动项目的国家队教练员、运动员组织提供了大量有针对性的专业体育信息服务，搜集整理了许多富有针对性、综合性、价值较高的体育信息。

2005年开始，国家体育总局科教司与各运动项目管理中心专门针对国家队开展了17个项目国家队信息化平台建设工作，为国家队备战世界大赛提供有力的科技支持。该平台提供国内外运动员优秀选手的相关信息，国内外重大赛事和比赛成绩，运动训练研究信息（专业资料、相关学科知识、技战术分析和运动员（队）训

2 竞技体育结构及其用户信息需求分析

练数据、资料等）、队务信息（通知、工作总结和简报资料等）和训练信息（训练计划、训练日记和交流空间等）。该项建设提供强大的交互式平台，能够满足教练员和运动员以及运动员和运动员之间的交流。

目前，中心已建成17个运动项目国家队信息管理数据库，可以提供这17个运动项目国家队的教练员、运动员的个人信息和教学、训练信息以及相关的测试数据和运动员训练中的状态变化情况等信息。

④各省市自治区体育局及下属单位信息网站。各省市自治区体育局是国家体育总局的行政下属单位，它们提供的竞技体育信息范围与国家体育总局高度一致，只是更多地体现了本地区的特点和状况。面向社会方面，省市体育局主要通过体育局网站提供相关信息。由于它与国家体育总局的信息沟通流畅，同时集成了本地区各单项体育协会的体育信息，因此这些网站发布的信息内容准确、丰富、权威，能较好地反映出本地区竞技体育的相关状况。这些网站提供的竞技体育信息内容见表2-13。

表 2-13 省市竞技体育信息网站结构

政策法规	有关竞技体育的中央文件、行政法规、部门规章及规范性文件以及地区立法等
竞技体育	本地区竞技体育信息、竞赛成绩、等级运动员、裁判员管理、竞赛规章等信息
体育产业	本地区的场馆建设、相关产业政策与市场监管信息等内容

在各省市自治区体育局建立的体育科学研究所中，大多有专门的信息部（室），并配备专业工作人员开展体育信息方面的工作，为本地区的运动训练和竞技备战提供体育信息服务保障。如在备战十运会期间，有些省市体育信息部门利用现代信息化手段结合其他传统方式，为本省重点运动队、重点运动项目教练员和下队科研人员开展信息服务，及时并有针对性地为他们提供大量的国内外运动训练的新趋势、新技术、新方法以及新成果信息，为各运动队有效

解决制约其训练水平和提高竞技水平的关键问题提供专题信息支持，取得了非常好的效果。

⑤体育专业图书馆。全国有专业体育院校16所，加上综合性大学及地方性大学下设的体育学院和体育系，数量在数百所以上，各体育院系一般都有图书馆或图书室。这些图书馆（室）是获取竞技体育信息资料的重要来源之一。专业图书馆侧重其专业性，我国体育专业图书馆以重点体育大学图书馆的建设为重点。

当前，有关图书馆不断加强了体育信息资源的数字化建设，取得了一定的成绩，有代表性的有北京体育大学图书馆。北京体育大学图书馆是融教学、情报于一体的多功能现代化体育文献信息服务中心，目前是中国最大的体育文献信息服务中心，建成了亚洲体育文献信息基地。该馆始建于1953年，藏书突出体育专业特色，藏有各种体育词典、字典、百科全书、年鉴、手册、索引、文献等工具书，还藏有部分珍贵的新中国成立前出版的武术书籍；外文书刊中，包括英、俄、日、德文种的主要体育图书、期刊比较齐全。现有藏书78.1万册，其中体育及相关学科图书近40万册（约2.5万种），外文期刊107种，硕博士论文2 880种，多媒体文献2 215种，声像资源2 817种，电子图书66 000余册，馆中文体育类核心期刊收藏率达到100%。

图书馆每年编辑出版《全国中文体育期刊篇名目录》（年刊），自建特色光盘数据库《中国体育报刊数据库》、《体育专业研究生学位论文数据库》和《全国体育系统中文体育图书联合书目数据库》，另外还编有内部刊物《体育信息报道》（季刊）和《图书馆通讯》。

北京体育大学抓住北京奥运会的机遇，2005年12月成立了国内第一家奥林匹克文献信息中心。该中心是集中外文奥林匹克图书、期刊、声像资料于一体的文献中心以及能满足网络需要的信息资源中心，将完成奥林匹克图书资料库建设、奥林匹克数字资料库建设、资源共享平台建设；建立奥林匹克文献资料体系；围绕北京奥运会的筹办工作、各项目中心、教育、训练和科研以及社会的信息需求提供文献信息保障。

2 竞技体育结构及其用户信息需求分析

奥林匹克文献信息中心建有对国内外开放的现代化奥林匹克阅览中心,是奥林匹克最新研究成果展示的窗口;同时,中心还专门建设了奥林匹克文献信息网(http://www.olic.cn),是国内奥林匹克文献信息方面的唯一专业网站。该中心建设的特色数据库如表2-14所示(目前只对北京体育大学用户开放)。

表2-14　　奥林匹克文献信息中心特色数据库

竞技体育数据库	涵盖奥运比赛项目,尤其是北京体育大学奥运优势项目,如乒乓球、羽毛球等。全面收集网络、期刊、图书及相关媒体的报道资料。数据内容侧重竞技体育项目技战术、项目规则、科研管理、竞技体育管理、竞技体育思想、竞技体育赛事、竞技体育项目设备器材及相关文献
中国优秀运动员数据库	收录了自1950年到2007年中国优秀运动员的有关信息及相关报道。以运动员人名为条目来分类,全面收集网络、期刊、图书及相关媒体的报道资料。具体的收录信息内容及范围为1950—2007年各类比赛取得前六名的运动员
中国优秀教练员数据库	收录了自1950年到2007年中国优秀教练员的有关信息及相关报道。以教练员人名为条目来分类,全面收集网络、期刊、图书及相关媒体的报道资料。具体的收录信息内容及范围为1950—2007年培养过优秀运动员的教练员。教练员基本信息内容包括教练员出生日期、性别、年龄、执教风格、执教经历、比赛成绩等信息
中国运动队数据库	收录了自1950年到2007年中国运动队的有关信息及相关报道。以运动队名为条目来分类,全面收集网络、期刊、图书及相关媒体的报道资料。具体的收录信息内容及范围为1950—2007年省级以上运动队。运动队信息内容包括队伍组成、人员变更、参赛纪录、比赛成绩等
体育图书全文数据库	北京体育大学图书馆馆藏体育类图书数字化全文数据库,包括北京体育大学出版社、人民体育出版社、上海文化出版社、中国教育出版社等出版社出版的图书。这一数据库可提供北京体育大学校内师生全文下载浏览,推进了馆藏资源的数字化建设

续表

馆藏奥林匹克文献全文数据库	主要对奥林匹克文献信息中心所藏的千余种共计15万页中外文图书、期刊、论文、会议文献等文献资料进行数字化,将全文文件录入为PDF格式、文摘信息转化为HTML格式,以便于信息利用
中国体育报刊数据库	主要以"博采兼收"的原则对自1997年以来我国(含香港)180余种体育报刊的题录文摘进行收录,选录了1997—2006年我国(含港、台)130余种体育报刊8万余篇文章的题录文摘,内容取材包括体育基础学科、体育教育、全民健身、奥林匹克等方面论文和信息报道
体育硕博士学位论文数据库	学位论文的来源以我国体育最高学府——北京体育大学为主,收录从1997年以来的硕博士论文。至2006年11月,累积硕博士学位论文全文文献1 000余篇
北京体育大学教师论著数据库	收录北京体育大学教师论文、著作近3千篇,其中包括发表于中国体育科技、中国运动医学杂志、中国学校体育、田径、体育文化导刊等刊物的论著。数据库可供校内读者下载,为体育教学和科研服务

除北京体育大学图书馆外,其他体育院校图书馆(室)在竞技体育信息资源的建设上力度有限。除了订、购竞技体育图书、刊物、音像资料外,一般是采用购买数据库的方式为用户提供竞技体育信息,如维普中文科技期刊数据库、万方数字化期刊、超星数字图书系统,中国期刊网数据库,中国优秀硕博士论文全文数据库,Chinasport数据库,Sportdisc外文数据库,体育资讯网,CSSCI社科引文数据库等。在自有特色资源建设方面,少部分体育院校图书馆建有本院的学位论文数据库和专家库,更少部分的图书馆建有竞技体育特色资源。

⑥国际专业体育组织和机构网站。国际专业体育组织和机构也是竞技体育信息的重要来源渠道,主要包括国际奥林匹克委员会、国际各运动单项组织、各国体育信息中心、各国及国际体育学会、协会等。

2 竞技体育结构及其用户信息需求分析

国际奥委会是奥林匹克运动组织和发展的官方机构，奥林匹克运动官方网站的内容见表2-15。

表2-15　　　　　　奥林匹克运动会官方网站

奥林匹克运动	1896年以来的奥林匹克运动、未来的奥林匹克运动、青年人的奥林匹克运动、残疾人奥林匹克运动、古代奥林匹克运动
奥林匹克运动项目	奥林匹克运动会比赛项目、奥林匹克运动会承认（非比赛）项目、过去的奥林匹克运动会比赛项目、国际奥林匹克比赛项目联合会
运动员	奥林匹克胜利者奖牌、体育明星、奥林匹克人
新闻	奥林匹克新闻、新闻中心、运动新闻、最新赛事
奥林匹克会	奥林匹克运动会的目标、奥林匹克运动会的收入来源
奥林匹克博物馆	临时性展览会、永久性展览会、奥林匹克博物馆的新闻、永久性文件
奥林匹克教育	奥林匹克研究中心新闻、永久性文件、保存、传播和宣传活动、活动表

国际各运动单项组织是各个运动项目的国际性的管理组织。以国际田径联合会为例，国际田联的官方网站提供的内容见表2-16。

表2-16　　　　　　国际田径联合会网站

竞赛	竞赛日历、国际联系列赛、巡回赛、挑战赛、公路赛、竞赛档案、运动技术区
统计数据	赛事记录、世界纪录、单项最好成绩列表、比赛入围标准
新闻中心	过去新闻、新闻发布、时事通讯、国际田联杂志、聚焦田径、照片
视频/录像	比赛、人物访谈、国际田联广播
田径迷区	趣事、小测验、民意测验、联系方式、国际田联杂志、田径运动介绍

续表

运动员	特点、自传、日志
发展	新闻、教练员、技术官员、学校/青少年项目、研究、奖学金
国际田联	组织、总部、历史、基础、官方合作伙伴、出版物、雇用、新闻、联系我们
医疗	国际田联医疗手册、运动员营养、竞赛医疗信息、运动损伤、政策声明
反兴奋剂	新闻、规则、运动员区、测试数据、联系、关于反兴奋剂

各国历来重视体育信息中心的建设,目前世界上许多国家和地区都设有体育图书馆或体育信息中心。其中有代表性的五个中心见表 2-17。

表 2-17　　　　国外代表性体育信息中心

德国联邦体科所的信息文献中心	德国联邦体科所(BisP)信息文献中心出版书本式检索工具季刊 Sportdokumentation,建立了 130 000 多条记录的德文数据库 SPOLIT
加拿大体育文献中心(SIRC)	该中心建立的 SPORT DISCUS 目前是世界上体育文献信息量最大的数据库。此外,中心还重视体育主题词表的建设,已经出版到第 6 版
澳大利亚国家体育信息中心(NSIC)	中心建立了 AUSPORT 数据库,中心除加强体育声像资料的搜集外,还改进了电子服务,新建两个新的数据库:Sports Journal Update 数据库,以及提供澳洲开设的 1 000 种课程细节的 Australian Sport & Recreation Courses 数据库
美国 Paul Ziffen 体育信息中心(PZSRC)	它是全美收藏体育书籍、声像资料、图片最为集中的机构。该中心于 1988 年正式成立,20 世纪 90 年代以来文献资源数字化已经成为中心的重点工作,该中心的奥林匹克文献资源数字化工作成绩显著
法国国家体育学院(INSEP)信息中心	它建立了 Heracles 法文体育科学数据库

2 竞技体育结构及其用户信息需求分析

在诸多竞技体育信息来源中,各国及国际体育学会、协会通常会出版它们的重点项目的有关文献。这些文献是获取运动训练和竞技活动资讯的重要信息来源,在训练学方面尤为突出。以下列出全球与训练学有关的重要信息来源,包括期刊、国外体育数据库。

在许多有关一般训练科学的杂志中,特别是在运动训练的一些专门杂志中都会讲到训练科学理论。其中包含高水平文章的杂志见表2-18。

表2-18　　　　　　国外高水平期刊

期刊名	举办协会
Coaching and Sports Science Journal (Rome: Italian Society of Sports Science. 1996-present):教练和体育科学杂志	意大利体育科学学会,1996年至今
Journal of Sports Sciences (London: E&FN Spon, 1982-present):体育科学杂志	伦敦:E&FN Spon,1982年至今
Ieistungssport 竞技体育	Deutscher Sportbund, 1971年至今
Research Quarterly for Exercise and Sport (Reston, VA: American Assoc. for Health, Physical Education, Recreation and Dance, 1929-present):训练和运动研究季刊	美国健康、体育、休闲、娱乐和舞蹈联盟,1929年至今
Teofija I Pmktika Fizicheskoj Kul'tury (Theory and Practice of Physical Culture) (Moscow: Russian State Committee on Physical Culture and Tourism/Russian Academy of Physical Culture, 1925-Present, in Russian):体育理论和实践	俄罗斯国家体育和旅游委员会/俄罗斯体育学院,1925年至今
Coaching Focus (Leeds-. United Kingdom National Coaching Foundation, 1985-pressent):训练焦点	里兹:英国全国教练员基金会,1985年至今

续表

期刊名	举办协会
Kinesiology（Zagreb, Croatia：University of Zagreb, 1971-present）：人体运动学	萨格勒布，克罗地亚：萨格勒布大学，1971年至今
Olympic Coach（Colorado Springs：United States Olympic Committee, 1991-present）：奥林匹克教练	科罗拉多·斯普林斯：美国奥林匹克委员会，1991年至今
Sports Coach（Belconnen：Australian Coaching Council, 1977-present）：体育教练	Belconnen：澳大利亚教练理事会，1977年至今
Sport Pulse（Limerick, Ireland：National Coaching and Training Centre, 1993-present）：体育脉搏	利默里克，爱尔兰：国家教练和训练中心，1993年至今

如今，在大多数专项领域都有与之相关的教练杂志，从中可以获得各地的运动训练进展信息。

国外已开发出很多体育数据库资源，如加拿大体育信息资源中心建设的多语言的Sport Discus体育光盘数据库，西班牙Insfituo Andaluz del Deporte开发的西班牙文数据库Atlantes，法国Institut National du Sport et de I'Education Physique开发的法文数据库Heracles，德国Bundesinstitut fuer Sportwissenschaft开发的德文数据库Spolit等。

近年来，相关体育网络资源增长很快，以下是一些著名站点：

澳大利亚教练理事会（http：//www.ausport.gov.au/acc）

美国Gaorode体育科学院的教练角

（http：//www.gssiweb.com/membership/top-cc.html）

加拿大教练协会（http：//www.coach.cal）

加拿大教练公园站点，提供教练使用的书、录影带、软件、教练辅助设备、运动训练附件等产品信息（http：//www.coachpak.com/）

英国的国家教练员基金（http：//www.NCF.org.uk/）

2 竞技体育结构及其用户信息需求分析

英国体育教练员站点（http://www.brianmac.demon.co.uk/）

以色列温盖特体育运动学院（http://www.wingate.org.il/）

美国奥林匹克委员——奥林匹克教练站点（jan.schnittger@usoc.org）

体育学会、协会数量比较多，限于篇幅原因对其他学会、协会的竞技体育信息资源在此不一一列述。

（3）竞技体育信息资源分布特征

通过对竞技体育信息资源的存在、汇集和流通过程分析，可以发现竞技体育信息资源分布具有以下特征：

①分布广泛性。随着人们对竞技体育的关注程度加深，各种信息传播媒介加大了对竞技体育信息的宣传力度，使得竞技体育信息广泛存在。人类社会对竞技体育信息资源的需求不断增加，促进了竞技体育信息资源的大量生产和开发，信息技术和互联网的高度发展与广泛应用则进一步推动了竞技体育信息资源在不同需求者间的流动和传播，使竞技体育信息资源延伸到世界的各个角落，广泛分布于不同地区、行业、组织之中，反映着客观事物的各种信息和知识综合，推动着竞技体育的可持续发展。

②分布不均衡性。竞技体育信息资源分布是竞技体育信息不断扩散和传递的结果。由于信息提供者和接受者目的的多样性和需求的多样性，使得竞技体育信息资源在不同地区、行业、机构以及内容分布上显现出不均衡状态。

由于地区间经济发展以及信息基础设施的差异，大批竞技体育信息资源的生产者、传播者、管理者和消费者集中在经济、政治、文化中心，形成了大批竞技体育信息资源存储、管理机构，因此这些区域的信息资源比较密集，例如北京和上海就是我国竞技体育信息资源分布最密集的地区。此外，有些行业（机构）是以竞技体育信息资源的生产、传播和管理为主要功能，因此竞技信息资源比较密集。例如国家体育总局下属的各运动队的情报中心、信息中心和统计中心等集中了大量的竞技体育信息资源，成为社会中竞技体育信息资源密集的机构；而其他一般行业组织和社区组织的竞技体育信息资源相对较少。

随着竞技体育发展的水平不一，人类对不同竞技体育研究领域的关注程度不同，涉及能夺取金牌、用户喜爱的竞技体育信息资源相对丰富，一些水平不高的竞技体育信息资源比较贫瘠。与此同时，不同竞技体育项目产生的信息资源数量也不同。

③分布动态性。竞技体育信息资源的分布格局并不是一成不变的，它随着地理位置的转换和时间推移不断发生变化。对于某个竞技体育信息源而言，如果其累积信息的功能强一些，它就能持久的维持信息资源密集的地位；相反，如果其累积信息的功能减弱乃至消亡，它的信息优势也会逐渐丧失，最终将会沦为信息资源的贫集。对于一个地区或项目而言，如果在发展过程中，对相关信息的需求量不断增加，信息的投入产出效益高于其他区域，竞技信息资源就会逐渐朝着这些地方流动。此外，随着时代发展和人类文明的不断进步，新的知识和信息技术层出不穷，过时的信息逐渐被淘汰，使得广泛分布的竞技信息资源在结构、内容和数量上也会不断发生变化。

竞技体育信息资源分布现状是与用户信息资源需求相适应的资源配置结果，其分布受到多方面因素的影响。合理的竞技体育信息资源分布是竞技体育科学发展的前提，对竞技体育水平的提高和竞技体育的推广有着极大的推动作用。因此，分析影响竞技体育信息资源分布的主要因素，旨在从宏观管理上进行分布调节，使分布结构不断优化。

2.2.3 我国与项目对应的竞技体育信息资源的地区分布

我国竞技体育项目结构以优势项目、金牌大户项目与社会化程度较高的项目为主体，全国的竞技体育项目布局是根据地域特征、人体的体质机能特点、体育资源的配置等实际情况，依据科学原理与竞技运动规律所进行的结构安排。

随着体育信息网络化，各省、市、自治区加大了体育信息网络化建设的力度，以国家体育总局为中心，构建各省、市、自治区的竞技体育资源网络平台，实现竞技体育信息资源共享，汇聚体育竞赛信息、比赛项目信息、运动员信息、体育场馆信息是非常必要

2 竞技体育结构及其用户信息需求分析

的。表 2-19 反映了各省的体育网络资源的建设情况。

表 2-19　　各省、市、自治区体育网络资源分布

省(市、区)	体育网络资源
北京	北京体育信息网、北京热线体育频道、北京网体育频道、首都之窗体育频道
天津	天津体育网、天津热线体育频道、北方网体育频道
河北	河北体育网、河北热线体育频道、长城在线体育频道
辽宁	辽宁体育网、辽宁热线体育频道、辽宁门户在线体育频道
吉林	吉林体育网、吉林热线体育频道、吉林在线体育频道
黑龙江	黑龙江体育网、黑龙江热线体育频道
上海	上海体育网、上海体育馆网、上海热线体育频道、东方网体育频道
江苏	江苏体育网、江苏热线体育频道、中国江苏网体育频道
浙江	浙江体育网、浙江热线体育频道、浙江在线体育频道、黄龙体育中心
安徽	安徽体育网、安徽热线体育频道、中安在线体育频道
湖南	湖南体育网、湖南热线体育频道、湖南在线体育频道、体坛周报网站
江西	江西体育网、江西热线体育频道、江西大江网体育频道
河南	河南体育网、河南热线体育频道、方舟网体育频道
湖北	湖北体育网、湖北热线体育频道、荆楚网体育频道
重庆	重庆体育网、重庆热线体育频道、华龙网体育频道
四川	四川体育网、四川热线体育频道
贵州	贵州体育网、贵州热线体育频道
云南	云南体育网、云南热线体育频道、中国云南体育频道
甘肃	甘肃体育网、甘肃热线体育频道
青海	青海体育网、青海热线体育频道

续表

省(市、区)	体育网络资源
宁夏	宁夏体育网、宁夏热线体育频道
广东	广东体育信息网、广东热线体育频道、南方网体育频道
广西	广西体育网、广西热线体育频道
海南	海南体育网、海南热线体育频道、南海网体育频道
新疆	新疆体育网、新疆热线体育频道
内蒙古	内蒙古体育网、内蒙古热线体育频道
陕西	陕西体育网、陕西热线体育频道
山东	山东体育网、齐鲁体育网、山东热线体育频道

从表中可知，通过广泛地使用信息网络，加速体育信息资源的开发和利用，实现体育信息资源的高度共享，优化体育资源配置，提高体育资源的利用效率，已成为各省、市、自治区体育部门的共识。从我国竞技体育信息资源的开发利用来看，与目前国际上相关网站相比还十分滞后，突出地表现在两个方面：一是竞技体育信息资源开发严重不足，数据库水平低，难以实现互联共享，特别是有关竞技体育的高层次的智力资源不足，缺乏权威的面向用户的公共数据库；二是存在着比较严重的体育信息垄断现象。

从运作模式和内容上看，大部分网站内容繁杂，结构层次差，体育运动训练知识的权威性较差，到目前为止，比较权威的竞技体育信息服务网站很少，尤其是缺乏竞技体育专业学术网站，这在一定程度上阻碍了我国竞技体育事业的快速发展。此外，体育信息系统还没有建立起统一的数据、系统、应用平台，没有达到体育系统内部各部门各业务之间的数据共享、资源优化的高级阶段。

通过对各省、市、自治区体育网络信息资源现状分析，可以得出以下结论：

①从总体上看，我国体育信息网络化建设还十分滞后，发展也不平衡。由于我国各地的发展水平差距较大，我国的体育信息网络化发展不平衡主要表现为东部地区发展相对较快、中部地区尤其是

2 竞技体育结构及其用户信息需求分析

西部地区还有一定的差距。区域内部也存在不平衡性,但不明显。

②对信息资源重要性的认识虽然一致,但是还没有真正认识到体育信息网络化在实际工作中的作用,加上历史原因和传统思想观念的束缚,导致信息化政策的制定相对滞后。

③各种信息网络的建立尤其是互联网的迅速普及,也使各省、市、自治区体育单位获取大量有用的外部信息更加方便、快捷。各省、市、自治区体育单位应把充分利用各种信息网络,尤其是挖掘互联网上有用的竞技体育信息,列为体育信息化建设的重要内容。

2.3 竞技体育用户类型结构与需求特征

在信息服务中,那些具有客观需求的社会主体被称之为信息用户。信息管理的最终目的是向用户提供他们所需要的各种信息或按照他们的需要发布、传播信息,即围绕用户开展信息服务。用户作为信息服务的对象始终处于中心位置,用户的基本状况和要求不仅决定了信息服务的内容和方式,而且决定了信息工作机制与模式。信息资源最终价值体现在用户信息需求的满足上。因此,把握用户的信息需求是组织信息服务的基本出发点。

全国范围内各类型与层次的用户及其信息服务需求,在全局上决定了信息服务的总体规模、原则和要求;在局部上,某部门的用户需求决定该部门的信息管理与信息服务的内容,竞技体育领域也是如此。因此对竞技体育信息用户群体的类型以及各类型群体用户的具体需求展开研究显得非常必要。

2.3.1 竞技体育信息用户分类

竞技体育信息用户是指竞技体育信息及其服务的使用者。由于信息利用的目的不同,用户对信息的需求是多方面的。因此,按照人们信息需求的某一特性可以将信息用户进行不同的划分。可见,用户分类并不是唯一的,在实践中往往要根据多种原则进行综合性的用户分类工作。以下是结合竞技体育信息用户的特点,我们经常采用的一些用户分类类型。

(1) 依据用户的职业类型进行分类

处于特定社会范围中的各个具体信息资源使用单位和个人，由于行业和职业的原因，他们的信息资源需求表现出强烈的专业性特征。

根据用户所从事的职业及其工作性质，我们把竞技体育信息用户群体主要分为以下几种类型：

①竞技体育管理人员；

②竞技体育教练人员；

③竞技体育运动员；

④竞技体育科研人员；

⑤竞技体育服务人员；

⑥竞技体育产业营销人员；

⑦竞技体育工程技术人员；

⑧竞技体育宣传报道人员。

因此，竞技体育信息用户广泛覆盖了以上各项与竞技体育相关的活动中需要利用竞技体育信息的人、团体和组织。

(2) 依据用户信息需求的表达情况进行分类

① 正式用户；

② 潜在用户。

前者是已经或正在利用竞技体育信息以及信息服务的用户类型；后者是应该利用这类信息但实际上尚未利用的用户类型。潜在用户一旦产生信息需求，其需求的特性也受到当前用户信息需求影响因素的作用，因此，我们可以着重考察当前用户的信息需求。

(3) 依据用户对信息的使用情况进行分类

① 当前用户；

② 过去用户；

③ 未来用户。

(4) 依据用户的努力和水平进行分类

① 初级用户；

② 中级用户；

③ 高级用户。

(5) 依据用户信息保证的级别进行分类

① 一般用户；

② 重点用户；

③ 特殊用户。

(6) 依据用户信息服务的主要提供方式进行分类

① 借阅用户；

② 复印用户；

③ 咨询用户；

④ 定题服务用户。

不同类型用户对竞技体育信息的需求是不同的，但这种划分并非是绝对的。不同信息用户的信息需求有时会有交叉，比如体育教学科研人员由于关注的科研领域的变化在不同时期可能需要的竞技体育信息是有所变化的；再比如，有的体育工作者同时在不同的岗位担任职务，必须同时关注不同的竞技体育信息。但这些并不妨碍通过用户类型的细分来更清晰地认识每类用户的特点以及他们的信息需求的侧重点。

2.3.2 竞技体育信息用户的职业性需求特征

对于研究竞技体育信息需求来说，以上诸种分类中以职业类型进行划分是我们分析竞技体育信息需求的主要参考依据。这说明，竞技体育用户具有明显的职业特征。

(1) 竞技体育管理人员群体的信息需求

竞技体育管理人员群体包括各级体育局、体育院系、运动训练或体育科研部门以及各级竞技体育俱乐部负责制定方针、政策、规划、措施并进行决策的领导人员。这是一个负责竞技体育领域各类活动，对竞技体育的生存和发展具有最直接、最关键影响的用户群体。他们的知识水平以及对信息掌握的深度和广度对竞技体育事业的发展有着重要的影响。他们既是管理者又是决策者，有的更是投资者。这类群体中，绝大部分成员已经从事了多年的竞技体育相关工作，对竞技体育的特点有相当程度的了解，对自己职责范围内的竞技体育管理工作也具有相当的经验。竞技体育相关信息的获取和利用对这一群体用户非常重要，它将直接影响到对竞技体育工作的决策和管理。

这一用户群体多为竞技体育的领导者和管理者，他们对信息的需求有其自身的特点：

① 所需的信息范围广泛，主要是带有全局性、战略性和预测性的综合性信息。这类信息需求的重点是经过深度加工的分析型综述性信息。由于管理与决策工作的实际需要，这类群体用户对信息的针对性、适时性、简明性、系统性、完整性、准确性和客观性都有较高的要求。对于国家体育最高决策机构（国家体育总局）而言，它要制定国家竞技体育的总体发展战略，需要体育信息的范围较广，国内外竞技体育信息及相关的政治、经济、科技、文化等信息都需要了解和把握，如国家体育总局的竞技体育管理人员群体对世界竞技体育发展的水平与趋势、备战奥运会的各国竞技实力的对比分析、本国及主要竞争国的竞技体育队伍变化的动态分析等信息的需求较大；体育总局各运动项目管理中心的竞技体育管理人员群体除了关注上述信息外，对竞技体育信息的需求更为集中在本运动项目领域内的训练发展趋势、本运动项目各国运动队（员）的实力情况和动态分析、本项目运动成绩中长期和短期预测及相应决策等信息；对于省市竞技体育决策部门而言，则需重点关注本省市体育资源及实力相近省市体育资源状况，在这个基础上统筹规划省市体育发展战略，如各级地方体育局、体育院系的竞技体育管理人员群体对竞技体育信息的需求除了世界竞技体育发展的水平和趋势外，对国家竞技体育的发展和运动项目布局、本地区的竞技体育队伍实力情况和竞争力分析等信息需求迫切；对一个体育职业俱乐部来说，则更加关注本俱乐部内部体育资源状况、竞争对手的竞争实力以及竞技体育相关的规章、政策、条例等信息，如国家竞技体育的发展和运动项目布局、本俱乐部的竞技实力及与其他俱乐部的实力对比分析、俱乐部的发展规划和趋势等信息。

② 由于竞技体育的管理与决策对竞技体育信息和信息服务的安全性和可靠性提出了很高的要求，在目前信息商品市场发育不完善，社会性的信息服务机构服务信誉及其安全性、可靠性得不到一

定保障的情况下，此类用户群体一般都借助于本系统所属的信息机构，通过组织内部的正式渠道来获得所需信息。例如：国家体育总局各运动项目管理中心的竞技体育管理人员群体通过本中心的信息处等部门获取本项目领域的相关竞技体育信息；国家体育总局的竞技体育管理人员群体通过总局信息中心和各运动项目管理中心提供的信息服务获取相关信息；各级地方体育局、体育院系通过国家体育总局下达的文件、信函及本部门下属的各级体育科学研究所提供的信息服务获取相关信息；各类竞技体育俱乐部则通过上级主管部门下达的文件、信函及本俱乐部的情报系统（研究人员、球探等）获取相关信息。

（2）竞技体育教练员群体的信息需求

竞技体育教练员群体包括各级职业队、专业队、高校高水平运动队和体校的教练员。这是一个对竞技体育的发展起着基础性作用的群体。在竞技体育飞速发展的今天，运动训练过程本身就是一个研究过程，是一个运用已知知识去探索未知知识的过程。教练员群体的工作对提高竞技体育训练水平、提高竞技体育竞赛成绩起着决定性的作用。因此，教练员不仅需要全面、深入地掌握本运动项目有关身体素质、技术、战术训练和教学方法方面的知识，而且需要与运动训练和比赛密切相关的其他知识，如运动量、训练强度、密度的安排、疲劳的消除、运动员的心理状态等。由于运动员成才的周期比较长，一个运动员在其运动生涯中肯定会涉及多个不同类型的教练人员。教练员对专项运动的正确认识和对运动训练方法、手段的科学掌握将直接影响到运动员训练成果和竞赛成绩。因此，竞技体育对教练员群体的综合素质提出了很高的要求，其中就包括教练员的信息素质——获取和利用相关信息的能力。

竞技体育教练员群体中的绝大多数成员具有优秀的运动员背景，他们通过自身多年刻苦的专项训练，对本专项运动的内容和训练过程有着直接和深切的体会，掌握了一定的专项运动训练规律，继承和积累了较为丰富的执教经验。但是由于我国现有教练员特有的重运动训练轻文化教育的人才培养背景，加上繁重的训练任务和比赛任务使得他们独立获取信息的能力有所欠缺。肖云等的研究指出："大部分竞技体育教练员认为，善于获取与利用信息对于促进本职工作非常重要。但是由于对信息的概念、内涵及作用缺乏明确的认识，对于获取信息的主要方法、手段和基本知识缺乏了解，因此，尚不能充分利用现代体育信息资源促进本职工作。"① 当前竞技体育信息渠道的分散更加大了他们获取和利用信息的难度。目前，竞技体育教练员群体获取信息的渠道主要以参加各种专业会议与培训、参加集训与比赛、与同行或专家交谈、进行访问、利用广播和电视等媒介、查阅文献资料等方式进行，少部分教练员能利用系统内部的信息机构提供的信息服务获取信息。教练员群体中以计算机网络查询、检索的方式获取信息的人数较少。

由于竞技体育教练员群体以提高运动员的运动成绩、取得竞赛的胜利为终极目标，因此，这类群体用户对竞技体育信息的需求也主要围绕以下方面进行：

先进训练方法、技术手段应用、训练计划安排、运动员选材、心理训练方法；

专项运动发展趋势和技术动态；

体育科研成果在专项训练中的应用；

科技保障、禁用兴奋剂等方面的信息研究；

优秀运动员、运动队的水平、特点与实力，特别是赛前准备与动向；

国内外赛事、最新比赛情况；

主要竞争对手的备战情况和实力分析；

体育体制改革；

体育产业发展动向及趋势；

运动项目规则、规程变化对于运动员技术的影响；

专项训练和比赛器械的研制；

运动队的现代管理；

教练艺术，包括平时训练、带队和临场指挥作战等的能力和

---

① 肖云等．竞技体育教练员信息需求调查分析［J］．体育科学，2001（2）：37-39．

2 竞技体育结构及其用户信息需求分析

素养。

教练员对实战性和时效性强的竞技体育信息需求旺盛，声像信息对教练员有着特殊的参考价值。通过本项目的训练、比赛电影或录像等，可直观地、反复地分析研究世界著名运动员与运动队的技战术特点，根据各个不同比赛对手的具体情况，制定作战计划、方案，从而在知己知彼的基础上进行针对性训练。因此，对于所获取的竞技体育信息，大部分教练人员希望是经过加工整理后的文摘式的文字信息和经过分析编辑的音频、视频信息等。希望通过原文、题录和音、视频原始材料的形式获取信息的人数很少。

（3）竞技体育运动员群体的信息需求

竞技体育运动员群体包括各类职业队、专业队、高校高水平运动队和体校的运动员。这是一个对竞技体育发展起着直接推动作用的群体，竞技体育运动员群体的运动水平直接反映了竞技体育的发展水平。竞技体育运动员要提高运动成绩、取得比赛的胜利，除了教练人员的科学指导、运动员自己的刻苦训练、训练设施和训练环境的不断完善外，运动员自身综合素质的提高将是十分关键的因素。运动员对运动专项基础知识的掌握、对本专项运动训练过程的体会、对身体素质提高机理的了解、对运动技术、战术的理解以及对整个专项运动发展趋势的把握将在很大程度上决定竞技体育运动员的竞技状态和竞技成绩。因此，竞技体育运动员对相关信息有着极大的需求。竞技体育运动员想提高运动成绩，获取竞赛胜利的动机使得这一群体对信息的需求有着共同的特点：

①喜爱对提高运动成绩有直接帮助的信息。运动员对本项目世界强手或强队以及比赛对手的技术、战术训练方面的电影、录像资料最感兴趣，他们模仿性很强，喜欢带有直观教学性质的训练与比赛的声像信息。声像信息不仅容易理解，而且可以直接吸收用于比赛。

②欢迎文字通俗易懂、语言生动活泼的信息。运动员对理论深奥、叙述繁琐的大块文章兴趣不大，而非常喜爱带有文字说明的优秀运动员的技术动作连续图片等，因为连续图片和说明有助于反复体会技术要领，便于纠正错误动作，实用性较大。

竞技体育运动员从小就花费大量的时间在训练场上进行运动专项训练，训练和比赛的任务繁重，平时对训练以外的事情关心较少，在获取竞技体育信息的渠道和手段上非常有限。目前，竞技体育运动员获取此类信息的渠道与手段主要以教练人员的指导、观看电视、录像和收听广播、参加集训与比赛、与队友进行交流、切磋等方式为主，以查阅文献资料和计算机网络查询、检索等方式获取信息较少。

由于竞技体育运动员群体以提高运动成绩、取得比赛胜利为终极目标，因此，这类用户群体对竞技体育信息的需求主要围绕以下方面进行：

先进的训练方法、技术手段；

专项运动发展趋势和技术动态；

优秀运动员的个人技术档案；

直接对手的状态变化情况；

最新比赛战况；

专项运动规则、规程的变化对技术的影响。

大部分运动员希望获得经过加工整理后的信息，尤其是直接的视觉信息，如经过编辑的技术分析录像、比赛视频等形式的信息。

(4) 竞技体育科研人员群体的信息需求

竞技体育科研人员群体包括各级体育局、体育院校、运动训练或体育科研部门以及各级竞技体育俱乐部研究竞技体育相关学科的科研人员，如研究运动训练、运动生理、运动生物化学、运动医学、运动生物力学、运动心理学学科的研究人员和技术人员。这个群体的成员一般具有较高的学历层次、专业的教育背景、多年从事竞技体育相关学科研究的经验，而且外语水平较高，是提供竞技体育专业研究报告和专业咨询的主要群体。

竞技体育科研人员群体综合素质高，对专业信息获取和利用能力强，能根据自己的需求主动选择满足自己需求的方法和途径。目前，此类用户获取竞技体育信息的渠道和手段以通过查阅文献资料、下队参与训练与比赛、参加各类专业学术会议与培训、与同行或专家交谈访问、利用互联网与电视、电台等传统媒介等多种方式

2 竞技体育结构及其用户信息需求分析

进行。

由于竞技体育不同领域的科研人员具有不同的科研任务及特点,其信息需求也有所不同:

① 运动训练研究人员的信息需求。运动训练研究人员的主要任务是探索训练的最佳化,促进运动技术水平的提高及推动我国训练科学的发展。在其他有关学科人员的配合下,通过科研活动帮助教练员进行技术诊断、机能评定、心理测试,并根据以上结果帮助制订修改训练计划和方案,从理论、手段和方法上为我国优秀运动员的训练提供建议。对科研人员来说,既然是一种研究活动,就有可能在解决某一训练难题时取得具有一定先进性和实用价值的应用技术成果,或者在为阐明运动训练中某一现象、特性或规律的研究中,取得具有一定学术意义的训练理论成果。运动训练研究人员的信息需求主要有:

国内外训练理论与实践研究的发展水平,包括训练过程中的多种因素,如运动员选材、技战术运用、身体训练、心理训练等对于提高运动成绩的作用及其相互关系;训练计划安排;先进的训练方法等。

各项运动技术、战术方面的世界发展趋势。

② 运动生理、生化研究人员的主要信息需求。运动生理、生化研究人员的主要任务是围绕如何提高运动能力这个中心问题展开研究,重点包括优秀运动员有氧和无氧代谢能力、心血管机能,神经肌肉功能及血液与泌尿系统机能,运动与内分泌机能,运动与水盐代谢等方面的应用和基础理论的研究。运动生理、生化研究人员的主要信息需求是:

国内外在身体机能评定方面出现的新的生理、生化手段;

新的训练方法和手段的生理、生化基础;

有关疲劳和消除疲劳的新的生理、生化观点和方法;

兴奋剂控制与研究方法的进展情况;

国际上已进行和正在进行的有关生理、生化方面的研究课题、成果及最新文献。

③ 运动医学研究人员的主要信息需求。运动医学研究人员主

要从事优秀运动员的医务监督、机能评定和运动创伤防治方面的研究。如运动员大运动量训练和比赛的身体评定；过度训练的防治；采用现代医学和中西医结合的方法，如针灸、按摩、中草药等，消除疲劳和治疗伤病；应用病理学方法研究伤病机制等。运动医学研究人员的主要信息需求为：

运动员的身体机能评定与机能诊断，运动员生理与病理之间的界限；

大运动量训练后的机能恢复；

运动员的身体机能形态与选材的关系；

运动伤病的发生机制、预防、诊断和治疗；

中国医学，中医中药应用的新理论、新技术和新方法；

各项运动员所需的特殊营养与食品、饮料；

国际上限制运动员服用的与兴奋剂有关的药物及兴奋剂检查方法；

运动医学方面已研究和正在进行研究的课题情况与文献。

④ 运动生物力学研究人员主要的信息需求。运动生物力学研究人员的主要任务是围绕提高运动技术水平，从运动生物力学角度进行运动技能最佳化的研究。运动生物力学研究人员主要的信息需求为：

国际运动生物力学在理论与实践方面的发展动向，特别是研究内容、研究方法上的新的突破。因为在生物力学研究中方法学的突破是关键，许多数据的采集需靠方法的更新，同时亦需要更为先进的仪器设备条件；

运用生物力学解决运动实践中具体问题与提高运动技能的经验、教训；

国内外已研究或正在研究的课题及有关文献。

⑤ 运动心理学研究人员对信息的需求。运动心理学是以普通心理学的理论为基础，研究体育运动中各种心理现象发生发展规律，并运用这些规律为提高运动技术水平服务的新兴学科。其主要研究内容包括：通过各项心理指标的测定，选拔具有良好心理素质的人才从事适宜的运动项目，以便提高成才率；通过心理训练提高

2 竞技体育结构及其用户信息需求分析

运动员的各项心理能力，为各种规模不同的比赛做好心理准备；在运动训练的不同阶段，通过诊断，掌握运动员的心理状态，从而帮助教练员实现对运动训练的科学监督；在运动训练后，采用心理手段帮助恢复等。运动心理学研究人员对信息的需求主要有：

国内外运动心理学发展趋势和研究动向；

体育先进国家的最新研究成果以及他们所采用的先进技术和心理训练的有效手段；

运动心理学工作者与运动实践相结合，有效地提高运动成绩的方法与经验；

最新研制并在运动队使用的心理测试仪器、器材等。

竞技体育科研人员由于研究领域的不同，使得信息需求有所不同，但是这个群体的职业特点也决定了这类用户的信息需求有其共同特点：

①现代科学的综合性和专业纵深性的发展趋势使得竞技体育科研人员群体不仅需要获得与本专业密切相关的信息（如本学科的前沿研究、发展趋势等），而且需要广泛的相关学科的信息。例如皮划艇项目的运动生物力学研究人员，不仅要懂得皮划艇项目划桨技术的动作要领和力学原理，还要懂得皮划艇运动员在此力学原理下提高各项身体素质的方法和手段，更要懂得流体力学的原理与应用以及掌握天气、风向、潮汐等相关知识以协助教练人员更好地指导运动员训练和比赛，从而提高运动员的运动成绩，取得比赛的胜利。

②科学研究活动的累积性和继承性使得竞技体育科研人员对于所需信息的连续性、系统性和完整性要求较高，因此，竞技体育中的各项原始性的数据对于竞技体育科研人员群体非常重要。如为提高短跑运动员的无氧能力，科研人员必须连续、系统地记录下运动员的训练和比赛过程中的各项生理、生化指标，进行对比分析，从而协助教练人员指导运动员进行更为科学的训练。

③竞技体育科研人员所需信息主要是运动训练与比赛的原始数据以及具有原创性、理论性强的原始文献，如科学性强、学术价值

大的图书、期刊、会议文献、研究报告等。因此，既需要通过正式渠道获取其所需的公开出版发行的信息，也需要十分重视非正式渠道的同行（专家）之间的信息交流。

④虽然学术期刊仍是获取学术信息的主要渠道，但是由于这类人员的信息素质较高，其获取信息的方式具有多样性特征。学术期刊是发表最新研究成果的文献信息类型，也是交流信息获取知识、了解学术动态的主要渠道。学术期刊是竞技体育科研人员获取信息的重要来源。同时，广泛的同行和相近研究领域人员的个人接触以及座谈讨论也占有重要地位。互联网的快速发展，为专业人员获取国内外信息业提供了有力工具。

⑤信息需求难以预见，不易明确表述。科研活动是探索未知世界的活动，科研人员在研究伊始往往难以预先准确表达自身的信息需求，这也加大了信息保障的难度。

（5）竞技体育服务人员群体的信息需求

竞技体育服务人员群体包括训练师、营养师、队医、法律顾问、仲裁、裁判员、拉拉队员、球探等围绕竞技体育提供各类专项服务的专业人士。这个群体的成员一般进行过专业的学习和培训，具有很强的专业知识、技能和多年的相关行业从业经验。

这类用户对专业信息的敏感度强、获取和利用专业信息的能力也很强。此类用户在信息需求上有着很强的共性：

①由于职业的特点，此类用户群体对信息的需求集中在本专业领域的服务与应用上，具有专、精的特征。例如篮球训练师希望了解篮球运动员专项素质提高的训练手段、最新科研成果在篮球训练中应用等方面的信息；排球裁判员对排球运动发展趋势和技术动态、排球比赛规则与规程的变化、国内外排球赛事以及最新比赛战况等信息感兴趣；营养师对不同运动项目的能量需求、不同食谱配方的能量供应等方面信息有需求；法律顾问则十分关注由竞技体育牵涉的相关法律条款、案例等方面的问题。

②竞技体育服务人员群体所需要信息主要以原始数据、原始文献为主，专业图书、学术期刊等是竞技体育服务人员获取信息的主要来源。

2 竞技体育结构及其用户信息需求分析

目前，此类用户群体获取竞技体育信息的渠道和手段通过查阅文献资料、参加各类专业学术会议与培训、同行或专家交谈访问、利用互联网与电视、电台等传统媒介等多种方式进行。

（6）竞技体育产业营销人员群体的信息需求

竞技体育产业营销人员群体包括体育赛事营销人员、体育保险营销人员、体育场馆营销人员、体育用品营销人员、体育书籍出版发行人员、体育媒体（报纸、电视、电台）营销人员、体育网站营销人员、体育经纪人等从事竞技体育产业营销的人员。这个群体的成员一般具有多年相关行业从业经验，对产业信息和营销信息敏感度强。

在市场经济体制的社会条件下，企业是市场的主体，同时也必然是信息资源和信息服务利用者群体的主体。在企业，从科研到管理，从技术开发、产品生产到销售，每一个环节都离不开信息的保障和支持。伴随着市场经济的发展和买方市场的形成，市场营销日益成为市场竞争的主要手段之一。与此同时，市场营销人员群体的信息需求也成为信息服务的主要内容之一。竞技体育市场营销人员群体的信息需求及其满足方式具有以下特点：

①变幻莫测的市场环境和残酷激烈的市场竞争，要求市场营销人员不仅要随时掌握产品信息、价格信息、客户信息等与当前业务直接相关的表层信息，而且要了解对市场具有潜在影响的深层市场信息，如关于市场信息环境、协作伙伴和竞争对手等的尽可能全面的信息。

②瞬息万变的市场环境，对信息服务的针对性、及时性、新颖性、准确性和可靠性均有很高的要求。

③为了及时准确地捕捉激烈竞争所需的信息，市场营销人员不仅通过正规的信息服务机构和正式渠道获得信息，也积极设法通过非正式渠道获取信息。

（7）竞技体育工程技术人员群体的信息需求

竞技体育工程技术人员群体包括体育场馆建设、体育用品（器械、服装等）制造行业中的各类工程设计人员和技术人员。这个群体也是一个具有专业的技术背景和丰富的相关行业从业经验的群体。运动竞赛的场馆设施、体育用品、器材设备一般均有国际统一标准,因此,场馆设施、体育用品、器材设备的设计、建造与制作必须符合国际上的规格与要求。竞技体育工程技术人员群体的主要任务就是综合利用体育专业知识和相关知识,在科学研究的理论成果的基础上,根据社会的现实需要,进行技术创新,创造新工具、设计新工艺、开发新产品等。

竞技体育工程技术人员群体的信息需求内容主要为:

①各运动项目的国际组织在体育场地、器材、设备、运动服装方面的规定与要求;

②有关这些方面的专利文献,设计图样与新产品介绍;

③国际上有关该方面的发展动向,各国在设计、研制与材料使用上的创新等。

此类用户群体的信息需求也有其共同特点:

①所需要的信息往往是综合性的信息。在一定学科和专业的基础上,同时涉及许多相关学科和专业技术领域;

②由于技术开发和生产实践一般都具有市场竞争的背景,因此,此类用户群体的信息需求不强调信息内容的连续性和累积性,但是对于信息服务的时间性要求和经济性要求较高;

③需要经过检验的成熟的具体的技术信息,强调信息内容的新颖性、可靠性和准确性。因此,专利文献、标准文献、产品样本、技术报告等是其所需要的主要文献信息类型。

(8) 竞技体育宣传报道人员群体的信息需求

竞技体育宣传报道人员群体主要包括各类媒体体育新闻、赛事报道人员、体育组织和管理机构的信息收集、发布人员等。这个群体的成员一般具有媒体相关教育和从业背景,具有相关体育项目的基本知识,部分人员还进行过专业体育教育。这类用户群体综合素质高,对综合信息获取和利用能力强,能根据自己的需求主动选择满足自己需求的方法和途径。目前,此类用户获取竞技体育信息的渠道和手段以通过查阅文献资料、随队训练与比赛、参加各类专业学术会议与培训、同行或专家交谈访问、利用互联网与电视、电台等传统媒介等多种方式进行。

2 竞技体育结构及其用户信息需求分析

竞技体育宣传报道人员群体的职业特点决定了这类用户对信息需求的共同特点：

① 所需信息范围广泛。体育运动项目多，而且国内外竞赛活动频繁，体育记者必须对比赛内容进行广泛报道。因此，在每一次国内外较重要的竞赛活动之前，他们均需掌握大量有关的信息资料，以丰富其报道内容。

② 所需信息内容的知识性强。由于宣传报道人员的主要任务是尽可能详尽、清楚、生动地说明客观情况，而不是开展科学研究，因此他们要求的大多是普及性和知识性的信息。

③ 所需信息类型以事实型、数据型居多。由于报道的需要，他们信息的背景资料，如成绩、纪录等的系统性、准确性要求较高，因此要经常索取事实信息和数据信息。

3 竞技体育信息服务及其现状分析

按照不同的服务对象、地域、信息服务内容和服务手段，我们可以将我国竞技体育现有的信息服务区分为不同类型。我国竞技体育信息服务主要由国家直属体育信息机构、体育经营俱乐部所属体育信息机构、专项体育信息机构和高校体育信息服务机构等来承担[①]。

3.1 基于竞技体育运动的信息服务组织

按照不同的竞技体育活动，可以将当前的竞技体育信息服务划分为：面向运动训练和比赛的信息服务和面向竞技体育科研的信息服务。

3.1.1 面向运动训练和比赛的信息服务

面向运动训练和比赛的信息服务以提高运动员运动成绩、取得竞赛的优胜为主要目标。目前，我国体育信息服务机构面向运动训练开展的信息服务主要有两类：

①面向竞技体育管理、决策部门开展的信息咨询服务，即：通过编辑内部刊物、撰写综合或专题研究报告等方式，围绕竞技体育的主要工作内容，为各级管理、决策部门提供相关咨询。如为国家体育总局领导及相关管理部门、奥运备战领导小组等决策机构提供

---

① 刘雪松，胡敏娟. 体育信息为竞技体育服务的模式研究[J]. 成都体育学院学报，2007(6)：55-58.

诸如世界竞技体育发展的水平和趋势报告、备战奥运会的各国竞技实力的对比分析、本国及主要竞争国的竞技体育队伍变化的动态分析等信息服务；为国家体育总局各运动项目管理中心的决策机构提供除上述信息服务外的专项信息咨询，包括本运动项目领域内的训练发展趋势报告、本运动项目各国运动队（员）的实力情况和动态分析、本项目运动成绩中长期和短期预测及相应决策等信息服务。

②面向运动训练与竞赛部门开展的专项信息跟踪分析、反兴奋剂信息的动态跟踪与研究等服务。如为了配合奥运会、亚运会备战训练，在重点项目中提供"专项信息采集与分析"服务。体育信息中心首先根据体育总局各项目管理中心和国家队的要求，跟踪收集重点项目、重点对手的图文、声像信息以及各种世界重大体育比赛图文、声像资料；再按照教练员、运动员的要求，对收集的各种比赛、训练、教学等图文、声像资料（包括自己搜集、拍摄的资料）进行分类编辑，制作成专题分析报告和视频资料，使其更加集中、精练和系统化。在视频资料中，可对分类视频进行各种特技处理：慢动作变速播放、画中画对比演示等，详细展示对手的技战术情况，使教练员、运动员更深入地了解对手，提高备战的实效性。

各级体育信息服务机构在面向运动训练的信息服务实践中不断探索新的方法、手段，结合运动训练的特点形成了多种符合竞技体育信息服务的模式，其中最值得一提的是运动队全程定点定题跟踪服务模式。如山东省体育科学研究所针对山东省的运动训练实际，建立了一套全程定点定题信息服务和研究的模式。竞技体育信息服务项目组由专人负责，为山东省重点运动队、重点运动项目及其教练员、下队科研人员开展有针对性的定点（针对某重点运动项目）、定题（针对重点运动队在训练和比赛中所出现的实际问题）的全程信息服务和研究，及时向他们按需提供国内外运动训练的新趋势、新技术、新方法和新成果。除了邀请教练员和下队科研人员参与采集信息的分析和筛选，项目组成员直接参与信息提供和应用的全过程，随时了解训练单位对所提供信息的应用效果。针对训练中出现的新问题，再通过各种手段及时收集有实用价值的信息提供给训练单位，重视运动队的反馈，加强与运动队的交流，为解决问题提供强有力的信息依据。

3.1.2 面向竞技体育科学研究的信息服务

目前，我国体育信息服务机构面向竞技体育科学研究的信息服务主要是各体育院校（系）图书馆（室）开展的多种形式的文献信息保障服务。

体育院校图书馆具有丰富的竞技体育文献资源，能为竞技体育科学研究提供强大的文献信息服务保障。随着网络技术的发展，电子计算机和现代通信技术的结合给体育院校图书馆的信息服务方式带来了极大的改变。近年来，各体育院校图书馆不断加强传统体育文献资源建设与服务，同时，更加注重数字化体育信息资源和本馆竞技体育特色数据库的建设，利用多种方式更好地提供竞技体育信息服务。如天津体育学院图书馆重视体育数字化资源建设，将若干个数据库整合到数字资源共享平台，初步形成了以体育信息资源为主的实体文献和数字信息资源有机结合的信息资源保障体系；北京体育大学和总局体育信息中心、16所体育院校、29家省、市、自治区体育科学研究所联合建立的全国体育系统中文体育图书联合书目数据库、北京体育大学图书馆自建的竞技体育数据库、中国优秀运动员数据库、中国优秀教练员数据库、中国运动队数据库、中国体育报刊数据库等特色数据库为竞技体育信息用户提供联机检索服务；北京体育大学等院校图书馆采用学科馆员服务方式开展深层次的学科咨询，按学科主动开展全方位的信息服务；各体育学院图书馆针对竞技体育专题开展的不同层次的定题服务等。

国内竞技体育信息资源数量多、分布广，对于从事该领域研究的广大师生及科研人员来说，要在浩瀚的资源海洋中找到所需信息难度很大。因此，作为现代意义上的专业型信息机构，作为竞技体育的文献中心，图书馆有必要利用自身获取资源的便利性以及相关的专业检索技术、检索方法，针对目前竞技体育领域中教学、科研的需求，开展竞技体育信息资源，尤其是网上信息资源的收集、优

3 竞技体育信息服务及其现状分析

化组织和集成工作，形成具有体育特色的数据库，并在此基础上，利用网络这一媒介予以发布，供读者检索以满足体育科研用户的信息需求。

国家体育总局《2001—2010年体育科技发展规划》决定，要大力加强体育信息工作，特别是体育科研与教学的信息服务，要建立与应用体育信息网络化系统。目前，体育院校图书馆利用计算机开展现代化信息服务的水平有了较大提高，有的馆利用网上信息资源为教学、科研和训练服务；有的馆结合本馆的实际情况，建立了不同类型的数据库；有的馆购买了学院重点学科所需的光盘数据库。还有部分体育院校图书馆的计算机系统通过 CERNT 联结了 INIERNET；88.5% 的体育院校建立了多媒体电子阅览室，极大地方便读者利用网上信息资源。另外大多数馆除了注重体育文献的收集工作外，还适当注意了与大学生素质教育有关的人文、社会科学类图书的入藏，这为开展深层次的信息服务打下了一个良好的基础，但与国内兄弟系统的院校相比，体育院校图书馆的数字化、网络化、自动化建设又显得相对落后，为教学、科研和训练开展有效的信息服务存在明显的差距。

3.2 竞技体育信息服务业务的开展

目前，从多数竞技体育信息服务机构的业务项目看，逐渐从传统的被动服务向主动服务过渡，除借阅、复制、咨询、二次文献报道、书目服务、文献检索、定题服务等外，在网络的推动下，其服务的内容和形式有着不同程度的拓展。同时，为适应用户不同层次需求变化，其他如项目委托服务、专题咨询服务、研究与预测服务、推送服务、宣传报道服务、系统设计与开发服务等主动服务也得到了加强。

3.2.1 专题信息服务

专题信息服务作为体育信息高层次的信息服务，在新的网络环境下，它的作用将得到充分的发挥，信息服务人员可以深入到教练员、运动员、科研人员中，深入到训练第一线，及时了解他们的需求，利用网络知识积累性和新颖性的优势，主动为用户提供跟踪服务。同时，还可以充分利用互联网上丰富的信息资源为用户提供全面的专题服务。目前在网上运作的体育专题已超过2 000余个，在一些单项运动中，都设有运动训练、体育管理、体育新闻、运动营养、运动器材设施研制、兴奋剂检测等专题，给体育工作者信息需求的满足提供了便利。

随着信息量的增大，用户已不再满足于单纯的文献检索和原文的提供，而是需要获得经过情报人员综合分析的、含有情报人员智力劳动的增值情报。现代化的信息网络由于信息量大、种类多，用户要在众多的信息资源中快捷、准确、全面地查询某一专题信息也并非易事。因此，体育信息服务机构应根据体育用户的需求方向有重点地开发有关信息，特别是注意开发需求面广、利用率高的信息。

专题信息服务作为体育信息服务机构的主要业务之一，其服务目标就是围绕一定的项目或内容，有针对性地为用户提供长期信息服务。工作核心是通过信息工作人员的劳动，将离散的相关文献加以筛选、集中，并以一定形式，及时地、主动地、准确地传递出去。①

从体育文献分析，体育信息资源老化的半衰期是3~5年，体育文献利用率高峰集中在文献发表后的前3年。虽然每年有"体育期刊篇名目录"计算机软盘出版，但由于受其原文支持率低，服务覆盖率低的影响，远不能满足特定用户的需求。针对资源利用情况，为发挥体育信息机构信息传递职能，各机构应有选择地根据体育信息影响因子对信息类型进行筛选，形成了独具体育信息机构特色的专题服务。从理论上讲，不同体育信息服务机构其用户和服务内容是不同的，但有一点基本相同，就是各馆馆藏所涉及的专业和读者群都有相对的稳定性。这种特征，容易形成一定的集中性需

---

① 唐瑞群. 论体育院校图书馆的主题信息服务 [J]. 上海体育学院学报, 2000 (3).

3 竞技体育信息服务及其现状分析

求。而体育信息服务机构用户是多层次、多角度的,必须找到用户的准确定位,才能有效地确定专题服务的形式和方法。

在体育资源分类中,我们发现《中图法》中有些体育项目不能全面反映体育特有的专项内容,如某些单项运动项目,具有主题含义的技术指标、裁判规则、战术训练研究等。因此,我们专题服务时应细分主题内容,在田径、体操、游泳、排球、足球、篮球等专项运动项目内,可增设学科研究、裁判规则、体育人物、运动成绩等主题项。在体育大类引导下,我们可扩充相关内容,以便用户通过分类或主题或篇名三个途径,在最短的时间里,获得各自最需要的主题信息。

例如,有体育康复方面信息需求的用户,要求查以"膝关节半月板"为主题的有关资料,可以通过 G804 运动医学途径得到以"运动损伤"为主题的检索词,在"运动损伤"主题引导下,获得"膝关节半月板"的有关论文题目,及相关刊名、年份、期数和页数,从而迅速地在期刊阅览室开架书库内,获得具有针对性的、最新最全的相关主题信息全文。

由于体育科学在飞速发展,各种体育新学科、新名词不断涌现,"体育俱乐部"、"兴奋剂"、"体育垄断财团"等,都应被收入专题检索系统。

总体而言,竞技体育信息服务机构不仅为体育训练、体育教学和科研服务,而且还为各类用户查找主题文献提供了最便捷的途径。它所产生的"信息经济论"效益是显而易见的。

3.2.2 定题信息服务

从 20 世纪 50 年代初期开始,我国就开展了体育信息的研究工作,同时,也提出了定题服务这一概念,但真正有了较深入的研究则是在 80 年代以后,主要是介绍国外定题服务的情况,有关的研究论文多为前苏联、日本等国的论文翻译。体育信息情报工作比较多地收集国外信息、引进翻译国外文献,并在编辑和分析的基础上提取为我所用的体育情报。随后,我国体育信息界紧密结合体育运动实践的需要,为备战国内、国际大型运动会,开展了大量的、高水平的信息研究与定题服务工作，同时加强二次、三次文献处理和应用情报学理论与方法研究体育运动实践中的问题，逐渐改变了过去比较单一的进行文献翻译的状况。

定题信息服务是指针对研究人员各自的研究课题，情报服务单位定期将检索到的最新文献信息提供给研究人员，使他们得以随时了解学科研究工作的进展情况，掌握最新发表的相关文献。而竞技体育定题服务能为科研立项、成果查新、训练技术提供有力论证，尽快满足竞技体育训练的需要和提高体育科研水平，促进我国体育科研与训练的发展，并为北京2008年奥运会发挥重要作用。定题信息服务能变被动服务为主动服务，充分发挥各体育院校馆藏文献信息的作用，拓宽文献信息服务的范围，有利于提高图书馆情报人员的业务素质和科研水平。①

竞技体育定题服务具有主动性、针对性、及时性、持续性、广泛性特点。主动性即情报人员应深入实际，主动了解竞技体育训练、比赛、教学及科研进展情况，主动与相关人员沟通，加强与各方面的联系，主动收集调研文献、情报动态，编制专题文摘、索引以及专题综述、述评、专题参考资料，主动向教学科研人员提供相关课题研究所需的新资料通报。针对性是指从选题到调研以至文献服务，都应始终围绕课题范围，收集、查找和编制资料，针对课题需求，提供文献信息，服务到底。及时性则指及时地将最新情报提供给用户，然后根据情报需求的变化、情报服务的效果反馈给情报人员，以便不断改进服务。持续性是指要在一段时间内用跟踪课题研究全过程的方式不断进行。自始至终、连续不断地提供文献资料服务，才能满足课题研究不断深化的情报需求。广泛性即在定题条件下的多向主动传递，形成多层次服务的格局，在形式上灵活多样，不拘泥某一固定的情报服务模式，有题录、文摘、索引等。

在竞技体育定题服务方法上，目前应用成熟的有：

①信息超前提供法。一是提供的内容要超前。必须提供最新发

---

① 金琼. 体育信息的定题服务探讨 [J]. 北京体育大学学报, 2006 (2).

3 竞技体育信息服务及其现状分析

表和出版的反映学科前沿最新进展与发展方向的理论与发现，必须是真正切合课题需要的代表竞技最高水平与发展方向的信息。二是提供的时间要超前。在深入调查研究的基础上，信息服务人员要潜心研究课题用户的潜在需求，充分挖掘现有文献资源的潜在价值，真正让竞技体育信息服务工作走在课题研究者提出文献信息需求的前头。

②直接对话调研法。就是竞技体育信息服务人员直接向用户了解其课题的背景和内容、针对其需求搜集文献，了解其课题关键及所需资料类型等。然后，检索与其相关的各种文献资料，提供给用户，使用户在课题方案论证阶段就占有充分的主动性。

③集中分散检索法。集中检索是定期全面检索。根据课题的综合要求，确定多个主题词或关键词，大范围地进行追溯检索。分散检索也称随机检索，即在日常的阅读检索过程中，留心与课题相关的文献信息，对重要的主题词长期跟踪检索。

④信息提供反馈法。定题服务本身就是能经常与用户保持一种信息提供与反馈的关系。一种是信息服务人员对有关学科内容，系统地积累二次文献，粗略认定后，先交与课题人员选择。然后反馈给信息服务人员，作为检索一次文献的重点。另一种是课题人员把自己掌握的文献情报信息提供给信息服务人员索取一次文献，然后反馈给课题人员。这种信息选择与反馈的交替进行，加强了竞争体育信息传递的主动传递。

⑤信息行为渗透法。信息服务人员的活动贯穿于课题研究的始终，其行为全方位地渗透到课题研究的各个环节，这样可促进科研人员思维敏捷，且在获得丰富的素材后，产生深刻的理性提纯并产生研究分析报告，反过来服务于科研。

近年来，竞技体育定题服务与运动训练实际结合得更加紧密。其中值得一提的是运动队全程定点定题跟踪服务模式。① 竞技体育信息服务项目组由专人负责，为重点运动队、重点运动项目及其教

---

① 钟炼. 体育信息为运动训练服务的探索 [J]. 山东体育学院学报，2006 (4).

练员、下队科研人员开展有针对性的定点（针对某重点运动项目）、定题（针对重点运动队在训练和比赛中所出现的实际问题）的全程信息服务和研究，及时向他们按需提供国内外运动训练的新趋势、新技术、新方法和新成果。除了邀请教练员和下队科研人员参与采集信息的分析和筛选，项目组成员直接参与信息提供和应用的全过程，随时了解训练单位对所提供信息的应用效果。针对训练中出现的新问题，再通过各种手段及时收集有实用价值的信息提供给训练单位，重视运动队的反馈，加强与运动队的交流，为解决问题提供强有力的信息依据。

3.2.3 信息检索服务

传统的信息检索对象以纸质出版物为主，检索字符型和数据型的信息。网络环境下的竞技体育信息资源检索对象形式丰富，包括多媒体信息、电子出版物、网上电子期刊、网络数据库等，信息的表现形式丰富多彩，包括图、文、声、像等多种形式。

现代信息的检索途径除保留传统手工检索途径之外，最大的特点就是提供了更加丰富的检索途径，形成了包括文本检索、数字检索、图像检索、内容可视化和本体检索在内的检索服务体系，构成了信息搜索、查询平台。这种多途径的发展不断丰富了服务内容。

网络环境下，大量的光盘数据库、网上数据库可以满足用户的知识需求，因而开展数据库检索服务及二次开发，将成为现代体育信息服务的重要服务项目。如 OCLC 存储了所有入网国家和地区图书馆和科研机构的文献资料，在网上可以得到 OCLC 的所有信息服务，从体育文献到世界体育科学大会论文专集都可查询，另外在网上还可以通过 Uncover 阅读 400 余种体育期刊，并有 17 000 多种体育科技期刊提供各类科技信息和咨询服务。

3.2.4 专项委托服务

专项委托服务是信息工作机构根据各类用户对竞技体育信息的不同需求，确定服务主题，然后围绕主题开展的各类信息服务，例如开展定题研究、特定体育产品或市场信息的搜集、科技成果水平检索、课题论证等方面的相关信息服务。这类信息服务能够更紧密地贴近用户的信息需求，往往是具体工作部门作出决策的前提和基础，因此，对信息服务的针对性、精确性、科学性、及时性要求高，对信息检索工作也提出了更高的定向性要求。

德国国家足球队与科隆体育大学专家团合作的例子便是高校体育科研信息输出的最佳案例。科隆体育学院的布施曼教授及由其手下的 16 名硕士组成的智囊团认真收集关于对手的每一场比赛录像、主要球员的背景信息（包括家庭婚姻），通过分析研究对手主力球员的跑动路线，最经常分球给谁，罚任意球、角球和手抛球的方式，传中球的特点等，数据覆盖了球员近年来参加的所有俱乐部和国家队赛事。在这个基础上，德国队的教练组与专家一起对这些录像进行技术处理，其中最重要的部分就是对方球员罚点球的特点，找出了罚球队员的习惯动作和门将的扑救方向的关联性，大大提高了德国扑救点球的成功率。2006 年德国世界杯德国与阿根廷的四分之一决赛中，德国人再一次在点球决战中笑到了最后。当人们讨论点球决胜到底是"比心理"还是"比技术"时，德国人全新演绎了点球决战的含义：比情报。赛后，人们都把赞美献给了德国守门员莱曼的上帝之手，而不为人知的是，点球大战真正的英雄却是克林斯曼的信息员齐根塔勒以及科隆体育学院的专家团。齐根塔勒一直与科隆体育学院的教授布施曼合作，搜集对手球队的信息。德国足协每年为布施曼提供 5 万欧元作为科研经费，并已和他们续约到了 2008 年。这一实例说明，专项委托服务是一种具有广阔前景的服务。

3.2.5 参考咨询服务

参考咨询是图书馆员对读者在利用文献和寻求知识、情报方面提供帮助的活动。体育院校图书馆是专业性图书馆，具有较强的体育特色，主要为本院的教学、科研和训练服务。从参考咨询工作开展的水平和服务质量来看，体育院校相比其他兄弟院校逊色。全国16 所独立体育学院图书馆基本上开展了传统的参考咨询服务，如定题检索、课题代查、课题论证及情报研究服务，但开展网络参考咨询服务的图书馆不多，目前只有上海体育学院、首都体育学院、武汉体育学院和沈阳体育学院开展了网络参考咨询服务。在开展网络参考咨询的图书馆中，首都体育学院开展的网络咨询方式和途径最多，沈阳体育学院则使用了参考咨询系统平台，读者可以电话或E-mail 的方式咨询。从已开展网络参考咨询服务的图书馆来看，其服务水平和服务质量存在起步较晚、水平较低的情况。全国 14 所独立体育学院，只有 4 所开展了网络参考咨询，这表现了体育院校图书馆对网络参考咨询工作重视程度不够，这也在某种程度上削弱了图书馆的服务水平和服务质量①。

体育院校图书馆开展网络参考咨询主要是根据体育院校的实际情况，确定适合读者的服务内容、方式与途径。

①常见问题解答（FAQ）。解答的问题主要涉及图书馆使用、文献信息检索等内容。咨询馆员在平时做好解答的同时，注意收集、整理、总结和分类建档工作，形成有体育特色的常规性问题索引文档和答案数据库，为读者提供快捷的自助信息咨询保证。

②电子邮件参考咨询服务。电子邮件参考咨询服务从技术上来说，其使用方便，简单易学，适应范围广泛，目前，体育院校的学生使用电子邮件非常普及。从电子邮件咨询过程来说，参考馆员有更多的时间仔细处理提问、验证结果，解答内容准确、完备，参考咨询的质量较高；从系统设备的投入上来说，电子邮件服务成本低，对于经费一贯紧张的体育院校图书馆，开展电子邮件参考咨询服务非常便捷、实用。

③网上导航。网络导航通过图书馆专业人员对网络资源的收集、整理、鉴别和组织，向读者评价、推荐网络资源、网络搜索工具，提供网络资源搜索指南等，帮助读者在没有咨询馆员在线的情况下更明智地使用互联网。目前，体育院校图书馆的网站大部分都做了网络导航，如广州体育学院各类数据库的链接、常用体育网址的链接等；上海体育学院的国内外体育大学导航、学科导航、免费

---

① 练六英. 体育院校图书馆网络参考咨询服务探讨 [J]. 科技情报开发与经济，2007（14）：17-18.

网上资源导航等，这些导航对读者查询、了解更多体育或与体育专业相关的信息资源起到了极好的导航作用。

④实时参考咨询服务。实时参考咨询服务是指咨询人员和用户通过网络以即时交互的方式来咨询问题。它可以实现面对面交流，容易沟通，适合处理过程相对简短、查找答案相对方便的即时性参考提问，尤其适合馆员指导用户如何使用图书馆及网上各类电子资源，培养用户的信息素养等方面的提问和需求，这一点对信息素养水平相对较低的体育院校学生来说作用较大。

从体育学院的实际出发，开展实时参考咨询可采用 QQ 或者 MSN 聊天软件，一方面这两款聊天软件使用者众多，特别是 QQ 聊天软件，在体育院校学生中普遍使用；另一方面，采用 QQ 和 MSN 成本低，功能强，基本可以实现体育院校在线咨询的功能。目前首都体育学院和武汉体育学院图书馆的网络参考咨询已经尝试在线咨询服务模式，初步收到了良好的效果。

3.3 竞技体育信息服务手段及其数字化发展

竞技体育信息服务手段随着信息需求的变化和技术手段的进步，愈来愈多样化，服务的发展也越来越借助于数字化网络和数字化资源。

3.3.1 竞技体育信息服务形式

竞技体育信息服务形式有以下几种：
①提供综合和专项信息，有针对性的编发内部信息刊物，统计、印刷年度赛事实力分析数据，编发赛事信息手册；
②向国家体育总局领导及有关司局提供专题研究报告，对宏观把握起到重要作用；
③为项目管理中心和运动员提供有针对性的信息服务；
④为体育管理和科研人员提供咨询；
⑤在网站上开辟"体育信息"和重大比赛成绩等专栏随时浏览。

信息服务在竞技体育活动中的重要性和地位不断上升，这是因为运动训练正经历着一个由经验向科学、由单一学科向多学科综合、由教练员个体向复合群体的转变。面对这种情况，要想保持领先地位，适应瞬息万变的动态环境，就要不断的应用最新的科技成果，以提高运动员的竞技能力，进一步促进运动水平的提升，竞技体育信息服务应运而生。从历史沿革来看，我国竞技体育有以下信息服务模式。

①下队形式的信息服务。倡导与要求科研人员走出实验室到运动队去为训练实践提供信息服务。尽管当初的一些做法还比较粗，研究深度不够，且带有一定的行政命令，但毕竟在科技与训练的结合上迈出了第一步。

②课题形式的信息服务。20世纪70年代末，国家和各省（市）相继恢复和成立了一批体育科研所服务于运动队，科研人员带着研究课题下到运动队，进行科研攻关与信息服务。这种方式对鼓励科研人员下队发挥了重要的作用，科研的深度与针对性加强了，训练中的科技含量有了提高。但对科研人员的评价与考核的依据主要是课题，而课题又侧重于鉴定与评奖，因此在解决科研与实践的结合，在长效地、系统地、根本性地解决训练中的关键问题上，还存在局限性。

③多学科科技人员组成的信息综合服务。这种组织形式是于20世纪80年代初向国外学习引进的，其优点是学科设置比较齐全，从运动医学、运动生物化学、运动生物力学、运动心理学和运动训练学等学科角度进行多学科、多层次、多侧面的科学转化，符合运动训练多环节、多侧面和综合性强的特征。在这种组织形式中，科学理论向训练方法转化集中体现在对运动员的会诊制度中。信息服务小组这种形式有优势、有效果，但也存在缺陷，其不足之处在于重复劳动多，创造性研究少。

④科、训一体化信息服务。将科研人员、仪器设备和训练队伍放在一起；或引进市场机制，实行有偿信息服务，双方签订合同，对信息服务内容等提出明确、定量要求，科研单位来承担任务，训练单位付酬；或组建一个服务中介，为各个项目国家队、各个训练

基地提供信息技术支持。

3.3.2　基于网络的竞技体育信息服务发展

目前，竞技体育信息服务的发展，主要体现在利用网络技术进行查找和传输信息上。如通过电子邮件提供用户信息，用户只需按照网址发一封电子邮件即可得到相关信息，这对体育资料的获取提供了便利而周到的服务。另外，对于网络信息的传播，所有入网的用户都可以将信息输入网上，用户间可以相互交流，传递各种文字、图像、数据信息。它还可以将用户的科研成果通过网络发布，在网上进行学术研讨，各抒己见，相互切磋，同时还能通过网络了解该项科研的最新动态、发展状况。此外，网络信息的快速查询通过超文本提供服务，可以实现自由跳跃式查询，以省去繁琐程序。

在竞技体育网络化、数字化发展中，由于信息服务工具的功能不断增强，服务手段不断增多，服务质量不断提高，服务速度不断加快，其发展越来越呈现出智能化、个性化、标准化的趋势。

①智能化。所谓智能化，就是计算机模拟人工检索的智能过程，即面对用户的要求，由网络信息系统自动选择工具及相应的数据库，灵活地构造检索策略，搜索并整理检索结果。它能通过网络向用户提供更为简易、方便的服务功能。

②个性化。网络环境中的竞技体育数据库一方面向大型化、综合性方向发展，网络的发展使它们成为可能。同时，网络的发展使得一批甚至一个计算机终端或者一个站点都可以成为一个小型的数据库，这种小型的数据库提供的可供检索的数据专业性、个性化很强，而且，随着全球性网络的不断发展，这种计算机终端和站点会越来越多。因此，个性化的发展趋势是未来竞技体育信息服务的特色之一。

③主动化。网络环境使世界范围内的信息传播成为现实，网络环境中的体育电子图书、网络期刊这些新型出版物，可以自动形成人名、地名、年代、关键词等；具有自动编制书本式索引的功能；提供丰富的检索点，具有较强的检索功能和灵活多样的检索结果输出形式，并可以通过网络主动分发给信息用户。同时，他们还具有

信息分析功能和计量功能,这些都标志着网络信息检索赖以形成的基础已发生变化,网络环境中的体育信息检索向着主动化的方向发展。

④标准化。网上竞技体育信息的多样性、复杂性以及分散和无序,严重地影响了网络信息的检索。因此,必须尽快规范网络信息的计量标准,结束当前这种无序的状态,建立一整套竞技体育网络信息录入、数据组织、信息检索以及检索结果规范化的标准。标准化是网络竞技体育信息服务的当务之急,也是网络环境中信息服务的发展趋势。

在网络环境下,基于网络的竞技体育信息服务必然成为我们首选的服务方式,它给我们带来的好处是不言而喻的。因此,应利用数字化资源和网络手段,进行业务重组和服务创新。通过信息资源的整合、开发和提供个性化服务,将传统的信息服务与网络手段结合起来,将利用数字资源进行网络服务作为竞技体育信息服务的发展重点。

3.4 面向用户的竞技体育信息服务中的问题与信息集成对策

目前,我国竞技体育信息服务在各个方面都有了很大改善,但仍存在着一些问题,需进一步研究。

3.4.1 竞技体育信息服务中的现存问题

竞技体育信息服务数字化发展中,计算机技术、数字化网络技术为基础的信息服务已成为主流。但其服务状况与发达国家相比仍有待提高。其发展状况如下:

①竞技体育信息服务发展不平衡。我国竞技体育项目结构的非均衡特征和全国各地区经济发展水平的不同,使得竞技体育信息服务发展非常不平衡,信息服务水平也参差不齐,普遍是东高西低,北京、上海、沿海城市的信息服务水平高于全国平均水平。

②经费不足。经费短缺使得竞技体育信息资源建设缓慢,信息

资源分布结构欠合理。在体育信息服务机构的信息资源建设中，相当部分的体育图书、工具书、体育论文集、检索工具不能订购，满足不了用户的需要。

③信息服务手段比较落后。目前，多数竞技体育信息服务机构的信息加工、信息服务基本上还处于初期发展阶段，难以满足用户需求。全国体育信息网络建设有待加强，要实现竞技体育信息资源共建共享还有较长的路要走。

④深层次的信息服务缺乏。当前，真正直接主动为竞技体育教学、训练、科研提供专题信息服务的机构有限，与竞技体育教学、科研、训练联系不够密切，对竞技体育信息的深层次挖掘与服务不够。

3.4.2 面向用户的竞技体育信息服务障碍

我国竞技体育信息资源的组织与管理长期以来实行以部门、系统为主体的发展体制，信息资源的建设基本以资源为中心，提供的信息服务在部门、系统基础上进行。这种服务现状与当今竞技体育事业发展中用户高速增长的信息需求不相适应，存在多方面的发展障碍。

（1）管理和组织障碍

面向用户的竞技体育信息服务的管理和组织障碍有：

①竞技体育管理部门对信息服务保障在竞技体育发展中的重要性认识不足。由此导致对体育信息资源建设重视不够，投入较少，管理手段跟不上，体育信息人员队伍薄弱，体育领域的信息化人才短缺，缺乏统一协调，体育信息网络化面临的数字鸿沟有待解决。

②我国竞技体育的运行机制和管理体制导致竞技体育信息资源建设不平衡。"奥运争光计划"是国家体育总局指导我国竞技体育发展的中长期计划。这个计划使我国竞技体育的传统优势项目和潜优势项目（尤其是奥运夺金的项目）的发展得到了足够的经费保障和科技支持，其他竞技体育项目得到的支持相对较少。国家资金和资源的这种配置方式直接导致在某些优势运动项目上信息资源的高水平建设，而其他大多数运动项目的信息资源开发与利用严重不

足。加上竞技体育的强竞争性，我国的竞技体育信息资源建设一方面存在不足，另一方面又有比较严重的体育信息垄断现象。

③传统的系统、行业管理结构形成的信息孤岛问题。目前，从竞技体育信息资源的整体布局来看，我国的竞技体育信息资源建设在部门、系统的基础上进行，缺少统一规划和有效管理。传统的系统、行业管理结构，导致部门之间缺少合作，彼此间缺乏协调，造成了信息资源集成中的重复建设。多数体育信息组织机构的资源收录原则是全，使得大量使用价值不高的信息进入资源系统，内容交叉重复，影响用户对信息的选择与获取。

④信息资源管理技术缺乏通用性。各系统、部门对信息资源的管理缺乏统一的技术标准，缺乏规范、统一的加工与集成标准，造成各系统间难以兼容。不同的竞技体育信息服务机构开发和使用的数据库在数据结构、字段上都不相同，并且拥有各自的检索系统，因而在检索方式、检索式构造规则、检索算符、检索字段等上都存在着差异。这对实现同一检索平台下的分布式检索造成了困难。

⑤信息资源组织与开发缺乏深度。各系统、部门对竞技体育信息资源的集成尚停留在信息组织层面，知识关联程度低。现有的竞技体育数据库等信息资源系统内的信息资源大多是孤立存在的，无法体现学科知识的内在联系。

⑥目前的竞技体育信息资源组织体系并没有真正面向用户，将其提供的各种信息资源整合为一个整体，只是简单地将各种商用数据资源和非商用数据资源连接到机构网站上提供信息服务。

⑦竞技体育信息资源集成管理的范围非常有限。现阶段，各级信息服务机构进行的竞技体育信息资源集成与整合，主要是针对已经公开出版发行和自建的文献信息库，这些资源绝大部分仍是文本信息，音频和视频信息缺乏。对少数含有图片、音频和视频的信息，也没有提供相应的检索途径。

（2）人才和技术设备障碍

面向用户的竞技体育信息服务的人才和技术设备障碍有：

①缺乏计算机应用和网络化人才。网络环境打破了传统体育信息服务机构独立、封闭的局面，计算机技术、多媒体技术、缩微存

3 竞技体育信息服务及其现状分析

储技术、光盘存储技术、网络技术、通信技术等现代信息技术为信息服务机构的自动化建设提供了可靠的技术保障。拥有一定比例的计算机应用和网络化人才是开展现代竞技体育信息服务的必备条件。目前，我国体育信息机构中计算机应用和网络化人才缺乏，这对于现代竞技体育信息服务是一个严重的挑战。

②体育信息机构现代化设备较少，与网络化发展速度极不适应。这显然与当前飞速发展的信息技术形势不相适应。

③数据库重复建设，规模较小。一个标准的规范的数据库能迅速上网，成为网上资源，提供优质高效的信息服务。目前体育信息机构自建的一些数据库不仅内容重复，标准不统一，格式不规范，而且规模较小，难以发挥信息资源的整体效益。

3.4.3 面向用户的竞技体育信息集成对策

国家体育总局《2001—2010 年体育科技发展规划》强调，要大力加强体育信息工作，建立与应用体育信息网络化系统。目前，体育信息机构利用计算机开展现代化信息服务的水平有了较大提高，有的机构利用网上信息资源为教学、科研和训练服务；有的机构结合本部门的实际情况，建立不同类型的数据库；有的机构购买重点项目所需的光盘数据库等。当前，竞技体育信息服务的重心是加强竞技体育信息资源的基本建设，弥补信息资源不足，重点是加强各种类型的体育数据库建设，如书目数据库、专题数据库、全文数据库、多媒体数据库和光盘数据库的建设，着重于竞技体育特色数据库的建设。

面向用户的竞技体育服务集成发展具有两方面的战略目标。宏观上，一方面，使基于互联网的有关成员机构，能够充分而合理地享用整合资源，能够有效利用平台工具开展面向用户的集成化服务，通过集成资源、流程及业务重组，将有关的技术、管理和服务纳入社会化和全程化的竞技体育信息资源整合和服务组织轨道；另一方面，对于竞技体育用户而言，通过集成服务满足全方位信息需求，享用一站式的全程服务。微观上，体育信息资源整合和面向用户的集成化服务组织，与参与整合的所有体育信息服务机构有着具体的业务关联，因此必须解决具体的信息服务问题。

竞技体育信息资源分布、服务组织与社会发展及用户需求的矛盾，决定了基于重组资源整合的集成服务组织。

在具体发展过程中，竞技体育集成服务的实施需要解决以下问题：

①制定信息资源整合与集成服务战略。在竞技体育信息服务中，首先应明确信息资源整合的战略目标，制定"整合"的总框架以及有针对性的实施策略。这就要求体育信息机构具有明确信息资源整合的目标，有清晰的发展思路。无论是信息资源的建设还是硬件的建设都要有全局观念，要打破条块和部门的局限，按统一化、标准化、规模化的方向推进。

②明确体育信息机构内外部信息环境与信息需求。体育信息资源整合必须认识到信息环境的多变性和信息需求的多样性，以便在一定环境下，进行用户的需求分析。在具体操作上，应依据信息资源整合的战略方向，分析和表达用户需求，对用户目标进行定位，根据用户情况，重新配置信息资源。

③进行信息资源整合与集成服务设计。在竞技体育信息资源整合与集成服务设计中，强调建立完整的系统框架（功能模型、数据模型和系统结构体系模型）和数据标准化体系（数据元素标准、数据分类编码标准、用户视图标准、概念数据库标准和逻辑数据库标准），在此基础上进行应用系统开发，即按照系统框架执行数据标准化，从根本上解决信息资源整合与应用系统集成问题。与此同时，通过应用系统的开发落实信息资源的整合利用。信息资源整合与集成服务不能只提出空泛的目标，应用系统设计应将业务流程重组和集成管理模式推进结合起来，寻求集成机构的系统管理办法。

④配置相应的人力、技术与设备。信息资源整合涉及多方面要素，包括人力要素、技术要素和各种设备要素等，如何协调好彼此间的关系，关系到整合效率的提高。在竞技体育信息整合进程中，要跟踪与评估要素配置的有效性与实现效益，进行及时的调整和优化。

⑤搭建信息资源整合与集成服务系统平台。竞技体育信息资源

整合的支撑平台是一系列平台技术软件,它包括整合平台、安全平台、系统支撑平台。基础架构平台位于硬件网络平台和系统平台之上,应用平台与应用软件之下,用于门户整合、数据整合、内容整合、流程整合,以实现信息共享、交换和协同服务。

4 基于互联网的竞技体育
信息资源整合平台构建

高水平的信息服务是竞技体育发展的重要保障。竞技体育的高竞争性使得竞技体育信息用户对相关信息的需求日益迫切,如何将分散、多元主体、多元结构的竞技体育信息资源进行基于平台的整合,以充分发挥资源的整体效用,是其中的关键。

4.1 信息构建理论在竞技体育信息资源整合平台中的应用

信息构建理论已成为信息管理与服务领域研究的热点,其理论研究与实践发展为信息资源的整合和基于整合的集成服务的开展提供了新的基础,因此,信息构建理论在竞技体育信息领域的应用直接关系到资源整合和服务集成的技术实现。

4.1.1 信息构建的理论发展

信息构建是基于网络环境,尤其是面向万维网环境的信息组织方式和网站设计新理念。信息构建(Information Architecture,简称IA)最早由美国建筑师 R. S. Wurman(沃尔曼)在 1976 年提出,Wurman 在 1976 年担任 AIA(美国建筑师协会)全国会议主席时,将"The architecture of information"作为该协会年会的主题①。IA 有时也被翻译为信息体系结构、信息建筑体系等。IA 提出后并没

---

① 周晓英. 信息构建——情报学研究的新热点 [J]. 情报资料工作, 2002 (5): 6-8.

有引起人们的普遍关注，它成为热点是在20世纪90年代中期以后，如美国信息科学与技术学会从2000年起已连续三年召开了IA峰会，并设立了IA专业委员会（IA-SIG）。随着网站建设的普及，IA的内涵逐渐延伸，应用领域迅速扩大①。

Wurman当时对IA的具体描述为：①将数据中固有的模式进行组织，化复杂繁琐为简单明晰；②创建信息结构或地图，以便让他人获得自身所需的知识；③21世纪IA将应用于信息组织等许多领域②。Wurman多年来一直强调"化复杂为明晰（making the complicated clear）"和"使信息可理解（making information understandable）"。

在 Information Architects 一书中，Wurman总结了信息构建的5项规则，用于指导信息建筑师实现以"化复杂为明晰"和"使信息可理解"为重点的信息构建目标。这5项规则是：第一，人们比较容易理解与自己已经理解的事物相关的新事物。第二，信息组织方式只有5种，可将其简化为LATCH，具体是指①Location，即地序法，以信息的地理位置特征为依据组织信息；②Alphabet，即字顺法，按字母排列顺序组织信息；③Time，即时序法，以信息的时间特征为依据组织信息；④Category，即分类法，按类目组织信息；⑤Hierarchy，即等级结构法，按等级关系（比如重要程度）组织信息。第三，信息表达的标准是清晰，而不是美观。第四，确定哪些信息值得保留以及你真正想要了解哪些信息。第五，大多数信息是没用的，要勇于放弃无用信息③。

Wurman身体力行地实践和贯彻IA的思想体系，迄今他已设计、创建或编辑、撰写了80多个网站、项目和著作，内容跨及奥林匹克、医疗诊断的可视化、城市指南、公路地图以及金融市场华

---

① 王可．IA信息构建的信息生态环境下实现网上申报系统［J］．计算机工程与应用，2003（9）：138-141．

② Richard Saul Wurman：The Info Design Interview［EB/OL］．［2006-10-20］．http：//www.informationdesign.org/special/wurman_interview.htm．

③ 荣毅虹，梁战平．信息构建探析［J］．情报学报，2003，22（4）：230-232．

尔街期刊指南等。Wurman 的数十种 Access（指南）在美国家喻户晓。他的 Understanding USA 网站是世界了解美国的最佳网站之一。Wurman 创办的系列 TED（技术、娱乐和设计）会议和网站，对各种专业信息的构筑和内容可视化等作出了公认的成就。Wurman 目前开办的 TOP 公司，正致力于医疗信息可视化等极具市场前景的商业活动①。

目前随着互联网的兴起，IA 的工作更多地集中于网站的结构和组织，很多人已经提出该术语的不同定义。目前，较公认的是 L. Rosenfeld 和 P. Morville 所下的定义：信息构建是一门组织信息和界面的艺术和科学，包括调查、分析、设计和执行过程，目的是帮助人们在网络和 Web 环境中更成功地发现和管理信息，有效地解决用户的信息需求②。

IA 经过 30 多年的发展和演化，从网站设计的狭义概念提升为跨学科、跨领域的新型信息管理体系的广义概念。IA 目前的实践是针对网络资源的，即网站的信息构建，但是信息构建应用并不局限于网络环境，其中的原理和过程可用于信息资源平台的构建。

4.1.2 信息构建理论对信息资源整合平台建设的促动

信息构建理论对于信息资源整合平台建设的实践活动具有理论指导意义。IA 理论强调信息创建者对信息内容、信息结构、信息用户以及信息环境诸要素的理解，信息构建过程着重强调信息建筑师通过各种手段对信息内容进行加工处理，对信息结构进行设计。信息构建理论在信息资源整合平台的构建中具有以下几个方面的重大应用价值：

（1）信息构建强调信息结构和内容的清晰

在整合平台的构建中，信息资源的组织系统应具有良好的分类

---

① 刘强. 信息构筑体系及其对推动信息服务业进步的影响 [J]. 情报理论与实践，2003（1）：1-7.

② P. Moville, L. Rosenfeld. Information Architecture for the World Wide Web [EB/OL]. [2006-10-20]. http：//www.oreilly.com/catalog/infotecture.

4 基于互联网的竞技体育信息资源整合平台构建

标准和明确、规范、统一的标识系统,其信息结构和内容要求清晰、简洁、朴素、美观,除了提供给用户清楚的、易于理解的信息结构,以便用户自由地在信息空间中巡航。这说明,尽可能地为用户提供导航工具和巡航帮助,让信息内容可访问,让用户明确自己的位置,是其中的关键。

(2) 信息构建强调信息标识的规范

信息构建强调标识系统能为用户所理解,强调信息标识的规范和一致。对于资源整合平台而言,要避免资源系统所使用的语义含糊、用法随意等不规范现象,避免出现词语的范围难以界定清楚等问题。资源整合平台的构建者需要创立一套标识系统,对使用的词汇、含义加以科学处理,使其准确地反映信息资源的内涵;各项信息组织的分类逻辑应易于理解、易于使用;要为标识设计导航链接方式,让用户明白整合界面上的符号、图形、文字等的具体含义及相关关系,充分展示资源整合平台的全貌和集成功能。

(3) 信息构建强调平台的可用性

信息资源整合平台的构建应通过知识组织、元数据创建、图形设计、导航结构安排,实现系统的有效沟通和基于用户需求的资源组织。就技术而言,构建平台应具有对多用户的可用性,为提高资源整合平台的可用性,必须提供多途径的检索入口和服务帮助,让用户能通过资源整合平台方便地实现一站式搜索目标。

(4) 信息构建强调面向用户的功能定位

信息构建强调以用户为中心,这就要求在信息资源整合平台的构建中,不仅强调所用技术和硬件设备的先进性,更强调面向用户的内容组织和信息资源服务的功能地位。从用户的观点来考察信息资源体系的内容组织与界面设计,是资源整合平台构建必须考虑的问题。在功能定位上,平台应充分体现集成化的服务功能,符合用户使用信息的逻辑关系。

(5) 信息构建强调信息生态环境建设

一个成功的信息资源整合平台应系统分析和考虑信息构建的各个方面,克服平台建设中的外部环境因素干扰,从而将用户和信息资源紧密地联系在一起。在信息生态环境建设中,信息构建平台应该有利于信息资源的集中组织，在集成化服务中形成用户与资源环境、技术环境、社会环境的良性互动。

4.1.3 基于信息构建的竞技体育信息资源整合平台建设

基于信息构建理论，信息资源整合平台建设目标可以从两个方面来看：一是对信息的处理结果，要达到信息的清晰化和可理解两个目标；二是用户的使用结果要达到平台有用性、可用性强和使用者具有良好的用户体验两个目标①。因此，在竞技体育信息资源整合平台构建中必须考虑信息资源、信息空间和用户三者的关系，提供合理科学的资源空间，以利于用户获得所需信息和服务。基于信息构建的竞技体育信息资源整合平台建设，不仅需要对信息内容进行把握，而且强调帮助用户在获取所需信息的过程中形成满意的体验。因此，用户体验是基于信息构建的竞技体育信息资源整合平台建设的重要内容，即在构建过程中应该始终考虑用户体验因素。要求在竞技体育信息资源整合平台的构建中，不仅强调所需技术和硬件设备的先进性，还应强调以用户体验组织信息系统设计，以便从用户可用性与有用性方面来考察资源整合平台的内容组织和界面设计。

（1）基于信息构建的竞技体育信息资源整合平台设计

基于信息构建的竞技体育信息资源整合平台建设，强调那些能推动用户体验的设计。这些组成部分包括：基础构建、信息设计、流程组织、资源转换、界面设计和跨平台兼容②。

①基础构建。基于信息构建的设计将用户体验提高到一个新水平。作为用户体验的核心，基础构建过程包括调查、分析、设计和执行过程，它涉及资源的组织、标识、导航和搜索系统的设计，其目的是帮助人们成功地发现和管理信息。组织系统负责信息的分

---

① 周晓英．信息构建目标及其在政府网站中的实现［J］．情报资料工作．2004（2）：5-8．
② Make It All about the User［EB/OL］．［2006-10-20］．http：//www.hesketh.com/publications/make_it_all_about_the_user.html．

4 基于互联网的竞技体育信息资源整合平台构建

类,由它确定信息的组织方案和组织结构,同时对信息进行逻辑分组,并确定各组之间的关系;标识系统负责信息内容的表述,为内容确定名称、标签或描述;导航系统负责信息的浏览和在信息之间移动,通过各种标志和路径的显示,让用户能够知道自己浏览到的信息位置和可以进一步获得的信息内容;搜索系统帮助用户搜索信息,通过提供引擎,根据用户提问,按照一定的检索算法对网站内容进行搜索,并提交用户搜索结果。

②信息设计。信息设计的目的在于高效化处理信息提问并提供尽可能清晰、易于理解和有用的信息,为了达到这一目的,信息设计必须了解学科领域的知识,积极参与增强信息理解和信息表达的研究,如用户怎样响应信息,为什么响应,人的大脑怎样处理信息和形成知识,又怎样转化知识等。这些问题的研究有利于信息的交流互动。当前,信息设计通过可视化设计来增强用户对所呈现的信息的理解。通常,信息构建师和视觉设计者共同通过信息设计来构建积极的用户体验。

③流程组织。基于信息构建资源平台设计是一项很复杂的任务,需要借助于一定的资源导航来构建工作流程图。通过工作流程的设计,可以把复杂的平台功能简单化、明晰化,并且使资源整合设计过程规范化,在流程的有效组织中提高用户体验设计的效率。

④资源转换。当前很多资源平台系统相互之间进行资源共享时,由于数据结构,管理系统的异构问题,以至于资源和系统之间无法有效连通,需要通过标准化的规范,使资源之间能够快速便捷转换。

⑤界面设计。界面设计不仅意味着好看易懂、易操作,更应符合清晰表达信息的目标。考虑到界面对同构和异构的适应性,要求资源管理者和用户实现平台的共用。

⑥跨平台兼容。跨平台兼容要求资源平台之间实现无缝连接,使用户能够方便快捷的访问其他资源,使各系统通过平台实现互操作。

(2)基于信息构建的竞技体育信息资源平台建设模型

目前,对资源整合平台设计主要存在两种看法:一种是把每一种问题都作为应用设计问题来对待,从而应用计算机技术来解决问题。另一种则把资源整合平台看作信息收集、处理、检索、发布的工具,对其按需组建①。这两种看法都忽略了人的因素,没有充分考虑用户体验的问题。因此,以用户体验为中心的构建竞技体育信息资源整合平台时,必须首先考虑竞技体育信息用户体验的层次性。

①基于用户体验的竞技体育信息资源层次的整合模型。竞技体育信息资源整合平台的建设必须充分考虑用户在获取信息、使用信息和发掘信息价值等方面的体验。用户希望信息易于找寻并且可以使用,如果与期望符合,用户还会考虑信息是否易于获取。用户体验不断从低层次向高层次发展,因此,资源整合平台建设要不断加强与用户的交流互动,通过各种手段来提高用户体验,以利于最终实现资源整合平台的建设目标。如图 4-1 所示用户体验的推进模型,可以说明用户体验的层次关系。

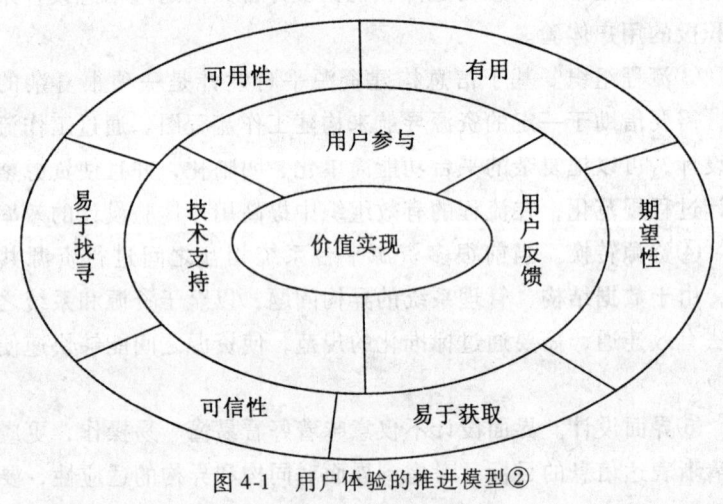

图 4-1 用户体验的推进模型②

---

① George Olsen. Expanding the Approaches to User Experience [EB/OL]. [2006-10-20]. http://www.boxesandarrows.com/archives/expanding_the_approaches_to_user_experience.php.

② 胡昌平,邓胜利.基于用户体验的网站信息构建要素与模型分析[J].情报科学,2006(3):321-326.

因为用户总是带有一定期望来进入资源整合平台，因此，如何合理的安排要素来满足用户的期望是竞技体育信息资源整合平台建设首要考虑的问题。通过导航的设计，使用户易于发现和使用所需的竞技体育信息，并且不断通过技术整合各种资源，通过信息内容的挖掘服务获取用户对整合平台的满意度。

与用户体验的层次性相对应，资源整合平台构建要求从用户和服务的角度进行考虑。在面向用户方面，竞技体育信息资源整合平台构建主要关心完成竞技体育信息需求的步骤以及用户怎样完成信息需求。在面向服务方面，则主要关注平台提供的竞技体育信息以及这些信息对用户的实用价值。基于以上构想，我们提出面向用户的竞技体育信息资源整合平台构架，如图4-2所示。

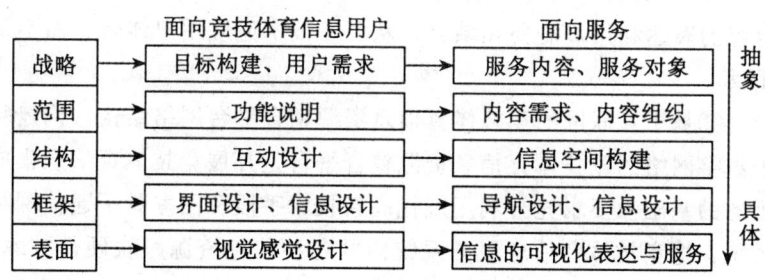

图4-2 竞技体育信息资源整合平台构架

战略层关注用户需求和目标定位，是竞技体育信息资源整合平台建设的基础。战略层既要考虑自身目标，又要界定用户群及服务内容。用户对象对平台设计有重要影响，如面对竞技体育专业人士和面对一般性的普通用户，其技术实现方式就不一样，对可用与易于使用的理解，两个群体也是不一样的。

范围层把战略层的目标进行了细分，确定竞技体育信息资源整合平台有哪些特征和功能，对各种信息的特征进行详细的描述，对平台功能进行说明，从而有效地组织信息内容，以利于不同的用户获取信息。

结构层通过互动设计，定义系统如何响应用户，实现各种信息资源在平台中的布局安排。同时，根据资源整合平台建设的目标确定突出哪些内容，选择恰当的技术手段更新服务内容。

框架层通过界面设计和导航设计，合理安排界面要素，以易于理解的方式表达信息，使用户能够与系统服务进行交互。

表面层要充分考虑用户不同的偏好、不同的工作环境和物理能力，必须充分理解用户的感觉系统（视觉、听觉、触觉），考虑信息交换和传递手段，通过合适的板块、文字、图案、图片、动态效果和色彩表现具体的信息内容和意境，应用合适的技术表现搜索效果，吸引访问者。

从以上平台设计和模型建构可以看出，基于信息构建的竞技体育信息资源整合平台建设以面向用户和面向服务效果结合的方式进行设计，在设计中，强调信息的可视化和可理解，强调技术服务与内容的表达和用户需要相结合，从而使技术适应用户体验，而不是相反。

②基于互联网的竞技体育信息资源整合平台网络结构。构建基于数字网络的竞技体育信息资源整合平台是开展竞技体育信息集成服务的基础。要求充分利用现代高新技术手段和国家骨干通信网络系统，把竞技体育信息服务系统内的各种信息资源、软硬件技术、管理机制和相关的支撑条件有机结合起来，构建统一的用户界面，把分布式竞技体育网络服务平台系统动态集成起来，能向跨地区、跨系统、跨部门的用户提供快捷有效的信息集成服务。

竞技体育信息资源整合平台系统应是由国家级竞技体育信息服务平台系统，地方级、系统级服务子平台系统以及镜像服务系统组成的网络服务平台系统（见图4-3）。

国家级竞技体育信息服务平台。这是全国性的基于网络环境的竞技体育信息资源管理和服务中心，承担资源加工整合、提供服务、业务协调和组织管理等任务，如国家体育总局体育信息中心。中心制定统一的数据加工标准、规范和格式，采用逻辑上集中、物理上分布的运行体系，一般在国家级服务平台和特定子平台系统中对分布式数据库进行标准化和规范化加工和管理，分别建设国家级数据库群和有特色的专业或地方数据库群，国家级竞技体育信息服

4 基于互联网的竞技体育信息资源整合平台构建

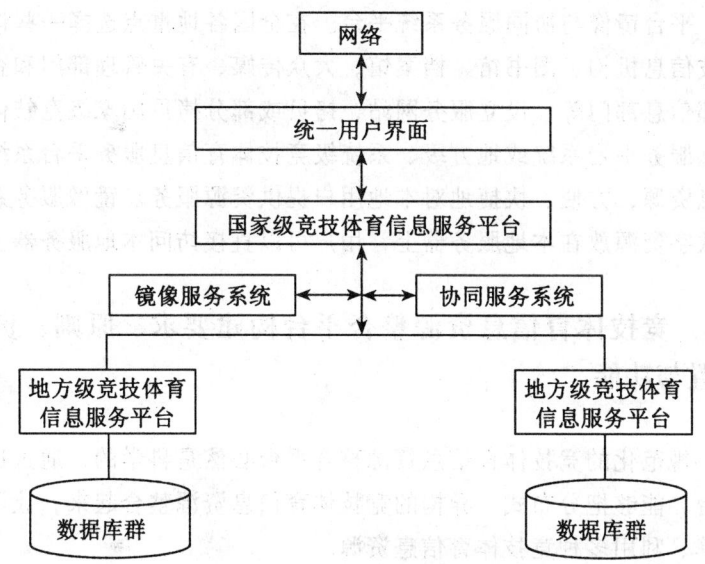

图 4-3 竞技体育信息资源平台的网络服务组织结构

务平台的网管中心将加工后的相关资源进行整合并装入中心服务器，面向全国提供服务。子平台服务系统和镜像服务系统可以根据用户需求，通过互联网实现双向交互，请求资源服务，更新本地数字资源库等。国家级竞技体育信息服务平台通过资源发送响应下级服务平台系统的索取要求，动态生成结果返回下级服务平台系统。

地方级、系统级竞技体育信息服务平台系统。受中国竞技体育信息资源共建共享历史和现状的影响，服务平台系统要为用户提供切实有效的信息保障，必须在国家级竞技体育信息服务平台的统筹规划和协调管理下，设立若干保持各自独立性的分布式竞技体育信息服务平台系统。地方级、系统级竞技体育信息服务平台系统要适当考虑历史遗留问题，如原有的信息服务机构设置、特色资源建设和服务状况等，完成国家级竞技体育信息服务平台系统分配的资源采集和加工任务，负责完成原文提供等服务任务。地方级竞技体育信息服务平台系统主要是面向本地区用户的信息需求，系统级竞技体育信息服务平台系统主要是面向竞技体育系统内的特定用户的信息需求。

平台镜像与协同服务系统平台。在全国各地重点选择一些体育科技信息机构、图书馆、档案馆、大众传媒、有关管理部门和企业内部信息部门等,设立服务网站,拷贝或部分拷贝国家级竞技体育信息服务平台系统或地方级、系统级竞技体育信息服务平台系统的信息资源,方便、快捷地对本地用户提供资源服务。镜像服务系统的数字资源放在本地服务器上,用户可以直接访问本地服务器。

4.2 竞技体育信息资源整合平台构建要求、原则、资源配置与功能

规范化的竞技体育信息资源整合平台必然是科学的,通过这个平台,能够把分布式、异构的竞技体育信息资源整合起来,让用户共享、利用多种竞技体育信息资源。

4.2.1 竞技体育信息资源整合平台构建要求

竞技体育信息资源整合平台的本质要求具体体现在以下4个方面:

(1) 以用户为中心

竞技体育信息资源整合平台的构建应重视用户。为达到让用户满意的资源利用目标,就应该紧紧围绕着用户的需求来进行平台设计,并且在设计的过程中不断与用户沟通,使设计的平台真正能满足用户的需求。可见,以用户为中心是站在用户的角度进行竞技体育信息资源整合平台的设计,以此来体现以用户为中心的思想。

以用户为中心的竞技体育信息资源整合平台要求能帮助用户快速而简便地满足信息需求,拥有愉快的用户体验,实现一系列的工作目标。基于用户利用信息整合平台时的心理感受,主要关注两个问题:一是如何吸引用户积极参与到资源整合平台的设计与构建中来;二是如何吸引用户在平台的设计与构建中做一些其他事情,提供何种体验。用户体验过程是一个复杂的心理过程,除了知识匹配等理性的因素作用外,感性的方面如情绪、感受等在信息接受过程中同样起到重要的作用。用户体验可以是个体用户的体验,也可以

4 基于互联网的竞技体育信息资源整合平台构建

是团体用户的体验,如资源整合平台可以根据竞技体育专业的不同和项目区别,为不同的教练员、运动员、管理人员和研究人员等提供专门的定制服务。

竞技体育信息资源整合平台设计的核心是:将以用户为中心的设计思想贯穿到资源整合平台系统开发的各个阶段。在设计的最初阶段,描述用户目前的现状,从中捕获用户的需求,组织资源;在以用户为中心的思想指导下分析用户现状和用户需求,发掘和提取用户处理问题本质的、必要的交互信息,建立用户数据模型,根据用户数据模型进行平台设计,最后根据用户反馈意见来进行测试评估,以进一步修改完善整合平台的设计。这样构建的平台必然做到使用方便、简便、直观、容易操作,而不是困难繁杂的;提示清楚,各种提示均做到扼要、清楚、明确、易于接受,用词规范而不易产生歧义,构建友好的用户界面。

(2) 实现标准化

用户界面是一个多层次、多方面的界面系统,对不同层次和不同方面的界面的要求,是要在形式与内容上能够做到基本一致,尽量实现标准化。如果竞技体育信息资源整合平台系统中的各个界面,在揭示方法与规则等方面标准不一,甚至互相矛盾,用户就会无所适从,每到一处都必须重新学习与掌握,这与界面友好的精神是相悖的。

竞技体育信息资源整合平台的标准化是指开发构建平台所采用的资源组织的标准化,具体而言就是在资源加工、组织上的标准化,元数据方案上的标准化,资源的标识符以及指示系统的标准化,采用国际通行的资源标识符,资源检索与应用上的标准化,开放接口的标准化,便于不同系统之间的资源整合和共享,也为信息资源的长期利用创造条件,避免因系统所采用标准的时效性而导致信息资源共享的失效。为实现信息资源平台的可广泛使用性、可互操作性以及可持续性要求,各个资源平台都应关注异构资源和系统之间的统一检索和信息利用问题。

(3) 强调功能的集成化

竞技体育信息资源整合平台应能根据用户需求形成多样化信息

集成功能，保证用户只需一次登录后，就能直接访问信息整合平台内的其他各类资源，无需再次登录或转换。资源整合平台需要动态地开放集成各种分布、异构和多样化的数字信息资源和系统，动态满足各种用户群和业务流程需要。信息资源能够根据用户角色、类型和权限动态地提供给用户。这包括对分布和多样化的竞技体育信息资源和系统进行搜寻、调用和集成，可以搜寻、解析和转换数据资源，可以支持和其他信息系统的互操作和集成管理。

在异构系统中，一个值得关注的问题是跨库的信息整合与共享。高效的跨库检索，应通过资源整合平台提供一站式服务来实现，这就迫切需要一个把印刷资源、数字资源和其他类型的信息资源进行统一管理的系统，这个系统要求不仅能够便于系统管理人员和用户使用，而且要能够对系统的各项业务流程和系统资源进行有效的组织与管理。

竞技体育信息资源整合平台应考虑如何将已有的信息资源动态集成起来，提供更加全面完善的服务。整合平台应该能够同时管理文字、图片、多媒体等信息，并提供全文检索服务，支持网页的动态发布，成为一个面向内容管理的资源整合平台，能提供从印刷品到电子文档、从静态资源处理到网络资源实时整合、从单一资源管理到集群检索服务，从单一数据库到异构数据库的统一检索等服务①。

（4）保证整合体系的可扩充性

竞技体育信息资源整合平台一方面要保证系统运行正常，包括网络畅通、服务器和工作站可工作、软件模块可利用、用户日志记录清楚等。信息资源应该是安全的，即使在黑客攻击或磁盘发生故障或安全被破坏时也不会丢失资料。一旦构建了友好的用户使用界面，具有信息集成和辅助能力，能面向信息机构提供信息资源共享与协作，提供信息资源整合的统一接口，进而实现信息的无缝传递时，也应避免不必要的、频繁的更动。稳定性从时间上保证了用户

---

① TPI 数字图书馆建设与管理平台 [EB/OL]. [2006-10-20]. http://tpi.cnki.net/product/product02.htm.

4 基于互联网的竞技体育信息资源整合平台构建

界面的使用方便、提示清楚和标准化。

另一方面,信息技术和网络技术发展很快,因此,整合系统规划和设计时应考虑到平台的发展问题,要求适时拓展新的资源项目,把竞技体育信息资源整合平台看作是一个动态的系统。我们求其稳定是相对的,即使使用简便、提示清楚和基本一致等标准也是相对的。在相对稳定的同时,要求服务平台具有可扩充性,如支持用户教育、资源共享与业务合作、安全与系统管理等。这种可扩充性一方面取决于用户需要的变化,另一方面也依托于信息服务系统功能的扩展,以适应信息技术和竞技体育信息服务业发展所必然带来的变化。

从以上分析可以看出,竞技体育信息资源整合平台的构建要求是互相联系和互相影响的,平台构建的标准化、功能的集成化、相对稳定性和可扩充性的统一是资源整合平台需要重视的问题。

4.2.2 竞技体育信息整合平台的构建原则

从宏观上看,竞技体育信息资源整合平台建设具有两方面的战略目标:一方面,使基于互联网沟通的竞技体育信息服务系统的成员机构,能够充分而合理地享用整合资源,能够有效地利用平台工具开展面向用户的集成化服务;另一方面,对于用户而言,通过平台能够满足全方位信息需求,享用一站式的全程服务。从微观上看,竞技体育信息资源整合平台建设,与参与整合平台建设的所有机构有着具体的业务关联,因此必须解决具体的资源与服务问题,要求通过平台集成资源、流程与业务,因此应将竞技体育信息服务机构的技术、管理和服务纳入社会化的资源整合与服务平台建设轨道①。

相应地,竞技体育信息资源整合平台的构建应遵循以下基本原则:

①整体优化原则。竞技体育信息资源整合平台作为国家基础性、公益性和共享性资源平台的一部分,必须打破地区、系统、部门和行业的限制,实现跨地区、跨系统、跨部门、跨行业的资源共

---

① 胡昌平. 面向用户的资源整合与服务平台建设战略——国家可持续发展中的图书情报事业战略分析(2)[J]. 中国图书馆学报,2005(2):5-9.

建共享①，以网络技术平台的使用和专门性信息资源与网络融合为基础，构建支持国家可持续发展的资源整合平台，解决各系统的互联和协调服务问题。

②利益均衡原则。竞技体育信息资源整合平台必然涉及信息安全、公众利益、信息服务机构、资源提供者、组织者、用户以及公益性服务以外的网络信息服务商、开发商的权益。因此，在信息整合平台的构建过程中，要调动各信息服务机构的积极性，协调好各种利益关系。

③开放性原则。要执行国际、国家标准规范，采用与集成各种先进的平台构建技术，建设具有通用性的面向用户的平台，使平台能兼容各种资源系统。竞技体育信息资源整合平台功能的发挥要依赖数量巨大的国内外信息资源，各资源系统之间既相对独立，又互相融合，实现资源共享。在面向用户的竞技体育信息资源整合平台建设中，应充分利用国内外已有资源、技术和服务来加快建设、提高服务能力、提高建设效益。为此，应走开放性建设道路，加强与其他信息资源系统、国内信息产业链的有关机构和厂商以及与国外相关机构和系统的合作。目前的竞技体育信息资源建设中存在的一大弊端就是开放性差，彼此不能实现资源共享，而且重复性高，千网一面的现象普遍存在，在资源建设上"你有我也有，你无我也无"，导致信息保障能力低下。竞技体育信息资源整合平台的开放建设意味着合作、共建、共享、统一标准，合作建设。这是资源整合平台建设长期以来追求的目标。

④发展性原则。竞技体育信息资源整合平台要在容量上、功能上、技术上留有充分余地，以适应信息技术发展和竞技体育信息服务业务发展所带来的必然变化，应将服务业务的拓展与资源平台建设相协调，以此推动面向用户的集成化信息服务的发展。

⑤平衡原则。平衡好信息资源变与稳、"链接资源"和"本地资源"等各种关系。在竞技体育信息资源整合平台建设中，内部

---

① 科技文献资源与服务平台建设专题研究组［R］. 科技文献资源与服务平台建设研究报告，2003：16.

资源与外部链接资源应有适当比例，应处理好"存取"(Access)与"拥有"(Ownership)的关系。在信息资源迅速变化的同时，应保持系统的相对稳定性，建立有价值信息的长期保存机制，及时更新信息，在变与稳之间达到一定的平衡。

4.2.3 竞技体育信息平台的资源配置

竞技体育信息资源整合平台以现代数字网络技术为支撑，其基本要素包括计算机硬件、软件和各种竞技体育信息资源以及根据需求研制或购买的整合工具软件、信息服务和用户（见图4-4）。

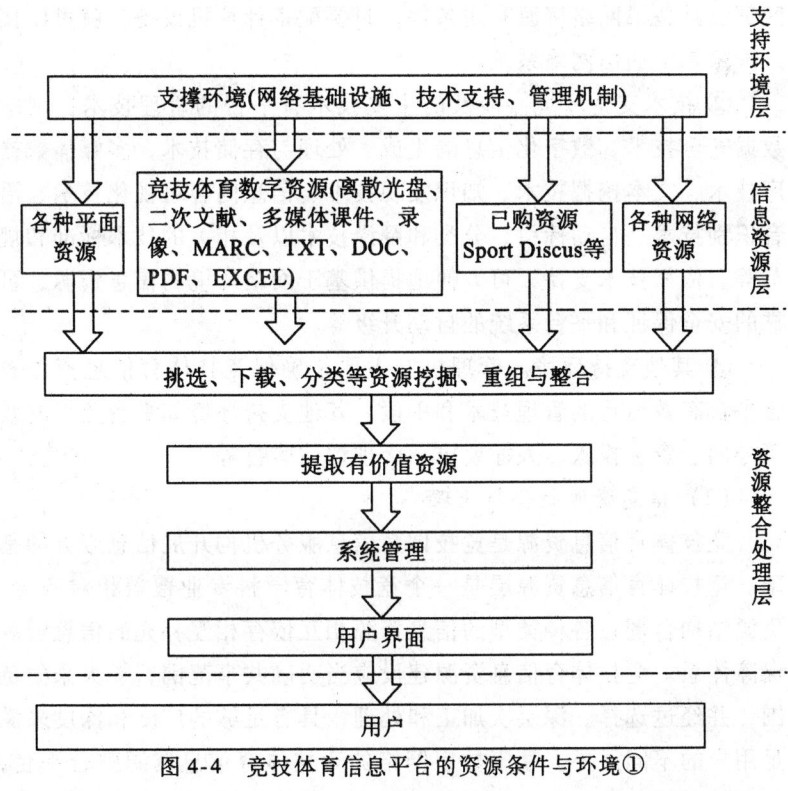

图4-4 竞技体育信息平台的资源条件与环境①

---

① 许鑫，苏新宁．高效数字资源整合平台研究．现代图书情报技术[J]．2005（9）：61-68．

(1) 支持环境层条件配置

这一层是支撑平台存在和运行的基本条件，主要包括：

① 网络设施环境。竞技体育信息资源整合平台构建的首要环节是要以公共通信和数据传输网络为基础，构建覆盖全国各地区的竞技体育信息资源中心。西方工业发达国家的经验表明：没有一个国家不是在信息和网络技术高速发展的带动下，大力建设信息资源和开展信息服务的。我国支撑竞技体育信息资源整合平台运行的网络环境已基本形成，如中国计算机公用互联网（ChinaNet）、中国教育和科研计算机网（CERNET）、中国科技网（CSTNet）、中国远程教育卫星宽带网（CEBsat）等都已趋完善。在全国大部分地区都已具备了网络资源利用条件，只要配备计算机设备，就可以接入国家骨干通信网络系统。

② 技术支持环境。涉及的主要技术有平台的管理技术、网络数据安全技术、数字化信息的生成、处理与存储技术、多媒体数据库技术、文本挖掘技术、知识发现技术、信息内容可视化技术、语音识别技术、自动标引、分类和翻译技术以及相关的技术标准和规范等。依靠技术支持，可方便地提供基于网络环境的信息资源、可靠的安全保证和平台系统的自动升级等。

③ 其他支持环境。管理机制主要是确保竞技体育信息资源整合平台有效运行的管理技术和手段。其他支持环境如平台建设的政策导向、资金投入、人才要求、管理评估监督等。

(2) 信息资源整合与处理

竞技体育信息资源是竞技体育信息服务机构开展信息服务的基础。竞技体育信息资源层是一个竞技体育学科专业覆盖相对齐全、资源结构合理、各种类型的信息资源相互依存相互补充的信息资源保障体系。竞技体育信息资源建设应当明确共享范围，扩大采集范围，并经过选择、深层次加工和处理，具有足够的广度和深度来满足用户的不同需要。基于数字网络的竞技体育信息资源整合平台，除了依赖于竞技体育文献资源、网络竞技体育信息资源外，最主要的就是基于文献资源和网络资源而加工形成的竞技体育书目数据库、文摘数据库、全文数据库和事实数据库。其核心资源层由系列

4 基于互联网的竞技体育信息资源整合平台构建

数据库、互联网资源整合数据库、各类厂商提供的加盟数据库、各类机构用户投稿出版的数据库四大部分组成，核心资源层的资源在知识网格环境中呈现给用户的是一个虚拟的"竞技体育知识资源总库"①。竞技体育数据库的建设一方面要以现有单位或部门的竞技体育文献资源为基础，对多年积累的分散的信息资源进行整理和整合，通过标准化、规范化手段加工建库；另一方面要对网络竞技体育信息资源和新增资源进行整理和整合，通过标准化加工管理手段，保证数据的可用性和完整性。

信息整合处理层负责汇集和集成分布异构的竞技体育信息资源，并进行深度挖掘，从而建立基于知识内容的竞技体育知识网络，为用户提供统一的竞技体育知识资源体系和单一的知识服务环境。可以面向用户提供信息检索、原文提供、研究学习平台、情报分析等各种集成式的服务内容，最终向基于"知识单元"的知识服务模式转变。信息服务人员根据用户需求和解决特定问题的需要，运用各种知识挖掘、个性化服务、知识可视化等服务手段和技术，从所有的信息资源中任意获取所需要的知识信息和问题解决方案，并可以在人与人的交流互动过程中得到新知识，实现知识增值。

4.2.4 竞技体育信息资源平台的功能设置

竞技体育信息资源整合平台应具有以下一些基本功能。

(1) 用户管理功能

用户管理包括用户登录、认证、个人资料等内容。竞技体育信息整合平台应该能够根据完整的用户管理方案来提供一系列全面的管理工具，包括对信息服务利用过程中的用户权限管理，对用户访问和使用信息资源情况管理，并保护资源拥有者和最终用户相关利益等功能。通过统一的用户界面，允许不同类型的资源、服务和应用以组合方式显示在统一的页面上，支持统一检索，实现平台与其

---

① 张宏伟，张振海．CNKI 网格资源共享平台——基于知识网格的门户式数字图书馆解决方案［J］．现代情报技术，2005（4）：6-9．

竞技体育信息集成服务

他应用系统的用户信息统一管理和授权服务等。

(2) 信息内容管理功能

竞技体育信息资源整合平台不仅要管理本部门信息资源,同时要动态集成利用各种异地信息资源和网络信息资源。主要包括:信息资源的发现与采集功能,应支持通过计算机来获取已经数字化的文章、图片、录音、录像等多种来源的竞技体育信息,支持通过扫描、识别、压缩和转化等多种技术来创建数字信息,支持通过开放的内容创建应用程序接口和其他厂商的相关技术产品来完成上述不同种类信息的数字化及内容的提取,提供开放链接解析功能,实现电子资源之间的无缝链接;信息资源的存储与管理功能,应当能够综合利用包括全文数据库技术、面向对象的技术和多媒体等技术来为用户提供实用性强、完整性较好和安全性高的资源管理解决方案。此外还应提供独立于内容之外的数据管理工具,使其能够具有对多种系统的操作能力;信息资源的加工与整合功能,通过资源加工软件创建特色资源数据库,将未数字化资源进行数字化转换,将已数字化资源转换为指定格式,并能将指定格式的资源文件批量装入资源数据库,如将导航数据、元数据、全文数据、多媒体数据等数据库中的结构化与非结构化数据通过复制、导入等技术聚合起来,建立联合资源仓储,从而不断完善基于资源整合平台的数据库系统,并基于联合仓储中多种类型元数据,对用户提供多种资源的多种分类导航浏览方式(如学科导航等),便于用户快速查找定位所需资源和服务,提供集成检索服务。

(3) 信息的动态发布功能

竞技体育信息资源整合平台除了支持信息服务机构在资源整合平台上发布信息外,应当还支持用户发布需求信息,或者自己感兴趣的信息等。用户能选择从现有的任何计算机网络系统上来进行信息发布与服务,支持包括传统的 C/S 到 B/S 在内的多种信息发布和服务途径,并且所发布的信息在任何具有图形化用户界面的计算机系统上都可以进行呈现和阅读,对于特殊用户还应当支持包括通过触摸屏、手写和语音识别等技术来提供信息服务,使得系统做到对用户透明,并具有良好的安全性、易用性和可扩展性。

（4）集成化的信息服务功能

竞技体育信息整合平台首先要具有强大的访问控制以及信息查询功能，包括文本和图像分析工具以及数字化音频和视频信息的查询工具，提供全文检索、基于声音和图像的检索以及自然语言检索等多种检索方式。还应能基于平台提供个人信息定制、用户访问控制、网络搜索、参考咨询服务、决策支持服务、信息反馈等服务功能。这就要求平台不仅要将服务流程中的各个服务应用模块集成在一起，还要实现服务平台与资源平台之间的无缝连接和互操作。

4.3 竞技体育信息资源整合的跨系统实现

从信息资源整合的角度来看，目前的竞技体育信息平台大多是由国家体育事业管理机构按系统建设和运行的。这就造成了信息平台的分散建设，具有各自的定位与分工。然而，在快速发展和变化的信息环境与市场经济改革中，国家机构体制改革不断推向深入。随着全社会竞技体育信息受众基础的扩大、相关信息需求的深入发展，当前竞技体育信息网站按系统建设、部门组织的发展模式受到了来自各方面的挑战，客观上提出了竞技体育信息资源整合跨系统发展的要求。

4.3.1 竞技体育信息资源平台跨系统整合定位

我国的体育事业长期以来实行以部门、系统为主体的组织发展体制，竞技体育信息服务在部门、系统基础上进行，信息整合平台建设也是基于这一组织基础，图4-5说明了我国竞技体育信息资源平台建设的情况。

我国建设的以国家体育总局为主导的多层次全国性和地区性的竞技体育信息资源共建共享平台，推动了专业信息资源的整合发展。然而，由于过去长期形成的组织系统中存在着较为明显的部门间条块分割、封闭隔离等问题，在信息资源整合平台的建设上客观上存在信息资源重复建设、信息分布分散的问题，导致竞技体育信息用户的信息需求和信息服务需求得不到满足。随着体制改革的深

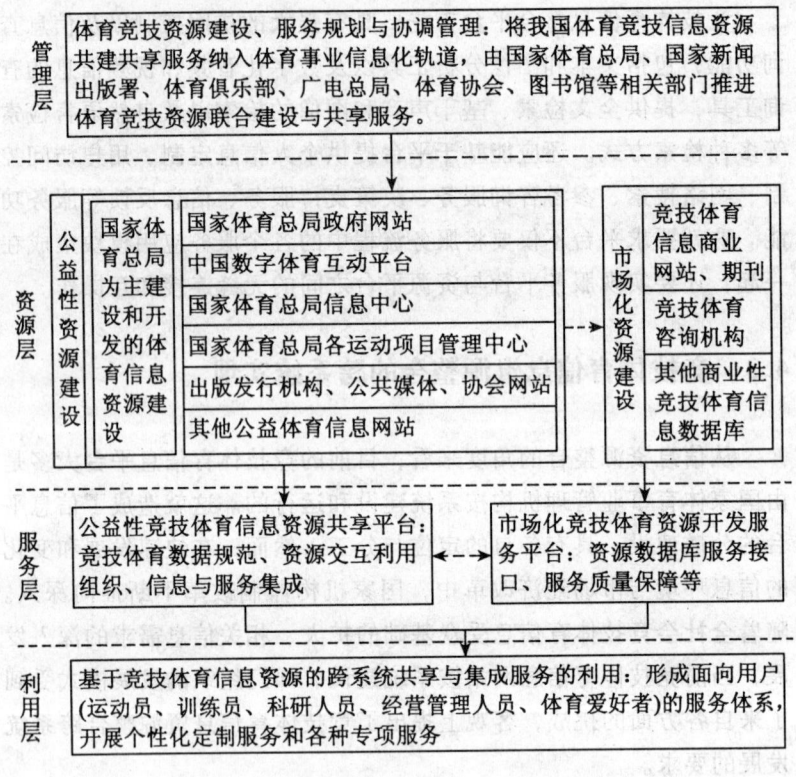

图 4-5 跨系统竞技体育信息资源整合定位

入推进,这些问题和矛盾将更加突出,由此提出了建设跨系统竞技体育信息资源整合平台的要求。

①体育事业的社会化决定了竞技体育信息资源整合平台跨系统的整合方向。除传统的提供体育信息的体育信息服务机构外,竞技体育信息保障主要依赖于各部门、各系统内的信息整合与服务,由此形成了信息整合平台的部门化和专业化的发展格局。这种发展模式适应了我国体育事业以部门划分的组织制度安排。在面向国际信息化的发展中,我国相对封闭的体育信息服务系统结构必将发生根本性的变化。随着改革的不断深入,以系统、部门为主体的信息提供正向开放化、社会化、市场化、协同化的方向发展。在体育事业

4 基于互联网的竞技体育信息资源整合平台构建

信息化推进中,部门、系统的界限逐渐被打破,国家体育机构与企业、事业、民间机构逐渐走向联合,开始重构体育信息服务系统。这意味着,专业化的体育信息已从部门组织向社会化组织发展。在这一背景下,条块分割的体育信息资源整合平台发展模式必须改变,以信息资源共建共享和开放的集成服务为特征的跨系统平台发展战略必须确立。

②政府机构改革和职能转变导致所属信息机构的组织关系变化。为适应社会主义政治经济发展,实行政企分开是我国从中央到地方政府机构改革和职能转变的重要内容。在体制变革中,体育信息机构实现了两个方面的转变:一方面,国家体育信息机构被纳入了国家面向全社会的综合性信息组织系统之中,面向社会提供信息服务;另一方面,在组织体制变革的同时,体育信息服务机制发生变化,实现体育市场化信息服务。

③用户信息需求的全方位和综合化以及信息服务需求的变化决定了竞技体育信息资源整合平台跨系统发展模式。目前,竞技体育信息的主体用户(运动员、教练员、科研人员、经营管理人员等)的信息需求和信息服务需求已经发生了根本变化,出于职业工作的需求以及出于知识积累与更新的需要,他们迫切需要通过特定机构提供的服务,获得与竞技体育运动相关的内容全面、类型完整、形式多样、来源广泛的体育信息,要求体育信息服务机构为他们提供全程性、全方位的信息保障,以满足他们多方面、系统化和综合化的业务要求。另一方面,单一专业化和部门化的信息整合平台愈来愈难以满足这些用户的信息需求,这就决定了各专业机构的信息合作与协作势在必行。这种合作与协作关系的发展,要求在管理体制上对相对封闭的部门化平台进行整合与调整,形成面向多层次用户的服务体系。

④信息技术的进步和信息网络的发展使跨系统的竞技体育信息资源整合平台具有可行性。传统体育信息服务机构的信息服务受地域、范围限制和时间约束,很难面向部门范围以外的用户开展系统性服务。信息组织和处理的数字化、基于标准化的数据库资源共享以及信息传递、提供与服务的网络化,为竞技体育信息跨系统平台

建设提供了良好的技术支撑。

⑤信息整合跨系统发展也是竞技体育事业可持续发展的要求。竞技体育的高水平开展更加有赖于科学研究、执教和训练经验的管理和运用，信息服务的水平和效率直接制约了竞技体育的发展。显然，在社会开放条件下，如果国家体育信息服务体系仍然是部门化的，就不可能有效地实现社会的运作，这也是长期困扰我国体育信息服务发展的一个重要因素。因此，有必要从根本上解决体育信息服务良性发展的问题，从体制上确立其社会化组织体系，使之与社会信息化和经济整体发展相协调。必须突破现有的体育信息由部门化的体育管理机构与公共信息服务机构简单结合的组织模式，实现以公共平台为基础的面向社会的多元化结构构建模式，可以更有效地贯彻和实现国家有关计划与调控目标，可以以社会化投入为基础建设体育信息资源，可以集合各方面的力量提升竞技体育信息的服务水平，提升信息服务的社会效益，在社会发展中建立起竞技体育可持续发展的良性运行机制。

4.3.2 竞技体育信息资源平台跨系统整合架构

我国一些地区和部门已经就竞技体育信息资源整合平台跨系统实现进行了一些有益的探索，取得了局部的进展。

①机构间资源整合平台跨系统实现的实践。国家体育总局政府网站（http：//www.sport.gov.cn/）即中国体育信息网，作为体育信息资源整合平台提供有关中国竞技体育发展政策和最权威的信息。该网站与37个省市自治区体育局官方网站直接链接，截至2008年2月在总局机关内部以及总局与42个直属单位（各中心、研究所、学校、基地等）之间实现了电子公文的网上批转与远程传输，这保证了网站发布的信息内容及时、准确、丰富，信息的权威性、可靠性得到了较好保障。

这一机构间跨系统的信息资源整合平台主要是由政府主导和推进，在地区、部门、机构协调下进行的。从宏观上来看，还没有摆脱布局分散，甚至重复建设的问题，其中信息资源区域分布和发展的不均衡问题比较突出，缺乏国家层面的整体规划。信息资源平台跨系统整合要扩展到全国范围内，需要在国家宏观调控下整体推进，才能更好地实现全国性的跨系统信息资源整合与服务平台整合。

②竞技体育信息资源平台跨系统整合的建设。大网络服务应是一种由国家体育总局主导的体育信息集成服务模式，将体现竞技体育信息资源的跨系统整合。该平台是一个宽带互动的竞技体育信息服务大平台，以信息技术为基础，集成相关系统、资源要素，承载众多应用系统，包括体育网站、体育竞赛管理、电子竞技、网上赛事转播以及进行运动协会网上会员服务等。

目前，中华全国体育总会、中国奥委会、企业等有关部门和机构的合作，在更大范围内实现了信息资源跨系统整合，它可以通过协作的方式共享资源与服务，从整体上提高全国范围内竞技体育信息资源整合与服务的水平（如图4-6所示）。

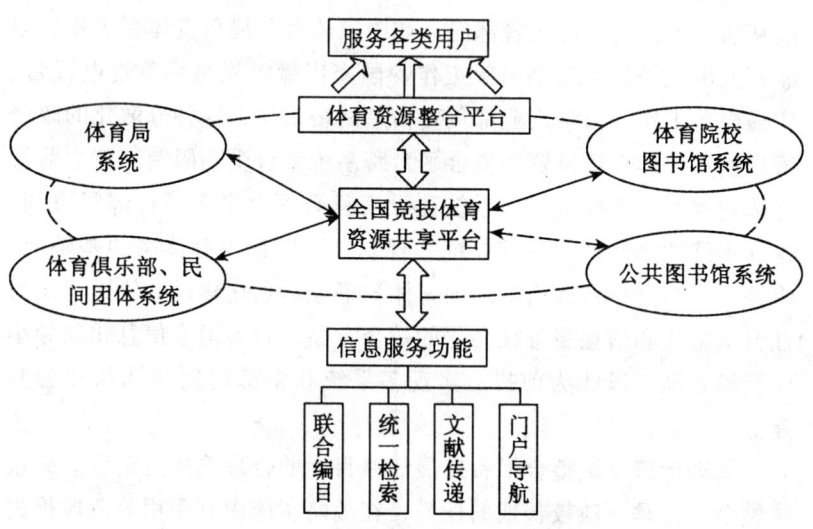

图4-6　全国竞技信息共享平台框架图

4.3.3　竞技体育信息资源整合平台跨系统整合的推进

竞技体育信息资源整合平台跨系统整合的战略目标就是要利用

各系统信息机构在竞技体育信息资源的开发利用上存在的互补性，通过整合，节约重新开发的费用；实现信息服务的整体化组织，实现信息资源的整体化、社会化和全方位配置，适应用户跨系统、跨部门的集成信息服务的发展需要。

这些目标可以通过如图4-7所示来实现。竞技体育信息资源整合平台跨系统的实现需要在整合国家体育总局主导的信息资源整合平台——一台四网的基础上，整合地区性、行业性信息资源平台，并协调好市场化资源整合与服务平台的接入。

竞技体育信息资源跨系统整合战略的推进是一项复杂的社会系统工程，涉及国家宏观管理、机构协作、服务组织和技术推进等环节。在推进过程中，除坚持以用户需求为导向、以现代技术为依托、以社会发展为基础的一般原则，还必须解决以下几个方面的问题：

①跨系统整合平台战略实施主体调整。我国体育信息工作的发展从属于不同的政府主管部门，如国家体育总局负责体育工作、国家新闻出版局负责图书出版工作、国家广播电视总局负责电视台、广播电台工作，信息产业部负责信息网络工作，这种分散化的政府管理使竞技体育信息资源整合平台跨系统整合受到限制。就当前管理体制而言，要推进一项系统建设工程必须由多个平行部门协调。这样不仅效率低，而且难以统一规划。可以在现有体制的基础上，将跨系统整合平台战略纳入国家体育事业信息化建设的轨道，作为社会信息化和信息服务社会化的一个方面，归为国家信息化领导小组统筹管理，以此为前提，实现多系统和多部门的协调和社会共建。

②进行跨系统整合平台发展战略目标的合理选择与定位。跨系统整合平台是一项较长期的任务，在战略实施中宜采用分阶段推进的原则，既制定长期发展计划，也要考虑分阶段目标的选择和定位。按试验发展阶段、重点推进阶段、全面推进阶段和全面普及阶段，根据基础、现状、需求与发展进行组织。从全局看，竞技体育信息资源跨系统整合平台战略目标选择与定位的依据包括：社会发展基础条件，社会化的用户需求，所依赖的社会基础设施，国际信

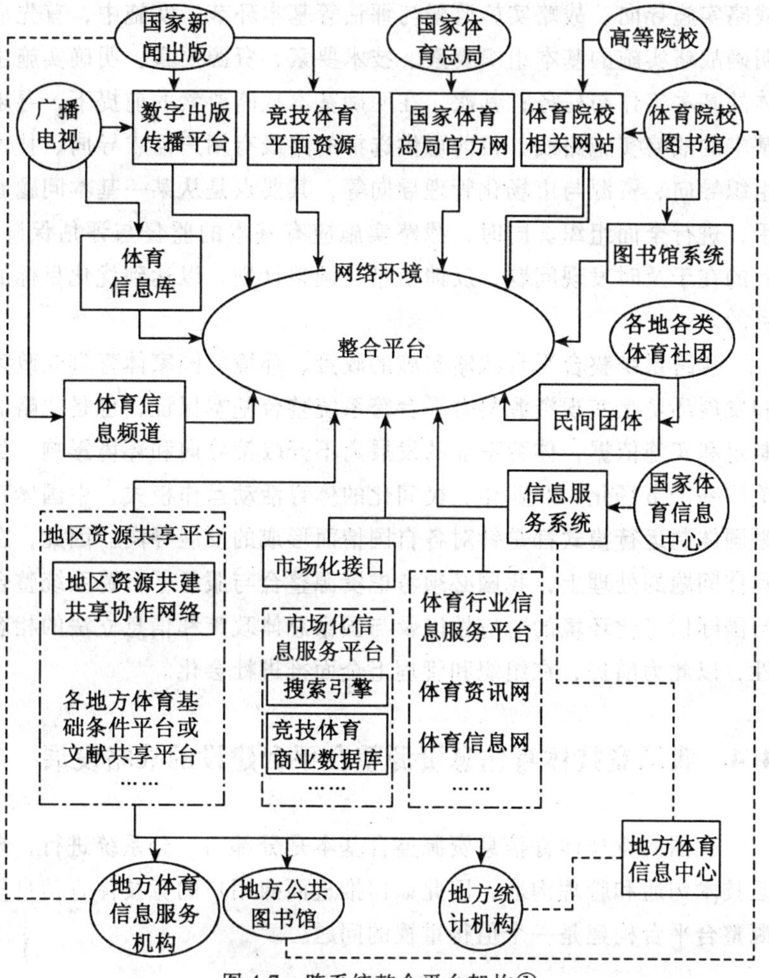

4 基于互联网的竞技体育信息资源整合平台构建

图 4-7　跨系统整合平台架构①

息环境，文献信息资源结构与分布，国家政策与国家信息化战略目标规划等。在局部跨系统整合平台发展中，则应从局部出发，在与全局协调的基础上进行定位。

---

① 框架图参考胡昌平等著. 面向用户的信息资源整合与服务 [M]. 武汉：武汉大学出版社，2007：257.

③跨系统整合平台战略实施组织。这包括战略实施体系构建、战略实施导向、战略实施监督与评估等基本环节。实施中,首先应明确战略实施的基本组织要素、技术要素、资源要素,明确实施主体的基本工作与任务;其次,在明确基本战略要素的前提下,寻求基本的战略实施路线,目前可供选择的路线有用户需求导向、技术组织导向、资源与市场化管理导向等,其要点是从某一基本问题着手,进行全面组织。同时,战略实施应有基本的监督与评估保障,目的在于及时发现问题、反馈信息、调整计划,以达到优化目标的目的。

④跨系统整合平台战略实施的政策、环境。国家体育事业政策和发展环境是实现资源整合平台跨系统整合基本保证,也是战略的制定和实施依据,体育事业的发展离不开政策导向和环境影响,如美国基于市场化、职业化、民间化的体育活动运作模式,中国体育举国体制运行模式都是针对各自国情而形成的发展导向。因此,在具体问题的处理上,我国必须考虑资源整合与服务平台跨系统整合与国际信息化环境的适应性以及与国家总体政策和信息立法的相容性,以此为前提,在组织和管理上全面推进社会化。

4.4 我国竞技体育信息资源整合平台建设的战略发展

我国的竞技体育信息资源整合基本是分部门、分系统进行,缺乏技术沟通和管理沟通,因此如何推进面向用户的竞技体育信息资源整合平台构建是一个值得重视的问题。

4.4.1 竞技体育信息资源整合平台面临的新问题

竞技体育信息资源整合平台为集成各种竞技体育信息资源,充分发挥各个信息系统的资源和技术等优势提供了一个优化的解决方案和可行路径。互联网的普及、网络基础设施和硬件处理能力等基础环境的变化以及信息机构服务的深化发展,对现有的分布式竞技体育信息资源系统提出了极大挑战,具体体现在:

①信息基础设施建设的推进、网络的更新和网格技术的发展,

4 基于互联网的竞技体育信息资源整合平台构建

为依托数字网络的竞技体育信息集成化服务提供了可靠的发展基础,使历史形成的条块分割的竞技体育信息资源系统面临新的发展机遇,可以通过信息数据集成将已有的信息资源利用水平提升到新的高度,并促进新的竞技体育信息资源的建设和利用。

②不同系统、不同地区的信息服务机构往往独立地建立各自的竞技体育信息资源系统,其信息资源的采集、管理和发布由各部门自行管理,缺乏统一的协调和规划。这就导致了相同的竞技体育信息资源在不同机构的重复建设,而许多急需的信息资源却得不到建设支持;各部门之间对信息标准缺乏一致性,难以保证资源建设和服务的合理性、有序性和受控性,严重影响了用户获取信息的全面性和有效性。因此,构建统一标准的竞技体育信息资源整合平台,使其运行正常是其中的关键。

③竞技体育信息资源体系庞杂和分散分布的不利状况,要求对全国范围内的竞技体育信息资源系统进行重构,要从信息资源整合平台的共用出发,在最大限度地利用现有信息资源和信息系统的基础上,避免信息资源系统建设发生新的重复和浪费。目前,许多机构已认识到建立竞技体育信息资源整合平台的必要性,但分布式资源结构和异构数据库是整合平台实现资源共享的障碍。这一问题的解决,需要对已有的信息资源进行有效地集中,从而提供具有可扩展性的信息交换平台,实现对各类资源的互访、共用、搜索,以提供深层次的服务。

4.4.2 竞技体育信息资源整合平台的战略规划与发展

竞技体育信息资源整合平台系统正常运行,首先要求从宏观上解决平台战略构建问题,才能在科学规划的前提下顺利推进整合平台的建设与发展。具体而言,要求解决以下基本问题:

(1) 建立科学的规划管理与协调机制

从发达国家信息基础结构的建设经验看,他们十分重视国家层次的有效管理和协调,纷纷确立了政府导向的资源平台协调管理体制。由于受信息服务中条块分割管理体制的影响,我国在竞技体育信息资源组织中长期存在标准不统一、资源分散重复开发、效率效益不高等普遍性问题。在面向未来的竞技体育信息资源整合平台建设中，应在信息建设规划、组织管理、技术标准等方面摸索出一条真正实现资源共享的道路。这就需要在组织管理方面加大力度，确定加强合作、减少重复、实现资源共享的方案。竞技体育信息资源的规划更需要在国家的整体架构、统筹布局、政策导向、法规建设、经费保障和项目支持下，进行全方位定位，既兼顾当前需要和长远发展要求；更需要在理顺管理体制的基础上，通过跨地区、跨系统、跨部门、跨行业的努力，科学合理规划信息资源开发和平台建设，确立平台建设与使用的新秩序。在国家统筹下，信息机构要进行制度变革，对竞技体育信息资源管理流程进行重组和规范，协调信息资源系统之间的关系，形成良好的信息资源利用反馈机制，强化管理的控制功能和服务功能，适应复杂的环境下的用户多层次个性化需求，实现面向用户的信息资源整合服务目标。

（2）调整经费投入结构

一方面积极拓展竞技体育信息资源整合范围和服务内容，在信息资源的社会化开发与利用中，加速资源建设与平台服务的市场化，在服务社会的同时吸引更多的社会投入，针对用户的实际需求，规范平台建设经营行为，进行信息资源集成服务市场结构的优化。与此同时，在建设中，按实际情况调整信息资源整合平台建设的政府投入，实现资源的集约运营。在对资金的利用上，应该根据组织自身发展和业务拓展的需要，合理分配经费，使有限的资金用于国家竞技体育发展全局的大平台建设上。

（3）加快竞技体育信息资源平台的标准化建设步伐

标准化是国家信息化体系建设的重要基础要素之一，加快标准化建设是竞技体育信息资源整合平台建设的基本保障和现实需求。标准规范的建设要有平台建设的全局观念，确定长远目标，确保国际标准、国内标准以及各行业规范细则的兼容。在竞技体育信息资源采集和建设方面，目前必须明确资源选择、数字资源转换、对象数据库建设等方面的具体标准规范。在信息组织与存储方面，要确定分类、标引、存储、格式等方面的标准规范。在信息检索方面，要明确全文数据库检索、多媒体信息检索、可视化检索、异构系统

4 基于互联网的竞技体育信息资源整合平台构建

的互动操作、传输控制与互联协议等方面的标准规范。在信息的权限管理和安全方面,要明确加密、水印技术、指纹鉴别等技术标准规范。

(4) 确立竞技体育信息资源整合平台的社会化运作机制

这是由客观存在的竞技体育信息需求的专业性、多样性与有关信息服务的分散化、社会化之间的矛盾决定的。一方面,信息用户出于职业工作等需要,需要获得内容全面、类型完整、形式多样、来源广泛的竞技体育信息,要求信息机构为他们提供全程性、全方位的信息保障。另一方面,竞技体育发展使得体育科技信息收集存储愈来愈困难,因此必然求助于各专业信息机构的合作和协作。这种合作化和协作关系的发展,要求对封闭的专业化机构进行整体的整合与调整,因此,在竞技体育信息资源整合平台建设中,只有面向社会,才能最大化地满足用户多样化的信息需求和快速便捷全面专业的信息服务需求。

(5) 基于技术发展的竞技体育信息资源整合平台建设中的需求导向

面向用户的竞技体育信息资源整合平台设计要求从用户的需求出发,针对用户个人的问题、环境、心理、知识等特征来设计与开发平台系统功能。有效的信息整合平台应该能够充分体现和满足用户需求,充分支持用户的习惯和行为,根据用户对获取信息的处理情况动态调整知识库,帮助用户作出最优选择,实现基于用户需求驱动的信息资源整合,使资源与用户的检索、利用形成互动。面向用户的竞技体育信息资源整合平台建设在技术实现过程中,要求获取、提炼、存储、分析、提供知识并能解决用户问题,并突出用户知识结构、兴趣爱好等,发展资源整合平台的关键技术。在技术发展中,需要充分利用数据仓库、可视化检索技术、智能代理、搜索引擎、数据挖掘、知识发现、人工智能技术的集成与充分共享。同时,按照服务特色和工作重心,有选择地进行技术研发和应用,建立适用于网络信息资源整合的综合技术体系,如建设网络信息资源的链接与动态整合系统、信息交流体系,从不同层次推进竞技体育信息资源的开发与整合。

5 用户导向下的竞技体育信息集成服务组织

竞技体育信息集成服务一定要面向用户、面向项目，有明确的目标或主题。不同的服务机构面向不同的服务对象，也会形成不同的服务模式。以下主要讨论面向用户的竞技体育信息服务内容组织、组织形式和实现模式问题。

5.1 竞技体育信息集成服务业务及其发展

当前条件下，国内外的竞技体育信息集成服务除了具备信息发布、用户反馈处理、专家系统、信息资源检索、信息资源推荐、信息资源导航等基本功能外，应介入新的集成服务观念，实现信息推送服务和个性化集成服务。这些方面同样构成竞技体育信息集成服务的基本内容。

5.1.1 集成化竞技体育信息发布

当前，网络信息服务正朝向集成化、主动化方向发展，因而竞技体育信息服务系统在资源集成并进行相关的处理后，必须有针对性地向用户发布，而且这个过程必须是自动化的，即集成化竞技体育信息服务平台要能够自动根据其数据库中信息的变化、网上相关信息源的变化和深层开发的结果动态发布相关信息并及时提供相关资源服务（见图5-1）。

以其中最明确的服务内容——竞技体育新闻动态发布为例，在竞技体育信息集成服务内部管理系统中制作新闻采集器，或者直接

5 用户导向下的竞技体育信息集成服务组织

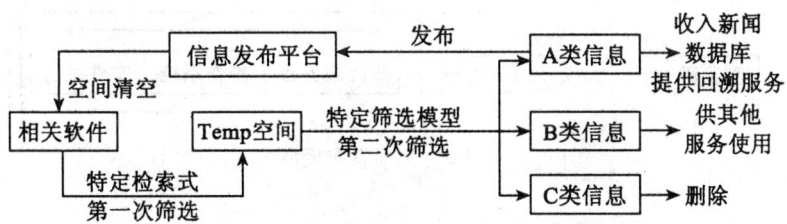

图 5-1 集成化竞技体育信息发布

使用系统本身的资源收集系统，利用网络爬行软件或网络漫游装置在网上定时定期（如 12 小时一次）的进行以预先设定的关键词集合为目标的搜索；将收集到的所有信息（这里是竞技体育新闻）集中存储于一个临时空间，对其进行第二次筛选，依照特定的筛选模型将其中新颖性和精确性并有保障的内容筛选并依照重要程度排序，然后将其中最重要的若干条（A 类信息）发布，并将所有查询到的 A 类信息收入数据库提供回溯服务；有新颖性和精确性但无法保障的内容（C 类信息）直接删除，重要性相对不足的（B 类信息）可以收入数据库供其他服务使用。

实际上，这里所说的竞技体育信息动态发布就是 Web 竞技体育信息资源发布，只是由于信息集成服务系统发布的一般性信息不存在只允许对特定用户群发布的情况，因此，在动态网络搜索的基础上，可以省去关于用户认证、隐私权管理和安全性管理的部分，单纯地将最及时的竞技体育信息在页面上显示或通过相关软件从数据库直接发布到客户端，提供给用户了解和使用。因此，Web 竞技体育信息资源发布通常使用两种简单模型，一是页面发布（见图 5-2），二是数据库发布（见图 5-3），然而无论是哪种模型，其发布的对象都具有一致性①：

① 被发布的对象是 Web 上的竞技体育信息资源；

---

① 徐健．利用 XML 实现图书馆 Web 数据库的动态发布 [J]．现代图书情报技术，2003（1）：54-56．

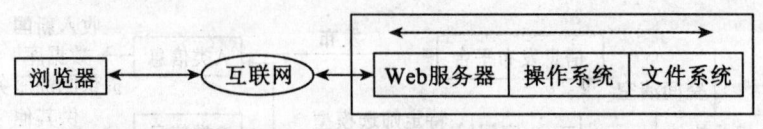

图 5-2　页面发布模型

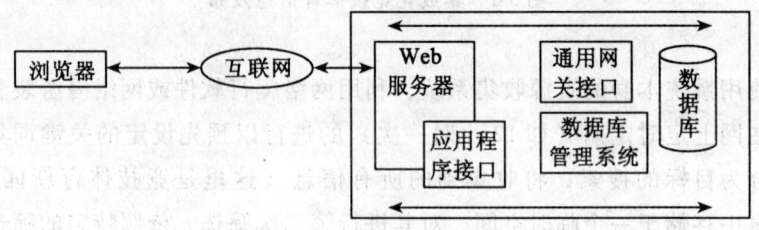

图 5-3　数据库发布模型

② 利用常规的 Web 技术实现信息发布，即将 Web 作为竞技体育信息发布渠道；

③ 用户采用类似于通常信息浏览的方式即可浏览被发布的竞技体育信息；

④ 受众不确定和不可控制性，即对 Web 用户访问发布的竞技体育信息资源不作限制。

竞技体育信息集成服务系统以主页或数据库（表）的形式发送到 Web 服务器上供用户浏览或查询，并提供相应的支持。整个过程分为两个部分：信息资源的上传和下载，由 Web 信息资源发布应用程序将帮助用户完成这一系列的工作。

竞技体育的信息发布除了以上提到的网页信息发布、数据库发布形式外，可视化技术如语音技术也进入了竞技体育信息发布领域。北京奥运会组委会、北京市科委在申奥成功之后立即启动了"面向奥运的多语言智能信息服务系统"项目研究。本项目的核心技术包括"863"计划长期支持的多语言语音合成、语音识别、机器翻译等语音技术，以及跨语言跨媒体网络搜索技术、分布式呼叫中心技术、海量异构信息资源整合技术、基于门户的信息发布技术、数字认证及信息安全技术等。经过科研攻关,项目团队在上述关键技术领域已经取得了一系列突破性进展,已经研制成功奥运多语言综合信息服务系统并被北京奥组委采用。目前该系统已通过第三方系统测试和"好运北京"综合类测试比赛的检验,正在针对测试比赛中发现的问题对系统进行修改完善,并积极争取更广泛的国内外合作,解决更多语种的语音合成、辅助翻译和机器翻译等语言技术的提供问题。

"面向奥运信息发布系统"的基本工作原理是,各种信息首先被实时翻译的机器传递到语音应用平台,然后再以语音等方式发布给各种终端用户,使用户能够本地化地得到各种信息服务。建设此系统的目的是要突出以人为本的信息服务,通过网络手段对各国运动员、记者、观众提供综合、全面、多语种、可定制的信息服务,实现任何人、任何时间、在任何场所通过多种手段获取与奥运相关信息的目标,从而增进人们的互相理解和友谊,提升北京奥运会的形象和国际评价水平。

5.1.2 基于神经网络集成技术的竞技体育专家系统服务

竞技体育专家系统是一种智能的计算机程序系统,它运用知识和推理步骤来解决只有竞技体育专家才能解决的复杂问题,主要由知识库和推理机构成。智能专家系统的开发困难主要来自于竞技体育各领域的专家和系统开发者之间的配合,竞技体育各领域专家往往很难清楚地表达出对某一个问题的具体推理,或者该推理过程可能是当前无法量化和公式化的隐性逻辑,遇到这样的情况,系统开发人员就很难从这样的逻辑中抽取规则,这限制了竞技体育专家系统的应用和发展。当前,神经网络集成技术的发展正可以弥补传统专家系统的不足,以神经网络集成作为专家系统知识库自动获取知识的工具,为竞技体育专家系统的发展开拓了新的空间。

基于神经网络集成的竞技体育专家系统由基本部件和核心部件两大部分组成。基本部件即传统的专家系统的组件集成,主要包括用户界面、知识库、知识库管理系统、推理机、数据库、解释机等，核心部件包括神经网络集成知识自动获取模块（神经网络集成、规则抽取机构），其系统基本结构如图5-4所示。

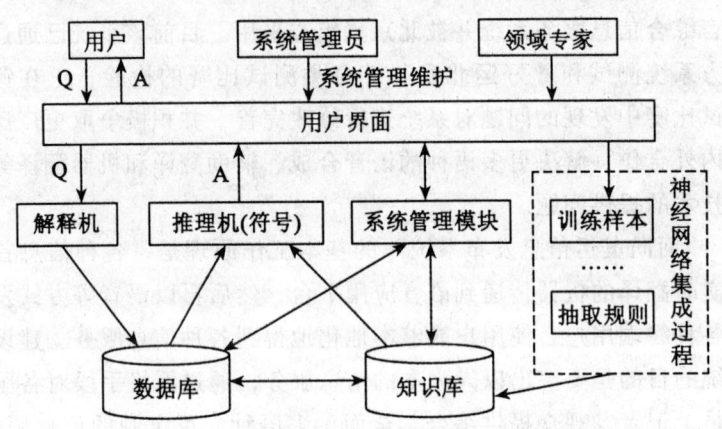

图5-4 基于神经网络的竞技体育专家系统结构

用户界面：和其他的信息系统一样，竞技体育专家系统需要一个人机交互的平台，在这个平台上，服务提供方、资源提供方和用户可以方便的交流。在该系统中，用户可以通过用户界面提出问题，系统也将答案通过该界面输出给用户或索取进一步的事实或条件。此外，领域专家和系统管理员也可以通过这个界面进行系统的维护和优化。可以说，这个界面是竞技体育专家系统信息服务体系和信息管理模块的集成界面。

解释机：所有的信息服务系统都需要对用户的提问给予回答，但并不是都能对答案进行解释。解释机是专家系统区别于一般信息服务系统的重要特征，它负责对给用户提供的答案给予包括采用事实依据、逻辑推理路线、系统分析方式以及答案的肯定程度等的必要说明，解释机制可以提高专家系统的可信度和用户对该系统的可接受程度。

推理机：推理机是专家系统的思维机构，其任务是模拟竞技体育领域专家的思维过程，控制并执行对问题的求解。系统的推理机制分为正向推理和逆向推理两部分，前者即根据事实和条件，套用知识库中的逻辑推出结果；后者即先作假设再根据知识库中的知识和逻辑验证假设的正确性。利用神经网络集成思想的推理机制在推理过程中同时使用知识库中的规则，而规则又是从事实中抽取，在很大程度上避免了双向推理模式的冲突问题。

系统管理模块：系统管理模块顾名思义是整个竞技体育专家系统的管理者，系统管理员通过该模块对整个专家系统包括数据库和知识库行使存储、排序、检索、维护、更新等基本管理职能。

数据库和知识库：事实、数据以及在此基础上抽取的知识是竞技体育专家系统的运行基础。数据库是用于存放从用户提问-问题分析-经验采纳-逻辑推理-初步结果-结果验证-最终结果-结果提交全过程的事实和数据，而知识库则存放的是竞技体育领域专家的专门知识，如理论体系、常识性知识、专家经验的显形表达及由其产生的启发式知识等，更重要的是，库中还要存储从训练好的神经网络中抽取的规则，这也是基于神经网络集成的竞技体育专家系统与普通专家系统的区别之一。

在整个系统运作中，基于神经网络集成的竞技体育专家系统的最大亮点就在于其知识（规则）抽取机制，从流程而言，即在神经网络集成训练结束后，如何得到以权值和阈值形式存在的知识，具体抽取算法流程如图5-5所示。

基于神经网络集成技术的竞技体育专家系统主要运用于竞技体育的竞训辅助系统，为了提高运动员竞技能力和运动成绩，在运动训练管理中，专家系统帮助对运动员训练初始状态的诊断、训练目标的建立、训练状况的反馈控制、训练目标的实现分析等工作，具体内容包括：竞技项目动作编排和诊断，运动员生理指标的存储分析，计算机直接指导训练，预测运动员生命节奏（生物钟），制定菜谱等。专家系统的运用将使运动训练的过程得到更为合理、有效的控制。

5.1.3 竞技体育信息集成化检索

竞技体育信息集成化检索是以竞技体育信息集成与服务集成为显著特征，以达到竞技体育信息共享的最大化为目的，实现对由互

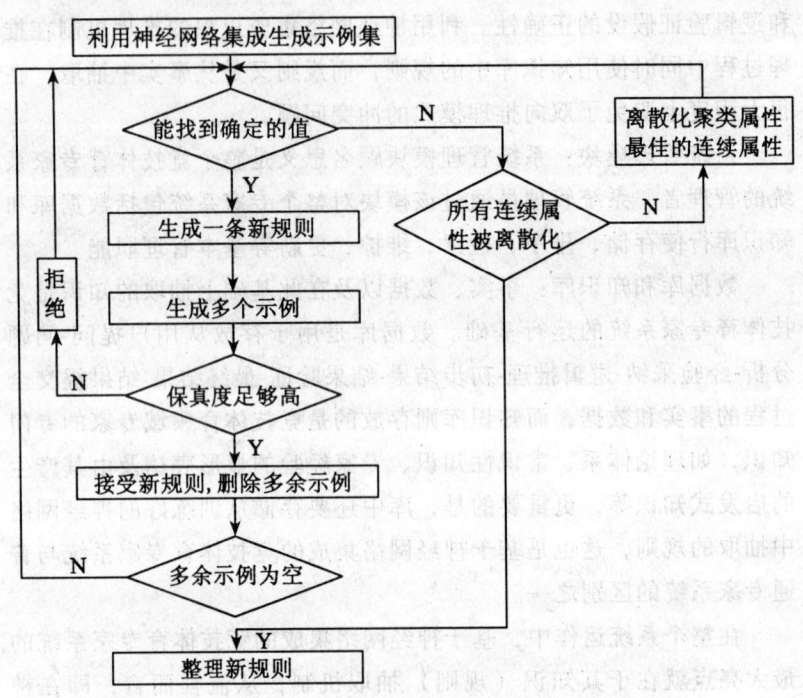

图 5-5　基于神经网络集成的竞技体育专家系统规则抽取流程①

联网连接起来的数字资源库群的分布式管理及跨平台、跨语种的网络化存取。竞技体育信息集成化检索是顺应用户的需求，本着界面无缝化、集成化、统一化的检索理念，为解决异构数据库的统一检索问题而提出的。可见，竞技体育信息集成化检索的必要性表现在如下4个方面：

①竞技体育信息资源分散阻碍了信息共享。不同国家和地区、不同机构自行开发的竞技体育信息平台，在新的环境下都希望进行相互的交流，实现资源共享的目标。然而这些数据库之间、系统之间没有统一标准，无法综合利用。集成化检索可以实现跨库跨语种

---

① 框图参考徐敏，施化吉，张晓阳等．基于神经网络集成的专家系统模型 [J]．计算机工程与设计，2006（7）：1216-1219．

和跨数据结构的信息沟通,可以推动竞技体育信息资源综合开发利用和竞技体育信息资源共享体系建设。

②竞技体育信息用户面临检索困境。新的网络环境和技术条件下,不同的竞技体育信息服务系统中,多种系统、平台和软件由不同的网络协议和网络体系结构连接,信息用户面临着检索前要对多种数据库、媒体方式和分布式体系结构进行选择的困难,难以在一个集成化的平台上一站式的获取和处理信息,而用户真正需要的却正是这样的服务方式。可见用户的需求是推动竞技体育信息服务发展的根本动力,竞技体育信息集成化检索在用户需求的推动下已成为必然之势。

③现行检索方式的弊端。现行数据库的检索机制对用户提出了很高的要求:熟悉每种数据库的资源范围、收录年限与检索界面;掌握每种数据库独有的检索指令、步骤和运算符;具备一定的计算机操作水平和信息素养以对繁杂的检索结果进行过滤。这样的检索方式大大加重了信息用户的认知负担,众多的平台与数据库开始让用户无所适从。集成化的信息检索可以实现各种类型竞技体育信息的跨来源检索,理解不同结构、分类和术语,甚至还可以利用用户的知识、智能,并进行个性化定制。

④体育数字图书馆建设的推动。体育数字图书馆的建设以高效、便捷、统一、透明的检索服务为主要手段向用户提供知识获取服务,竞技体育信息的集成化检索是分布、异构的数字图书馆资源的共建、共享、共用实现的重要保证。

新的网络环境和技术条件也将从各个方面保证竞技体育信息集成化检索的可行,具体包括标准与协议支持、数据库技术的发展、网络化检索的发展等方面①。

竞技体育信息集成化检索的实现将对竞技体育信息资源的多形式整合、全方位链接,服务手段的先进性和集成化,结果处理的智能化、检索过程的个性化、管理功能的灵活性等方面都提出更高的

---

① 黄如花,陈朋.基于网络的集成化信息检索[J].中国图书馆学报,2005(1):46-49,60.

要求,它将开拓竞技体育信息跨库检索、多媒体检索、分布式检索、自然语言检索、智能检索等新的研究领域。

5.1.4 竞技体育信息集成化推送服务

与过去的竞技体育信息服务形式和传统的竞技体育信息服务相比,当前,用户对竞技体育信息服务提出的全面、准确和深入的要求。因此,竞技体育信息集成化服务必须通过自动预测需求、自动跟踪、主动发布信息去适应用户,而这些正是信息推送服务的优势所在。在用户特征和需求特征库建立起来以后,系统就可以根据用户的特殊喜好或者需要,定期通过网络搜索获取相关的竞技体育信息,并进行智能化的筛选和分类,然后提供给相关用户,这就相当于为每位用户编制一本完全符合其需求、适应其特点、属于他个人的期刊,服务的准确度和时效性当然更好。这种服务能更大程度地提高用户获取竞技体育信息的能力,并做到按需推送,变被动为主动,更好地服务于用户,从而赢得激烈的信息竞争。2004年在希腊雅典举行的第28届奥运会上,组织方特别建立了IDF(Internet Data Feed)体系,采用推动的方式将赛事信息用XML包的形式直接提供给各国报道机构,在由各国分别对信息包进行解读和处理,这样不仅可以获取各种信息,还可以对原始资料进行实时保存,并作为未来体育背景资料库。

集成化信息服务由于其理念、技术、资源、服务等各方面的优势将有利于竞技体育专题咨询服务甚至是智能竞技体育专题咨询服务的形成,具体的优势表现在:

①收集并集成大量的具备新颖性、实效性、全面性等特点的竞技体育信息,依托丰富的信息资源,为用户提供全面精确可靠的信息咨询服务。

②利用当前的信息资源存储技术、处理技术、集成技术、传播技术等,借鉴各种新型智能服务系统的专长,为用户提供效率更高的智能化服务。

由于具备这样的优势,竞技体育信息门户可以通过其整个信息处理架构的更新和完善实现专题咨询服务功能:在接收了用户的专题咨询提问后，首先由咨询提问式分析系统对提问进行分解和分析，分离出不同重要等级的检索词和关键词，并加权；然后根据各检索式的权重自动确定检索范围、检索精细程度和匹配程度；分别进行竞技体育信息资源的检索；再将检索结果汇总整理；最后将产品提供给用户。目前，我国体育总局体育信息中心提供体育信息咨询服务、体育场馆建设咨询服务、电子信息工程咨询服务，但是技术上还未能实现咨询服务的网络化提供。

5.2 竞技体育信息集成服务的组织形式

依据目前的情况，竞技体育信息集成服务可以采取三种组织形式，即资源整合形式（资源层面）、系统集成形式（技术层面）和机构合作形式（组织机构层面），在实际操作中，竞技体育信息集成服务提供者可以不局限于其中的某一种形式，而采取以用户为中心，多种形式交叉采用的策略。

5.2.1 基于资源共享的服务组织形式

目前，国内外对集成层次的研究表明，以数据集成为起点的信息资源整合，位于集成层次的最底层，起着基础性作用。在竞技体育信息集成服务中，资源集成应该成为竞技体育信息服务机构最基础的拓展方向，从传统图书馆的馆际互借服务、文献传递，到网络竞技体育信息资源的广泛共享，都是竞技体育信息资源整合的初期表现。当然，局限于"共享"的竞技体育信息资源整合并不能真正体现出其全部优势，信息资源整合应在共享基础上实现竞技体育信息资源共同开发、共同维护和共同利用。从资源整合的对象角度展开研究，我们发现竞技体育信息集成服务的资源整合组织形式需要关注如下3个问题：

（1）数字化资源与非数字化资源的整合共享

当前处于数字化信息时代，数字化竞技体育信息资源在竞技体育领域中的重要作用毋庸置疑，然而，这并不意味着信息用户的全部需求都集中在数字化资源的范畴，非数字化资源已经无用武之地了。在数字化竞技体育信息资源与非数字化竞技体育信息资源的整合过程中,需要克服目前存在的数字化、非数字化资源建设彼此分割的不良状况,在各种类型竞技体育信息资源的数字化描述和数字化存在的前提下,在非数字化竞技体育信息资源建设过程中贯彻数字化标准,对于能够以数字化形式存在的竞技体育信息资源尽可能的数字化表示,对于目前不能或不易准确数字化表示的资源进行数字化描述,如建立相应的描述性信息索引等。

(2) 网络资源与非网络资源的整合共享

竞技体育信息资源的载体形式一直是多种多样的,网络环境、多媒体技术和数据存储技术的发展更强化了这种特点。竞技体育信息资源可能存在于互联网或各种专业网络之上,可能存在于各种类型数据库之中,也可能以各种数据文件形式单独存在,还可能以其他多种载体形式保存。在竞技体育信息资源整合过程中,我们不仅要整合各种类型的网络资源,还要考虑各种非网络资源,实现网络与非网络资源的跨载体整合。目前已经有一些机构开始进行这方面的探索,如 Google 公司近年开发的"Google 桌面"软件,它能够对本地计算机上的文档进行搜索,也可以同时搜索网络上的文档,初步实现互联网资源与本地资源的整合。

(3) 基于信息流结构调整的资源共享

竞技体育信息集成服务是以竞技体育信息共建、共享和共用为目标,在实现中应该采用这样的方案:各单位、部门的数据产生,分散存储于各自的系统进行自行管理维护,由资源整合中心使用网络和分布式数据库技术负责统一集成,建立索引,为用户存取信息提供入口,按照共享原则向授权使用信息的有关部门、单位、员工或其他人员提供远程的信息联机存取和传递服务。这些机构与人员共享一个在逻辑上公共的资源库(物理上可能是分布在不同地理位置的多个数据库集合),它们各自与数据库进行信息交换,但彼此之间并不联系,而是通过资源整合中心的入口达成互联。其信息流调整方案如图5-6所示。

在这一流程中,为逻辑资源库提供源数据的单位或部门实际上也作为一种用户的角色。他们一方面向资源整合中心提供竞技体育

5 用户导向下的竞技体育信息集成服务组织

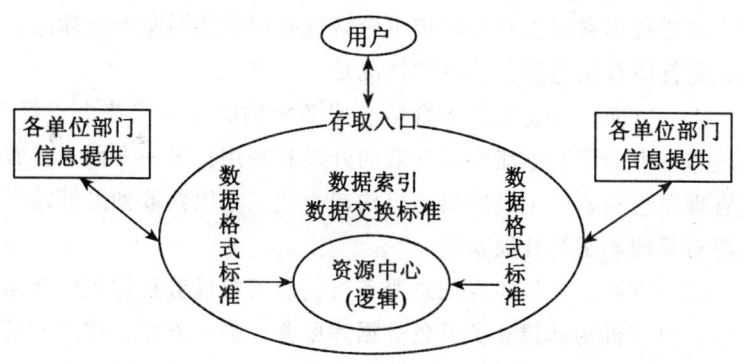

图 5-6 基于信息流结构调整的资源共享

信息资源,另一方面又从中获取服务,一切围绕共享的资源库进行,避免了部门或单位之间相对混乱的信息流的形成,打破了计算机使用越多工作效率反而越低的怪圈。实践证明,这样的信息流模式能提高工作效率,提高资源的兼容性。

整合了北京市各政府部门和相关商业机构的公共服务资源的首都城市综合信息服务平台北京网(www.beijing.cn)是基于资源功用的信息服务组织形式的典型案例,可以为北京奥运会提供便民信息服务。这个网络应用平台利用奥运官方网站、政府网站、信息亭、移动电视、手机电视等多种渠道,将面向奥运观众及旅游者和市民,提供包括奥运服务、交通出行、电子地图等 12 个领域的服务。到奥运会前,北京网提供完善的与奥运有关的服务。

5.2.2 基于机构合作的服务组织形式

实施竞技体育信息集成服务的主体是竞技体育信息服务机构,传统的竞技体育信息服务机构以"藏"为中心,是一种板块式的管理模式。这种资源结构人为地分割了信息传递的整体流程,造成同类信息资源的分散布局、服务与需求脱节的现象,给用户获取信息带来许多不便。长期以来,竞技体育信息服务机构各部门之间的横向联系缺乏,调控能力不强、协作水平较低,很大程度上滞缓了竞技体育信息的加工、传递和交流。

在竞技体育信息服务领域也应该吸收这种协同竞争的理念。目前，竞技体育信息服务领域的情况是：

①一方面，传统竞技体育信息服务机构的资源优势由于经费、管理和技术的限制不能得到有效的开发和利用；另一方面，具有先进管理思想和系统工具的研究机构或企业又难以获取到足够的专业资源对管理和工具开展实践。

②一方面，竞技体育信息服务机构的资源优势往往集中在某些领域，很多机构都建立了特色数据库服务；另一方面，用户的信息需求综合性和相关度越来越高，往往需要多方面的资源支撑。为了满足自身跨领域、多层次的需求，用户只得分别在各个信息服务机构进行资源查询，再将结果汇总，大大提高了用户信息需求满足的难度。

为了解决这些矛盾，最大限度的满足用户需求，竞技体育信息服务机构应建立一种合作发展观念，除了系统内的协作外，还应加强与互联网服务提供商（Internet Service Provider，简称 ISP）、互联网内容提供商（Internet Content Provider，简称 ICP）等的合作。目前，这些合作面临着许多问题，如合作战略，合作范围，合作体系，合作方式，持续合作，合作中的法律保障等，结合我国竞技体育信息服务的开展状况，要着重关注以下3个问题：

①在信息服务中引进项目管理思想。竞技体育信息集成服务与传统的服务模式不同，对竞技体育信息服务机构的各服务单元都提出了更高的要求，机构内部的高效管理运作是合作的基础。竞技体育信息集成服务使信息服务机构在业务单元、服务单元和管理单元的配备和分布上要进行调整，打破原先界限分明的部门与岗位界限，将信息服务业务作为项目进行管理，传统的管理部门演变为内部服务中心，原有的业务体系进化为项目体系，形成矩阵式的内部组织结构。

②制定适宜的机构合作发展战略。各竞技体育信息机构要清楚自身的优势与不足，明确提供专业、有效、丰富的服务。吸取合作伙伴的先进经验、共同增强服务能力是竞技体育信息服务机构合作

5 用户导向下的竞技体育信息集成服务组织

的战略目标。在这样的战略目标指引下,制定适宜的机构合作发展战略,是竞技体育信息服务机构合作顺利开展的根本。

③形成合理的机构合作机制。为避免机构间的重复建设和盲目竞争,竞技体育信息服务机构必须形成和优化合作机制,特别是在资源建设方面,针对很多机构存在的重建设、轻利用问题,在机构合作过程中,各信息服务实体应从网络角度考虑,在资源建设和数字化过程中加强沟通、统一标准、细化分工、切实合作。

传统的竞技体育信息机构正面临着两大挑战,一是如何整合竞技体育信息;二是如何利用竞技体育信息。信息服务的质量及其满足需求的程度决定着信息机构的命运。跨地区、跨系统的各类竞技体育信息服务机构本着资源共享和互利的原则,通过协议或合同,进行竞技体育信息资源的共同开发、分享和利用,以使竞技体育信息资源的效用最大化。可见,竞技体育信息资源共建共享的发展导致了基于信息资源共享的协同资源整合和服务模式的形成。

"协同"反映了事物之间、系统或要素之间的配合性和整体依赖性以及由此而引发的合作①。以竞技体育信息机构合作方式进行协同服务的模式,大致可以分为线型协同服务模式与网络协同服务模式两种。其中线型协同服务模式根据协同服务的内容又分为水平协同服务和垂直协同服务。

水平协同服务模式是竞技体育信息机构根据自己的特点和发展方向同其他的竞技体育信息服务机构合作的协同模式,这种协同合作是在一个平面上进行,涉及的内容是综合性的,一般是以各自的优势或需加强的项目同其他信息服务机构合作,共同配置、开发、利用信息资源,优化资源结构,开发新的服务项目,提高服务水平。这种模式看似容易实行,但各信息服务机构有着不同的隶属关系,彼此间的合作需要多方面关系的协调。

与水平协同服务模式相比,垂直协同服务模式主要是竞技体育信息机构为了满足某一特定领域人群、特定需要而进行的协同合

---

① 季晓林. 网络环境下信息服务的新模式:协同服务 [J]. 津图学刊, 2004 (2): 10-13.

151

作。这种协同是在同一系统或同一服务链条上进行的纵向整合式协同。利用这种方式进行竞技体育信息资源共享，其内容集中且比较深入，专注于某一领域，并能长久地进行专业信息资源的建设。

网络协同服务模式是面向大众的或面向诸多用户群体的信息资源服务机构的常用模式。这是既保证大多数用户的信息需求，又为需要提高信息资源服务层次的用户提供的一种协同服务模式。如在资源共享平台基础上进行门户构建，通过统一规划、统一标准、统一品牌进行信息互联共享。

以上三种模式在竞技体育信息资源共享的协同服务中往往交叉应用。值得指出的是，这种协同服务，要建立在各成员高度合作的基础上，否则就会坠入重复建设和盲目竞争的怪圈，为此必须有一个正确的协同机制。

国家体育总局职能部门、有关单位和华奥星空抓住雅典奥运会的契机，充分利用电视、互联网、移动通信等多方面的资源，全力打造中国数字体育互动平台，取得了丰硕的成果。这种创新信息服务的模式，在准备奥运期间备受社会各界关注和支持。与新浪开通了"华奥-新浪合作频道"，最大化地整合了奥运信息，极大地丰富了奥运图文资讯，使国内外广大观众轻松方便的领略了精彩奥运。

5.3 竞技体育信息门户组织与集成服务的实现

不同的信息服务机构面向不同的服务对象，会形成不同的服务模式。竞技体育信息集成服务本身就强调服务模式的集成，要构建以用户为中心的竞技体育信息集成服务，往往要集成多种信息服务模式。

5.3.1 竞技体育门户中的信息资源集中利用

国外信息门户的研究起步较早，在体育方面也有了不少成功经验。如，国际体育信息联合会（International Association for Sports Information，简称IASI）于1960年成立于罗马，是唯一的全球性的体育信息协会，它将全世界的信息专家、图书馆员、体育科学家、体育图书馆、文献信息中心集中起来，其首要目的是激励、支持该学科信息领域的各项活动，并为研究者、体育科学家、文献学家和体育研究人员提供信息服务；再如，加拿大体育文献中心（Sport Information Resource Centre，简称 SIRC）是一个非赢利组织，主要为教练员、运动员、体育医学教授和运动组织提供信息资源，其提供的 SRIC SportDisucs 数据库成为全世界图书馆中体育学科研究的重要手段。在奥运信息门户的建设方面，国外也有了一些成果。如，世界奥林匹克研究地址录（The Olympic Studies International Directory，简称 OSID），提供世界范围内奥林匹克领域内的文献检索和研究服务。

我国体育信息门户在近几年虽然有所发展，但有的因为建立时间不长，有的因为资金投入有限，所以无论从内容、形式、规模和服务方式都与国外体育信息门户存在不小的差距，如缺乏对网络信息资源开发、组织与导航的重视；缺乏高质量数字化的信息资源，有效信息少，时效性差；网络数据资源的标准化问题突出，影响信息资源共享；信息数据的检索手段不够丰富，缺少二次文献和全文数据形式；缺乏权威性专业化网络平台；缺少个性化服务；信息更新不够及时等。

对于竞技体育信息服务机构而言，竞技体育信息门户拓展了竞技体育数字资源的收藏；对于网络而言，可使数字化信息服务得以面向用户集中。国内外发展的实践表明，要使信息门户成为功能完备、使用高效的互联网信息导航与服务工具，就必须在信息资源整合与集成基础上，强调服务集成，以拓展和扩大其现有资源和服务业务。竞技体育信息门户的建设可以在现有信息网络基础上进行建设，按平台整合思路，表 5-1 中的各类竞技体育信息网站在基于平台的信息资源整合基础上，可以按协议由一些综合性或专门性机构建立相应的信息门户，以实现面向用户的信息集中和基于门户的服务集成。

5.3.2 竞技体育信息门户的服务要求

竞技体育信息门户主要具有以专业用户为中心、集成性、可靠

表 5-1 部分重要的体育信息门户资源网

门户名称	网址	语种	内容范围	服务项目	检索功能
中国体育信息网	www.sport.gov.cn	中文	体育总局；政策法规；全民健身；竞技体育；体育产业	体育新闻站点链接；奥运知识问答；运动成绩查询合；竞技专栏；健身专栏；体育英语	以标题或内容为关键词进行全文检索
中国体育资讯网	www.sportinfo.net.cn	中文	雅典奥运；群众体育；竞技体育；足球理论；反兴奋剂；体操信息；大赛成绩；国外动态；专题报告；科研服务；数据库检索	体育科研服务，主要包括国际、国内学术活动信息、课题招标信息及课题成果介绍等	竞技体育信息数据库；国外体育管理信息数据库；国际大众体育信息数据库；运动训练数据库；体育产业数据库；政策法规数据库
中国体育在线	www.sportsol.com.cn/	中文	围棋天地；中华武术；网球天地；足球世界；中国钓鱼；中国排球；田径；乒乓世界；篮球	报刊阅览，图片中心	站内搜索，图片下载
中国国家体育总局	www.sport.gov.cn	中文	体育总局；政策法规；全民健身；竞技体育；体育产业		站内检索

154

续表

名称	网址	语言	内容	检索功能
中华全国体育总会网	www.sport.org.cn	中文	新闻中心;赛事一览;观点集纳;奥林匹克;体育产业;明星荟萃;授权发布;彩票金页;电子竞技;雅典备忘;多彩协会;商务合作	聊天实录;图片库;资料馆;便利查询(天气、航班、列车)	站内搜索;法规查询
华奥星空	www.sports.cn	中文	体育新闻;华奥视频;彩票中心;华奥娱乐;电子竞技	会员服务;短信中心;网上展销;人才招聘;网上论坛	站内检索;百度网事通采集检索系统
首都图书馆奥林匹克运动会艺术与多媒体资源库	www.clcn.cn.net/guest/search	中文	历届奥运吉祥物、奥运火炬,开闭幕式演出,奥运宣传画,邮票、纪念币和各种纪念品,以及奥运为题材的商品广告和赞助商广告等		检索范围:题名;分类号;国家名称;行政区划名称;奥运会届次举办时间;地名主题;普通主题;检索词;著者;团体著者
国际体育信息协会		英文、意大利文、法文、西班牙文等	简介;成员;新闻;大事出版物;体育信息中心;期刊;体育资源;信息技术;合作伙伴等		站内检索数据库检索

竞技体育信息集成服务

性和知识性等特点。

①以专业用户为中心。竞技体育信息门户是根据竞技体育用户群体的信息需求，针对特定的专业领域，进行专业信息资源的集成，能整合与集成本领域的主要检索系统、文献资源系统、重点出版物、开放出版或资料系统以及其他形式的专业信息资源和专业信息服务系统等；能根据用户需求与偏好，或通过用户信息访问行为的动态分析来推测用户意图，进行信息过滤和信息推送，门户根据不同的角色预设了不同界面内容，可基于用户所属的角色来提供给用户相应的信息内容。

②集成性。竞技体育门户需集成多种先进的信息技术，诸如跨系统检索、门户构件技术、元数据采集技术等；能将竞技体育专业领域所需要的各种信息资源与服务集成有机地集成在一个统一的界面中；用户只需要一次登录，就能使用他已得到授权的各种资源和服务，而无须记住和输入众多不同资源与服务的账号和口令；用户在一个搜索界面，将搜索请求一次性输入，就可实现对多种资源和数据库信息的查询，并将各个系统的结果汇集起来，以统一的界面展示给用户，为用户提供方便而高效的服务；除此之外，还能实现竞技体育信息业务流程的集成，如竞技体育信息的网上发布、编辑、评注和信息分析研究等。

③可靠性。竞技体育信息门户一般要具有严格的资源选择、规范描述和持续的校验与更新机制，确保导航信息的可靠性，竞技体育信息内容经过深层次组织加工，保证为用户提供高质量的、可靠的信息；具有对资源的管理和长期发展的政策、元数据应用与标引规范、资源共享与互操作机制等；有的信息门户还需采用安全性策略管理以确保用户安全地进行各种活动。

④知识性。竞技体育门户的建设有较多的人工参与，通常由该领域的专家针对特定的用户来精心筛选、分类、标引、注释和评价信息资源，根据知识内容及其关系的分析来选择、描述和组织信息资源和服务；提供符合专业领域特征的检索浏览方式，并可在专业知识组织体系支持下优化浏览和检索，用户在访问竞技体育信息门户时，通过激活相关的超级链接，就可以浏览到大量的相关资料，

这种被称为"隐形网络"的门户站点能提供更专门、更专深的信息服务，从而保证用户能获得"所得即所要"的信息，甚至是能够解决问题的相关答案和知识。

5.3.3 竞技体育信息门户的实现形式

竞技体育信息门户是竞技体育指南、竞技体育资源导航、竞技体育指示数据库的进一步发展，具有不断发展和深化的若干形式。

①以信息导航为主的竞技体育信息门户，提供权威、可靠、规范和可持续的网络信息资源选择、描述和检索等，将成为竞技体育领域的核心和可信赖的信息门户。

②以专业机构或图书情报服务系统为基础的竞技体育信息门户，根据专业机构性质或其信息服务要求，将各类竞技体育信息资源（包括网络资源、数据库、文件系统、知识库、指南手册等）组合在统一门户下向用户提供服务，其中部分门户可支持横向整合检索、参考文献链接、用户虚拟社区等功能。

③基于跨信息门户检索的竞技体育门户体系，支持多个门户之间的整合检索。

④基于门户体系的竞技体育数字信息服务门户，将多个分布门户（主要是竞技体育学科信息门户）作为整个数字信息资源的整合机制和服务渠道，让用户通过门户体系方便地搜寻、调用和利用各种不同的资源和服务。

⑤支持开放数字信息服务机制的竞技体育信息门户。这类门户不但支持基于信息门户的资源与服务集成，还进一步支持按照用户个性化需要定制信息门户，根据逻辑业务流程整合多个信息服务环节，支持多个信息门户之间的开放集成与定制①。

竞技体育信息门户的体系结构大致由用户界面层、可定制门户构件层、服务与应用集成层、竞技体育信息资源层组成。

用户界面层。竞技体育信息门户的用户界面通常包括集成检

---

① 张晓林. 分布式学科信息门户中网络信息导航系统的规范建设 [J]. 大学图书馆学报, 2002 (5): 28-33, 43.

索、搜索引擎、信息分类导航、学术交流、专家咨询、个性化定制服务等服务功能组件。

可定制门户构件层①。门户构件（Portlets）是一些能生成网页片段内容的，以 Java 技术为基础的 Web 组件。它运行在门户服务器（Portal Server）中，被插入运行于网页程序中，用来设计和构建聚合了大量内容的组合页面。门户构件层能根据系统的用户模型（User Profiles）中保存的用户信息，调用不同的门户构件，针对不同用户呈现不同的页面和信息内容。

服务与应用集成层。常用技术和策略有跨系统数据库检索、元搜索引擎和分类导航等。跨系统数据库检索着重于对分布式的异构数据库进行信息检索与整合。元搜索引擎、智能代理和分类用于 WWW 信息资源的采集与整合。在应用集成方面，可考虑将学术交流、信息分析、专家咨询和个性化可定制服务等应用集成于此。信息交流用于动态交互地实现学术信息的网上发布以及对信息进行编辑批注和评述，它和其他业务逻辑组件如专家咨询组件等构成了数字信息服务和业务流程的集成。

竞技体育信息资源层。常用元数据对所收集的各种竞技体育信息资源进行组织。元数据的格式有很多种类，如通用元数据格式，描述文献的 MARC 元数据格式，描述教育资源的元数据格式 IEEE LOM 和 GEM，政府信息资源元数据格式 GILS 等。竞技体育信息门户的资源组织应遵循元数据规范，采用标准的元数据格式。

5.4 基于合作数字化平台的竞技体育参考咨询与智能代理服务

合作数字参考咨询服务和智能代理服务是一种典型的以用户为中心的信息集成服务，它不仅体现了图书馆信息资源的集成与共享，还实现了专家共享和服务集成。

---

① 孔敬, 李广建. 学科信息门户：概念、结构与关键技术 [J]. 中国图书馆学报, 2005 (5)：50-53, 90.

5.4.1 基于合作数字参考咨询的竞技体育信息集成服务

基于合作数字参考咨询的竞技体育信息集成服务业务的开展，必须要基于多元化的信息资源类型，采用多种服务方式，不断重组与优化服务流程，而且有用户的主动参与以及重视与用户的交互。

（1）参考信息源的集成管理

美国著名参考馆员 I. G·马奇总结出参考咨询的"三 M"法则，即"资料"（material）、"智力"（mind）和"方法"（method），认为资料（即参考信息源）是开展参考咨询服务的物质保证。网络环境下的参考信息源从载体形式到内容都呈现出多元化趋势，不仅有本地的参考信息源，还要对异地的甚至远程的参考信息源进行管理；不仅有印刷型信息源如书目、索引、文摘及各类检索工具书等，还有异军突起的电子型信息源如数字化的光盘、电子期刊、电子工具书、全文数据库及丰富的网上信息资源。就网络参考信息源而言，既有以传统工具书为依托的网络参考源，又有无传统工具书依托的网络参考源①。

（2）多种咨询服务方式的集成

基于合作数字参考咨询的竞技体育信息集成服务是多个咨询服务系统集成的服务。虽然图书馆的各种数字参考咨询服务系统在不断增多，但由于各自确定的服务对象、服务地域范围、服务内容、服务方式等有限，无法满足用户日益增长的需求，因此通过开展合作咨询，通过协作，对各种资源进行优化重组，提供用户满意的服务。基于合作数字参考咨询的竞技体育信息集成服务的开展，将集成多种服务方式。目前，可实施基于电子邮件的参考咨询服务和基于实时交互式的参考咨询服务两种模式，二者在实现条件和服务质量保证方面各自有不足之处：比如基于电子邮件的服务，用户与咨询员之间缺乏实时交互交流，咨询问题的理解存在障碍，咨询效果的好坏得不到及时反馈；实时交互式服务对于许多图书馆来说，所

---

① 张久珍. 当代网络参考源的类型与特征分析 [J]. 中国图书馆学报，2005（2）：79-83.

需的人员、资源、经费、技术等条件还难以具备。在参考咨询服务实践中，往往要集成多种参考咨询方式，不仅把 E-mail、网络聊天、视频会议、网络共享白板、网络呼叫中心等服务形式结合在一起使用，而且要把当面咨询、传真和电话咨询、信件咨询等传统咨询方式完全融入网络环境下的参考工作中，以此形成全面集成化的咨询服务。

"合作数字参考咨询服务"项目是国外最早的网络合作参考咨询服务系统，由美国国会图书馆于1998年提出的，于2000年启动。这一项目包括专业、学术、公共和国家等各类型图书馆和相关组织。2002年，美国国会图书馆和OCLC在CRDS的基础上，联合开发了QuestionPoint系统。借鉴图书馆合作参考咨询的做法，在体育信息的集成服务方面可以开展机构之间的合作咨询，其关键问题包括：

①多功能参考咨询界面。能通过体育网站之间简单链接的方式提供多功能参考咨询界面（支持中文和英文），用户和参考馆员可以利用电子表单、邮件交互、在线聊天式实时问答等方式进行咨询；具有脚本和网页刷新功能，还可以与本地竞技体育网已有的参考咨询功能相结合。

②方便的管理与问题分配功能。QuestionPoint管理员可以对本网的服务人员账号进行管理，可以增删账号，也可以限定各个账号的权限，可以定制本地界面和常用语，可以定制问题的分配流程。

③咨询问题跟踪功能。用户、管理员可通过各自的登录界面跟踪了解问题的处理进程和状态，例如管理员界面可以看到：有哪些新问题、哪些问题已经回答、哪些问题已经分配给哪位馆员来回答、哪些问题已经转交给其他网站、哪些问题已经结束、是由参考服务人员还是由用户结束的、问题答案是否已经存入知识库等；用户也可随时登录网站来跟踪自己的问题回答情况及查看答案。

④知识库检索的实现。在该服务系统中，有一个汇集了大量咨询问题的知识库。服务人员通过检索知识库，可以方便地找寻已有答案或相关解答；各成员或合作组可以自建本地知识库，将问题答案随时保存到本地知识库中备查；也可以将一些具有普遍意义的问

5 用户导向下的竞技体育信息集成服务组织

题及答案向全球知识库提交，经过认定后，有价值的答案可以积累到全球知识库中，使知识库不断得到扩充。

⑤其他功能，如提供在线帮助与技术支持，提供与合作网站相关的其他产品，如竞技体育信息库的链接功能等。

5.4.2 基于智能代理的竞技体育信息集成服务

智能代理 Agent 是人工智能领域发展起来的一个概念，是分布式计算和人工智能结合的产物，首先应用于商业领域。在竞技体育信息集成服务中应用智能代理技术，能真正围绕用户个性需求和用户信息活动及行为，实现竞技体育信息资源、服务内容和服务功能的集成。

（1）基于智能代理的竞技体育信息集成服务机制

智能代理一般是指具有感知能力、问题求解能力和与外界进行通信能力的一个软件实体，这种软件实体技术能模拟人类行为及关系，能够根据所感知的环境自主运行和提供相应的服务，如可根据用户需要，代替用户进行各种复杂的工作，包括信息查询、筛选及管理，并能推测用户的意图，自主制定、调整和执行工作计划，而且在执行服务任务的时候不需要或很少需要人的干预与指导①。

智能代理技术具有以下主要技术特性：

①代理性。智能代理的基本功能是代理用户或软件完成某些任务，如代理用户查找互联网上的竞技体育信息等；而且这种代理功能具有强烈的行为目的性，为达到某种目的，根据自身的行为规则主动采取一系列行动，直至达到目的。

②自主性。它能根据当前动态变化的环境状态，在无需外界参与的情况下，独立地发现和利用为完成任务所需的资源和服务，且对自己的行为和内部状态有一定程度的控制能力。Agent 能主动地分析和获取用户的个性信息并根据用户的兴趣了解其潜在需求，采取主动服务。

---

① 李伟超，牛改芳. 智能代理技术分析及应用［J］. 情报杂志，2003（6）：29-30，33.

③学习性。智能代理能够根据以前的经验和感知所处环境的变化，及时对相关事件作出适当反应，改变自己的行动，以提高自身处理问题的能力，能主动学习记忆用户的兴趣、习惯并将其转化为内部表示，存放在知识库中建立用户模型来指导自己的决策，为用户提供符合其需要的服务。

④交互性[1]。由于采取了以知识库为基础的语义分析，Agent可以利用自然语言与用户进行人机交互，通过运用灵活的常识性联想功能有效地理解用户的请求，从而在与用户交互查询过程中为其提供详尽的修正、改进或补充意见，通过与用户的一步交互，启发、引导用户表达出真正的需求意图，同时对搜索结果作出合理的解释。智能Agent可通过代理通信语言和其他代理（或人）进行交互，通过协商、协作共同完成复杂的任务。

⑤智能性。智能代理具有相关的知识，能进行相关的推理或智能计算，推测用户的需求或兴趣。如智能信息Agent技术可以克服搜索引擎技术和在线浏览的缺陷，提高信息检索的效率和质量，非常适合分布式信息的管理和集成化信息服务。

利用智能代理技术能实现对竞技体育信息资源的集成管理。智能代理技术能屏蔽服务资源的多样性、分布性和异构性，特别是对于网络信息资源，可以利用智能代理技术的智能搜索引擎对网络竞技体育信息进行搜索、分析、过滤、优先分级和集成的方法，形成面向用户的竞技体育信息资源体系。

利用智能代理技术可以帮助用户获取自己所需的信息。可以利用智能代理技术，根据用户的爱好、兴趣、工作性质等设计个性化服务模块，设计智能型的用户服务界面（如用户检索界面），做好知识库（包括用户库、个人数字信息资源特色库等）的安全管理，处处为用户考虑，让用户满意，为用户提供具有针对性的信息和服务。智能代理技术根据用户定义的准则自动搜索收集用户可能感兴趣的信息，并根据用户指定的时间将其传递至用户指定的"地

---

① 李华明. 智能Agent技术与个性化信息服务模式的实现 [J]. 图书馆论坛, 2005, 25 (3): 101-103.

5 用户导向下的竞技体育信息集成服务组织

点",成为用户通达资源的中介。

利用智能代理技术可以实现服务功能的集成。智能代理技术能帮助用户通过集成服务平台获得一站式服务,用户不仅可以获取信息资源线索,而且可以通过链接,直接获取原文;不仅可以检索到大量有价值的隐性信息,可能是文本信息,或声音、动画等多媒体信息,或是多语种内容的信息,或是信息机构提供的其他服务。因此,可利用智能代理将本地资源及服务与互联网上链接资源及服务加以融合,构成基于资源与服务重组的集成服务体系。而且,其集成化程度愈高,资源与服务的利用水平也愈高。

(2)竞技体育信息智能代理集成服务的实现

国内外学者对于智能代理技术在信息集成服务中的应用进行了广泛的探讨,如集成化智能搜索引擎的开发、个性化服务系统的开发等。对于需要重复性参考咨询问题,可以利用智能代理技术进行解答,服务过程表明智能代理软件虽然不能代替人员的作用,但是对于需要重复性回答的简单问题,可以向用户直接提供解答答案。从信息过滤控制和信息超载管理来看,智能代理是非常有用的①。

下面以 Infosleuth 为例分析智能代理技术在信息集成与服务系统中的应用机制②(见图5-7),为基于智能代理的竞技体育信息集成服务提供借鉴:

Infosleuth 是 MCTC(Microelectronics and Computer Technology Corporation)开发的信息集成与服务系统,采用了多 Agent 的体系结构。该体系结构由一组可以互相通信的 Agent 构成,每一个 Agent 负责系统某一方面的功能,Agent 之间可以通过 KQML(Knowledge Query Manipulation Language)进行通信。

---

① Mary Moore, etc. Using an Automated Knowledge Agent for Reference and Customer Service [J]. Journal of the Medical Library Association. 2004, 192 (2): 271-273.

② 史海燕,毕强. 国外主要信息集成项目介绍与评析 [J]. 情报科学,2004, 22 (7): 839-844, 896.

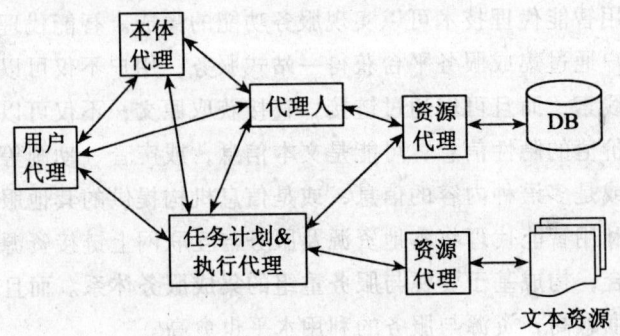

图 5-7 Infosleuth 的体系结构①

在 Infosleuth 中，用户通过用户 Agent（User Agnet）与系统交互。用户 Agent 利用本体信息帮助用户构造查询并显示查询结果。Infosleuth 的用户 Agent 通过 Java applets 实现，提供了图形和基于表格的用户界面，可以通过 Web 浏览器访问。代理 Agent（Broker Agent）负责接收和保存系统中各 Agent 对其地址和功能的声明（advertizements）。基于这些声明信息，代理 Agent 可为需要某一特定服务的 Agent 与提供这一服务的 Agent 提供一种"匹配"服务，而且这种"匹配"是语义级的。

任务规划与执行 Agent（Task Planning & Execution Agent）负责接收用户查询并将结果信息返回用户 Agent。当接收到一个查询，任务规划与执行 Agent 首先向代理 Agent 查询本体 Agent 的位置（如果它事先不知道），之后向本体 Agent 查询适合给定查询的本体。基于该查询所处领域的本体，执行 Agent 向代理 Agent 查询当前合适的资源 Agent。这里代理 Agent 对同一查询在不同时间返回的资源 Agent 可能会有所不同，取决于资源的可用情况（availability）。然后执行 Agent 利用代理 Agent 返回的信息将查询分解并派往

---

① R. J. Bayardo Jr., W. Bohrer, R. Brice. Infosleuth：Agent-based Semantic Integration of Information in Open and Dynamic Environments. [EB/OL]. [2006-10-20]. http://www.argreenhouse.com/Infosleuth/.

5 用户导向下的竞技体育信息集成服务组织

适合的资源 Agent。

一个资源 Agent 对应一个信息源。资源 Agent 提供从本体概念到本地概念及术语、从全局查询语言到本地查询语言的映象，将查询从通用的查询语言（如 KQML/KIF）翻译成本地可以理解的语言，并将查询的结果翻译成通用的格式传送给执行 Agent。

Infosleuth 的重点是能够灵活的添加具有本地自治的信息源。资源 Agent 在接入系统和离开系统时都会向代理 Agent 作出声明，这样就允许了低成本的资源添加———一个信息源只需要建立对应的资源 Agent 就可以方便地集成入系统。Infosleuth 中的执行 Agent 能够处理动态的、不完整的和不确定的知识，可以完成工作流性质的或数据挖掘与分析性质的等高水平的信息采集任务。

智能代理技术通常运行于动态的信息环境，往往使基于多代理系统的体系结构不但具有更大的灵活性，而且还能自动地完成诸如信息分析与综合这样的高水平的任务，提高信息集成服务的质量。

知识服务是信息服务的发展和升华，以用户为中心的竞技体育信息集成服务的发展趋势和目标就是提供竞技体育知识服务，知识服务本质上是一种以用户为中心的集成服务。

在智能代理服务中可以利用竞技体育的人工智能方式进行，如在竞技体育项目中可以进行基于以智能化数据挖掘的竞技体育决策服务。

竞技体育特别是对抗性强的竞技项目，通常不但要求运动员实际水平高，同时战术策略也相当重要，有时竞技中的战术甚至起到决定性作用。想象你是 NBA 的教练，你靠什么带领你的球队取得胜利呢？当然，最容易想到的是全场紧逼、交叉扯动和快速抢断等具体的战术和技术。但是今天，NBA 的教练又有了他们的新式武器：数据挖掘。目前，美国 NBA 联盟为教练员提供的 Advanced Scout 体系是一套功能比较完备的信息服务系统。它由 IBM 公司基于数据挖掘技术开发。Advanced Scout 系统可以辅助教练员临场替换队员，优化球队的战术组合。

例如 Scout 就因为研究了魔术队队员不同的布阵安排，在与迈阿密热队的比赛中找到了获胜的机会。

系统分析显示魔术队先发阵容中的两个后卫安佛尼·哈德卫（Anfernee Hardaway）和伯兰绍（Brian Shaw）在前两场中被评为 -17 分，这意味着他俩在场上，本队输掉的分数比得到的分数多 17 分。然而，当哈德卫与替补后卫达利尔·阿姆斯创（Darrell Armstrong）组合时，魔术队得分为 +14 分。

在下一场中，魔术队增加了阿姆斯创的上场时间。此招果然见效：阿姆斯创得了 21 分，哈德卫得了 42 分，魔术队以 88 比 79 获胜。魔术队在第四场让阿姆斯创进入先发阵容，再一次打败了热队。

借助 Advanced Scout 系统，教练可以用便携式电脑在家里或在路上挖掘存储在 NBA 中心的服务器上的数据。该数据库几乎将 NBA 每一场比赛的事件都按得分、助攻、失误等统计分类。时间标记让教练非常容易地通过搜索 NBA 比赛的录像来理解统计发现的含义。教练通过 Advanced Scout 发现本队的球员在与对方一个球星对抗时有犯规纪录，他可以在对方球星与这个队员"头碰头"的瞬间分解双方接触的动作，进而设计合理的防守策略。

与此同时，美国国家曲棍球联盟，正在开发自己的数据挖掘应用 NHL-ICE，联盟与 IBM 建立了一个技术型的合资公司，推出一个电子实时的比赛计分和统计系统。在原理上是一个与 Advanced Scout 相似的数据挖掘应用，可以让教练、广播员、新闻记者及球迷挖掘 NHL 的统计。当他们访问 NHL 的 Web 站点时，球迷能够使用该系统循环看联盟的比赛，同时广播员和新闻记者可以挖掘统计数据，找花边新闻为他们的实况评述添油加醋。

根据"集成"理论，清华大学开发的跳水信息管理系统可以实现在运动训练过程中，对现有数据和历史数据进行技术统计和分析，该系统不但能对跳水运动员的训练进行跟踪，而且还能记录每个运动员的运动指标和身体素质等指标变化的数据。

在过去的训练中，教练员将各项数据记录在本子上，这样的纸面数据很难快速地进行技术统计和分析，现在，基于数据挖掘的信息服务系统已经实现了让数据直接进入计算机，并且可以根据数据提供直观的图表显示。数据处理系统把系统传输过来的数据进行综

5 用户导向下的竞技体育信息集成服务组织

合处理、统计、归类、分析,既可以作为临场决策的依据,也可以在平时的运动训练中为教练员、运动员提供指导。

6 竞技体育信息集成服务实现技术

信息集成服务的发展本身是技术推动和技术集成的结果。竞技体育信息集成服务的开展，需要强大的技术支持，以用户为中心的竞技体育信息集成服务发展中会应用到多种先进的技术，究竟采用哪种技术，将直接影响到最终的服务质量。在本章中，我们选取了与竞技体育信息集成服务开展密切相关的几种技术，包括信息链接技术、互操作技术、信息过滤技术、智能信息推拉技术等，从应用角度来探讨竞技体育信息集成服务的实现过程。

6.1 信息链接的技术及其应用

信息链接就是在信息服务网站的当前页中，使用超文本标识语言（HTML）的标记指令，通过 URL 指向其他相关内容。链接的对象可以是一个网站，或者网站中某个特定网页，或者网页上的某个组成部分。这样，当用户用鼠标点击链接标记时，用户计算机就自动转向预先存储好的网站或网页，由此用户便可以对网络信息进行快捷的访问。

6.1.1 信息链接技术在竞技体育信息集成服务中的实现

方便而深入的信息链接是实现竞技体育信息集成服务的重要保障，信息链接的深度与广度直接关系到服务的效率。目前，中国知网等单位推出了体育专题期刊数据库 RSS 订阅服务，提供期刊链接、文献链接、被引文献链接、同类文献链接、读者推荐文章链接、相关研究机构链接、相关文献作者链接、相关关键词链接、中图法分类文献导航链接、引文链接、知识元链接、可定制的元数据链接等方式，在来源不同、类型不同的数据库之间及这些数据库与图书馆联机公共目录查询系统（Online Public Access Catalogue，简称OPAC）之间建立有机的联系，使其信息资源形成一个整体，实现资源的总体性增值，实现服务功能集成。

在竞技体育信息集成服务中，信息链接的实现形式多种多样，从链接对象来看，主要有文字链接、图像链接和视框链接三种方式。

①文字链接，完全由文字构成（汉字或字母），然后可以配上不同的颜色或加上底线，以此来区别其他文字的链接方式。

②图像链接，即制作者可以使用超文本标志语言在网页中设计IMG指令，将不同网站、不同网页上的图像链接到自己网页上来，被链接的图像能够作为自己网页整体的一部分在屏幕上显示出来，这种情形类似于报纸杂志上的插图；不过，采用这种技术时，制作者可能本身并没有这幅图画，因为该技术允许将储存于他人网页或网站的图像插入自己的网页并加以文字说明，以致用户在浏览时并不知道该图像的来源。

③视框链接，这种技术始于1996年，允许网页制作者将页面分为几个独立的区间（视框），每个区间可以同时呈现不同来源以及不同内容的资料，并且可以单独卷动；这样一来，网页制作者可将他人网站上的资料显现在自己网页的某一视框内，而本身网站的其他内容（包括网址、广告、菜单）仍然不变，用户可能根本不知道他在视框内看到的是另一个网站的资料。

从链接范围来看，主要有页内链接、系统内链接和系统之间的链接三种实现方式。其中：

①页内链接，这是将同一文件的各组成部分连接起来，便于用户从一个长文件的某一部分"跳跃"到该文件的其他部分。

②系统内链接，这是将位于同一服务器上的不同文件链接起来。

③系统之间的链接，主要是不同服务器之间，也就是不同服务主体之间的链接，如目前数字图书馆主要是以这种方式集成了海量

信息,供用户检索和利用。

从链接作用来看,主要有知识性链接、参考文献链接、引用链接、语义链接和重组性链接五种实现方式。其中:

①知识性链接,主要是信息内容与相关的知识组织体系链接,包括与词汇表、叙词表、分类表等的链接,通过建立链接可解释有关信息内容、按知识组织体系显示及组合信息内容,或进一步支持利用知识组织体系的映象。

②参考文献链接,主要指文摘索引与它们所标引的文献之间的链接,目前已成为各个文摘索引和全文期刊出版系统的标准功能之一,并逐步走向跨出版商、跨系统的、可本地控制的开放式链接机制。

③引用链接,主要链接引用目标文献的文献、被目标文献引用的文献、同被引文献、引文耦合文献等,这类系统还可对引用链接实行动态更新,从而形成一个以文献为中心的不断更新的相关信息集合。

④语义链接,主要是利用语义网络和概念集等,将信息内容与那些虽然没有直接语言关系或引文关系,但有一定逻辑联系的信息内容连接起来;语义链接需要知识组织体系和推理代理的支持,往往体现为虚拟的动态的链接。

⑤重组性链接,即将源数据库等按照特定需求重新组织,而这个体系可能是动态定义和个性化的,以满足本馆用户或特定学科用户的需求。

6.1.2 信息链接的作用

在竞技体育信息集成服务中,应用信息链接技术主要可以起到以下作用:

①构造集成式服务环境。通过信息链接可以建立一个包括竞技体育期刊、电子图书、科学数据、图书馆网页等互相链接的集成式信息服务环境。随着技术的进步、资源的丰富和标准化工作的进展,信息链接还可以处理各种异质的竞技体育信息资源。

②体现竞技体育信息资源内容的相关性。OpenURL 链接是一

个挂接点,将当前的上下文环境提交给链接服务器,由链接服务器根据传来的上下文环境动态计算出目标链接,与使用者的需求及使用情境是密切相关的,这样通过对相关信息资源内容的链接,使一篇文章或其他检索到的竞技体育信息资源可以成为一个相互关联的内容体系。例如,利用引文链接,体现信息资源内容的相关性,从而不断扩大检索范围①。

③实现异构竞技体育信息资源间的检索②。OpenURL 描述的是对象元数据,目标的变更不会影响到各个链接点,更新维护集中于链接服务器中。由于链接服务器是根据元数据动态产生目标链接的,只要目标的基本 URL 不发生改变,内部数据变动不会影响链接的准确性。在 OpenURL 方式中,通过链接服务器可将服务类型进行扩展,根据系统管理员的设置,一次可检索对多个目标的不同类型的数据库。

6.1.3 信息链接技术应用中要注意的问题

信息链接扩展了竞技体育信息集成服务的内容和范围,但在应用中应注意以下问题:

①知识产权问题。竞技体育信息服务机构在基于信息链接开展集成服务时,应在遵守相关法律法规的原则要求下设置正常链接。

②信息链接机制可能支持对位于不同位置的多个复本的链接和选择,要做到链接机制不受信息内容物理地址变化的影响,保证竞技体育信息资源的相对稳定性和可用性。

③信息链接机制要尽量做到跨系统跨文献类型的链接和浏览,为竞技体育信息集成服务的开展提供不同类型的信息资源支持。

④信息链接机制要支持本地定制、个性化定制和动态定制等,

---

① 贺德芳. 知识链接发展的历史、未来和行动 [J]. 现代图书情报技术,2005 (3): 11-15.

② Rónán O'Beirne. OpenURL and Cross-searching [J]. Reference Reviews. 2005, 19 (3): 5.

使竞技体育信息集成服务能根据用户需求动态集成相关的资源和服务应用。

6.2 互操作的技术实现

当前分布、异构、变化的信息环境下，竞技体育信息资源数量巨大且高度分散，而信息源、数据格式、用户需求高度异质，要对如此庞杂的信息进行格式化和结构化很困难，用户要找到真正符合所需的信息也很困难。如何将广泛分布的、自治的、异构的竞技体育信息资源、信息系统联合起来，向用户提供统一、透明的服务，实现信息系统的互操作成为研究和实践热点，引起普遍关注。

6.2.1 基于资源整合的竞技体育信息系统互操作特征及目标

目前，对互操作还没有准确的定义，就与信息的概念一样，不同层次和不同领域的人形成了不同的互操作概念。其中较有代表性的定义有以下几种①：①SPAG/ISO 中定义为，当前各个产品相互合作，协同地为各自面向的用户提供某个特定的服务时，所表现出的能力称为互操作性；②US IEEE 将其定义为，互操作性是指两个或多个系统互使用已被交换了的信息的能力；③IT 界认为互操作性是指能跨越不同的专有系统传送信息，从而使人们在公司的任何部位都能把它们提取出来的能力；如在《计算机辞典》中，互操作被定义为两个或多个系统交换信息并相互使用已交换信息的能力，也就是指一个系统处理另一个系统发送信息的能力，它是衡量软件质量的一个重要指标②；④商业界认为，互操作性是一种工具，它使人们在任何地方都能利用过去曾在数据方面的投资。互操

---

① 申传斌.基于数字图书馆的互操作机制研究［J］.现代图书情报技术，2003（6）：19-22，26.
② 高刚毅.GIS 互操作研究［J］.计算机应用研究.2005（2）：90-92，95.

作技术的基本原理就是将具有不同数据结构和数据格式的系统集成在一起共同工作，实现众多相互独立的信息孤岛之间的数据和操作的自由交流。

在竞技体育信息集成服务中，系统互操作是指分布信息系统间能无缝地交换、共享竞技体育信息资源和信息服务，并能在不损害各个分布系统自主性的同时构成一个（往往是虚拟）集成系统逻辑机制①。

6.2.2 竞技体育信息系统互操作的特征

系统互操作是达到共享目标的系统和系统间的有效交互能力。竞技体育信息系统互操作有以下主要特征：

①自治性（Autonomy）。自治性是竞技体育信息系统互操作的最重要的特征。其基本思想是，各个系统的每个构件本质上可独立于环境中其他构件进行操作，即具有一定程度的独立性和可局部管理性。这种自治性可以不同的方式实现或获得，它们可以基于不同的编程技术，或嵌入在编程环境的不同类型。

②服务性（Service）。这里的服务是构件或一组协同操作的构件，代表用户执行的一个活动或一组活动。服务的实现对用户而言是透明的，能够精确的实现用户的需求，还必须满足"非功能需求"比如性能、保密性、可靠性等，特别是利害关系的非功能需求。

③物理分布性。虽然物理分布性不是互操作特征必须要求的，但是在网络环境下，没有一个信息系统能够完全的满足用户对竞技体育信息的需求，因而多数可互操作的信息系统是物理分布的，这就意味着对构件间协同操作的支持必须适应分布性要求。

④开放性（Openness）。开放性是指构件与服务可在任何阶段加入到系统，或从系统中撤去。

---

① 胡昌平等．面向用户的信息资源整合与服务［M］．武汉：武汉大学出版社，2007：340．

6.2.3 基于资源整合的竞技体育信息系统互操作目标

一个理想的体育信息系统操作机制应该满足①：①支持丰富多样的资源和功能形式，能容纳各种各样的信息资源体系和服务体系。②支持分布的各个系统的自主性，能持续支持各个系统的自主建设与发展，能有效保证对知识产权资源使用的本地控制，能支持专门的本地客户端机制和服务，能支持专门的甚至本地化的元数据格式和系统协议。③保证整个分布式数字信息机制的低成本和进入该体制的低成本。保证在分布式数字信息机制中增加新的资源和服务系统的方便性和低成本；保证在分布式数字信息机制中使用任何一个资源和服务系统的方便性和低成本。④提供整个机制的可伸缩性，能容纳甚至动态组合任意数量和类型的资源或服务体系。

在竞技体育信息资源整合与服务集成中，信息系统互操作的目标是向用户屏蔽分布的、异构的各个信息系统间的差别，实现用户对多个信息系统的交叉浏览和交叉检索，提供统一入口的多个信息系统间检索和浏览服务，实现竞技体育信息共享。

当前环境下，竞技体育信息资源整合与集成服务要解决互操作的以下主要问题：屏蔽分布的各信息系统之间的差别，为用户提供一个一致的服务，在统一界面上进行的跨仓储的服务对于用户来说是透明的；为竞技体育信息资源和信息系统提供一种灵活的集成机制，这种集成机制必须允许各个相对独立的信息系统能自由增加新的服务，或对以前的服务进行修改；竞技体育信息资源整合和集成服务协议的制定，包括元数据协议、数字对象存储协议、信息搜索协议、付费协议、信息资源服务的运行管理协议等；开发竞技体育信息资源整合与集成服务系统高层协议中间件，实现分布子系统间各项服务的互操作②。

---

① A. Paepcke, et al. Interoperabiltiy for Digital Libraries Worldwide [J]. Communications of The ACM. 1998, 41 (4): 33-43.

② 李秀. 数字图书馆系统互操作问题解决方案研究 [D]. 北京：中国科学院研究生院, 2002: 8-10.

6.2.4 互操作技术在竞技体育信息集成服务中的实现

竞技体育信息系统互操作的关键技术主要包括应用层面和资源层面的互操作技术。应用层面的互操作技术主要包括信息系统软件互操作技术、基于协议的互操作技术；资源层面互操作技术主要包括元数据互操作技术和知识本体互操作技术。图 6-1 展示了一个信息系统互操作的技术框架。

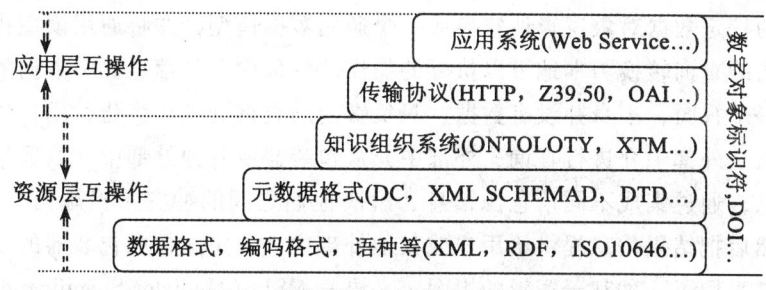

图 6-1　信息系统互操作的技术框架①

（1）信息系统软件互操作技术

软件互操作技术的核心是通过克服不同软件构件所采用的实现语言、运行环境和基本模式的差异，实现信息系统相互通信和协作，完成某一特定任务。

① 外部中介（mediator）或中间件（middleware）技术。外部中介或中间件技术是通过网关、封装件、中介系统、全局模式转换等，在各个系统的外部提供转换和协调机制以掩蔽差别，实现交换与共享。中间件是处于客户机和服务器之间的一层具有特别功能的系统软件，对执行细节的封装是中间件的强大功能之一。它把应用程序与系统所依附软件的低层细节和复杂性隔离开来，使应用程序开发者只处理某种类型的单个应用程序接口，而其他细节则由中间

---

① 毛军. 国际一流、国内领先的研究型图书馆核心能力发展战略（技术平台部分）. [EB/OL]. [2006-10-15]. http://www.maojun.com/doc/dlibrary-tech-strategy.pdf.

件来处理。它使最终用户和开发人员无须再去了解服务端的具体位置和执行细节。它定义了异构环境下对象透明的发送请求和接收响应的基本机制，是构造分布式对象应用，使应用程序在不同层次的异构环境下互操作的基础。外部协调或中间件的方法优点是具有很好的自治性，缺点是一旦增添服务，必须重建相应的包装层。

采用外部中介或中间件技术实现互操作的竞技体育信息系统主要应用了两类组件：包装器（Wrapper）和外部中介（Mediator）。每一个信息源之上都有一个包装器，负责封装信息源，将该信息源的特定数据对象逻辑地转换成一个通用数据模型，并将通用模型提出的查询转换为本地可以执行的操作。外部中介是信息源中数据的一个视图，本身并没有数据，只负责全局查询处理和优化，用户可以从外部中介进行查询，外部中介从包装器或其他外部中介获取信息，通过集成不同信息源信息，解决他们之间的冲突来提炼信息，然后把结果信息提供给用户或其他外部中介。中间件和包装器的定义采用了一种基于逻辑的视图定义语言 MSL（Mediator Specification Language），中间件和包装器都可以接受 MSL 的查询。MSL 对中间件和包装器的定义实际上是一组逻辑规则。用户的查询可以用 MSL 表达或者一种半结构化查询语言 LOREL 表达。

② 基于软件代理的互操作技术。软件代理（Agent）的研究起源于人工智能领域，Agent 是指模拟人类行为和关系，具有一定智能并能够自主运行和提供相应服务的程序，其实质是一种具有控制功能的实体，它接收信息，然后根据自己的知识、规则和控制逻辑对信息进行处理，最后把信息发送出去。它的另一个作用是充当中间件处理部件，它代表一个具有特定接口的实体，对外提供公共接口，这是解决异构系统互操作的关键。

在 Web 中 Agent 处于中介人的地位。它接收信息并对其加工，以对方用户能理解的方式发送出去，并可适时地调节双方的通信，以达到信息传输的目的，可以说 Agent 是一种智能化的实现异构对

6 竞技体育信息集成服务实现技术

象互操作的方式①。

③ 分布式对象请求技术。分布式对象请求技术是通过面向对象方法，将程序数据进行描述和封装在具有函数接口的对象之中，通过标准请求机制在对象间进行远程程序调用。例如 CORBA（公共对象请求代理体系结构，Common Object Request Broker Architecture)、DCOM（Distributed Component Object Model）等。基于分布式对象计算的 CORBA，是由对象管理组织 OMG 制定的一个工业规范，用于解决分布式处理环境中软硬件系统之间的互操作性而提出的一种解决方案，其目的是为了使对象和分布式系统技术集成为一个可相互操作的统一结构。由于对象都将其内部操作细节封装起来，同时又向外界提供了精确定义的接口，所以客户机能在不知道软件和硬件平台以及网络位置的情况下透明地获取数字信息。通过 CORBA 可实现多语言、分布式数字信息环境、异构硬件平台、异构操作系统和异构网络条件下的互操作。

④ 基于描述的互操作技术。利用描述的方法实现信息系统互操作，既不要求修改现有信息系统的体系结构，也不要求各信息系统遵从某种互操作协议，只要求使用开放描述语言描述各自的馆藏元数据、访问方法和服务能力等，并将这些描述信息登记到一个中心注册服务器中。其代表是美国 Old Dominion 大学的数字图书馆研究小组提出的基于数据驱动的互操作体系结构②。

(2) 基于协议的互操作技术

互操作是向用户提供一致的服务，这些服务建立在一些由不同组织机构和不同技术手段管理着的资源的基础上，因此协议是实现互操作的基础。在竞技体育信息资源整合与服务中，信息系统互操作的实现需要相关协议的一致性应用，对信息系统集成与互操作影响较大的协议包括 Z39.50、LDAP、WHOIS ++、OAI、

---

① 申传斌. 基于数字图书馆的互操作机制研究 [J]. 现代图书情报技术, 2003 (6): 19-22, 26.

② 张付志, 刘明业等. 数字图书馆互操作综述 [J]. 情报学报, 2004 (4): 191-197.

OpenURL 等。

Z39.50 是信息检索应用服务定义和协议规范（Information Retrieval Application Service Definition and Protocol Specification）的简称，最初由美国国会图书馆等机构开发。国际标准化组织（ISO）1996 年将其采纳为国际标准。Z39.50 起源于图书馆界，最初是针对图书馆机读目录（Machine-Readable Catalog，简称 MARC）数据库共享而开发的标准，现在其主要应用领域仍然是图书馆的联机书目检索服务。Z39.50 通过对编码方式和内容语义的标准化来实现不同系统间的互操作。Z39.50 是一个模块化的标准（见图 6-2）。检索语法、记录格式、字段语义或整个操作都可增加，因此 Z39.50 协议比较复杂，多数系统在具体应用时都选择采用了其中某些功能、检索式格式、检索参数和语义定义等，从而使采用不同 Z39.50 功能和参数的系统仍然不能互操作。为了满足不同的 Z39.50 应用程序之间的互操作性，不同的应用领域就某些检索和查询的细节达成一致，形成了若干"Profile（大纲）"。

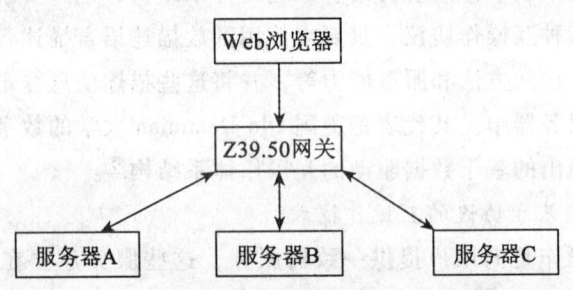

图 6-2　Z39.50 互操作框架

WHOIS ++ 协议最初作为目录服务开发，并提供简单的、基于模板的、分布式的和可扩展的信息查询服务。WHOIS ++ 同时提供了为建立分布式数据库索引的通用架构，此架构可以把许多 WHOIS ++ 服务器连在一起建成一个分布式、可检索广域目录的服务。在分布索引、互操作、跨平台要求较高的项目中，目录起到十分重要的作用。WHOIS ++ 协议部署简单，并提供灵活的方式实现跨平台、数据集的查询；多语言支持。需要注意的问题是：① WHOIS ++ 只提供有限的检索方式，因此部署相对简单的服务时，可以采用WHOIS ++ 协议。②需要以 CIP 协议结合使用，WHOIS ++ 协议和 CIP 协议结合使用才能实现查询路由和分布式索引，才能提高检索效率。③与一定的安全认证机制相结合。WHOIS ++ 由于非常简单，安全机制简单，因此在使用该协议时，需要加入安全机制，以确保信息资源的安全。需要实现复杂的基于主题的浏览和检索以及实现资源与系统的安全性要求较高时，建议使用 LDAP 协议。WHOIS ++ 协议和它提供的检索路由机制，目前已经在 ROADS 软件平台和 TERENA 的 TF-CHIC 架构中实现。

开放文档先导 OAI（Open Archive Initiative）最初起源于电子出版界（E-print Community）的互操作计划，随着 OAI 的发展，它的应用远远超出了这一范围。原则上对任何数字对象都可以适用，OAI 协议具有简单、灵活和独立的特点。Open Archive 并不是说可以免费、无限制地访问 OAI 的数据库，而是指数据库（Repository）的结构（Architecture）上的开放。Archive 一词最开始主要指学术论文（Scholarly Papers），后来随着 OAI 的发展，其含义有了更广阔的理解，适用于各种电子文档。如同 Z39.50 在图书馆领域的广泛采纳是基于 MARC 标准之上，OAI 也规定了统一的元数据标准 Dublin Core。因为元数据格式过多时，对各系统的互操作而言，各种元数据格式间的转换和匹配是一个极大的障碍，需要说明的是 OAI 技术框架并没有限制是否可以采用其他的元数据标准。同时，OAI 还制定了相应的元数据采集标准 OAI-PMH（Open Archive Initiative Protocol for Metadata Harvesting）。该协议是一个元数据采集标准，即从数据提供方采集的只是元数据信息，不包括内容。OAI 的技术框架在设计之初就是本着简单易用的原则进行的（见图6-3）。

如图6-3 所示，OAI 定义了 2 种类型的参与者：数据提供者与服务提供者。数据提供者负责元数据的生成和发布，通过将元数据进行结构化组织使之符合 OAI 协议。服务提供者通过元数据采集机制从数据提供者和其他服务提供者那里采集数据。服务提供者采

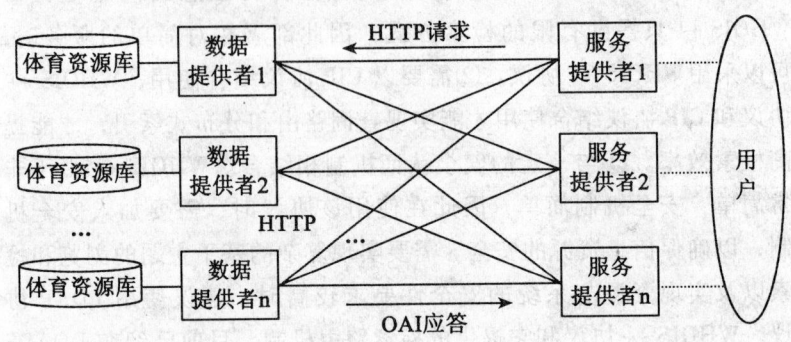

图 6-3　OAI-PMH 技术框架示意图

集到元数据后,通过向用户提供统一的查询界面来实现增值服务。它提供的最基本的增值服务是对所有元数据根据同一分类体系进行分类。OAI 对数据提供者提供的元数据格式作了一定的规定:必须能提供 Dublin Core 格式的元数据,此外,还可以根据服务提供者的要求提供其他格式的元数据。一个数据提供者可以向多个服务提供者提供元数据,一个服务提供者可以从多个数据提供者那里采集元数据。一个组织既可以是数据提供者,也可以是服务提供者,即在为服务提供者提供元数据的同时还从其他服务提供者那里采集元数据从而提供增值服务。

　　OpenURL 是一种开放链接的框架。OpenURL 的两个核心特征是开放和上下文敏感(open and context-sensitive)。这也是针对目前互联网上单纯的 URL 链接的不足而提出的。OPENRUL 提出了一种开放链接的框架,在该框架中通过建立链接服务器提供链接服务,并提出一套公共的 OpenURL 语法,允许信息源公开自己的链接接口,实现链接信息源和链接服务器之间的信息的传输,从而实现异质数据库之间的互操作。

　　信息系统互操作需要相关协议的一致应用。由于每一种协议都有自己的应用范围和功能特点,因此,竞技体育信息系统建设中需要综合考虑和权衡。Z39.50 协议主要应用于图书馆的联机书目检索,因为它体系过于复杂,影响其在信息系统中的广泛应用,但信息系统为实现同图书馆等传统资源发现系统的兼容,必须解决利用 Z39.50 协议进行系统互操作的问题。WHOIS++、CIP 和 LDAP 协议主要是目录索引访问协议,在分布索引、互操作、跨平台要求较高的项目中,目录起到十分重要的作用。OAI 协议主要用于元数据的采集和交换,由于 OAI 协议简单灵活,越来越受到关注。OpenURL 则是利用链接信息源和链接服务器之间的信息传输来实现信息系统互操作。

(3) 元数据互操作技术

元数据(Metadata)是关于数据的数据,是对数据进行组织和处理的基础,是互联网上组织信息与资源发现的重要工具。元数据功能包括对资源的描述、管理和定位,以及对资源的评估。但是由于它们分别适用于不同类型的信息资源,其使用者和所针对的用户范围也有所不同,当在用不同元数据格式描述的资源体系之间进行检索、资源描述和资源利用时,就存在元数据的互操作性问题。

①元数据标准。元数据描述对象可以是任意层次的数据对象,例如传统的内容对象(图书、期刊等),也可以是内容对象组合(如由若干文本、图像和音像组成的课件)、内容对象资源集合(图书馆、网站等)、资源集合知识组织机制(分类表、叙词表、语义网络等)、信息系统管理机制(使用控制、知识产权管理、长期保存等)以及信息系统本身。元数据就是对这些数据对象规范描述所形成的数据集合,通过计算机可读的开放语言来标记这些元数据,就能在系统间发现、交换、转换和理解相应的数字对象。目前出现了很多的元数据标准,如由 AITF(Art Information Task Force,艺术信息处理组)定义的 CDWA(Categories for the Description of Works of Art)元数据;由 VRA(Visual Resources Association,可视资源协会)发布的 VRA 元数据;美国联邦地理数据委员制定的 FGDC(Federal Geographic Data Committee)元数据;美国商务部颁布的 GILS(Government Information Locator Service,政府信息定位服务)元数据;美国加州大学柏克利分校、美国档案学家协会 SAA 等制定的 EAD(Encoded Archival Description,档案描述编码格式)元数据等。

②元数据的互操作。元数据的互操作是指多个不同元数据格式的释读、转换和由多个元数据格式描述的数字化信息资源体系之间的透明检索。

元数据互操作中的映射是重要的。元数据映射（Metadata Mapping），又称元数据转换（Metadata cross walking），指两个元数据格式间元素的直接转换，其实质就是为一种元数据格式的元素和修饰词在另一种元数据格式里找到相同功能或含义的元素和修饰词。元数据映射从语义角度提供元数据的互操作，从而实现跨资源库的统一检索。目前已有大量的映射程序存在，供若干流行元数据格式之间进行相互映射，例如 DC 与 USMARC、DC 与 EAD、DC 与 GILS、GILS 与 USMARC 等。

元数据映射的基本技术主要有两种：一对一的映射，例如 DC 与 USMARC 的映射。这种技术的优点在于其能较好地保证映射的准确与精确，但不足之处也是显而易见的，即在元数据格式数量较多时，转换模板的数量也呈指数增长，所以这种技术一般较适用于使用面较窄的范围。第二种是通过中介格式进行转换，即选择一种格式作为映射中心，其他格式都向这一格式映射，从而大大降低了复杂性。参与映射的格式越多，这种技术的好处就越明显，然而其效率要受中介格式精细程度的影响，即被转换格式中许多特殊元素可能难以被囊括到中介格式中。

（4）知识本体（Ontology）互操作

基于 Ontology 的信息互操作方法主要是研究如何理解所获取的竞技体育信息，重点解决不同部门、不同个人之间对信息理解的差距。解决的手段是通过在不同部门、不同个人之间建立共识的 Ontology，使部门与部门及个人与个人之间对异构信息达到一定程度的共同理解，并能在此基础上进行相应的分析运用。由于元数据方案只能提供资源的平面描述，不能提供它与其所指代的对象之间的联系，更不能表达资源与资源、与相关人、事、物之间的复杂关系，因此需要在元数据之上再建立某些机制，知识本体的本质是领域知识的共享和重用，标准化和形式化的知识本体能够为信息系统之间的语义互操作提供很好的工具。

知识本体（Ontology）是共享概念模型的明确的形式化规范说明。如果把竞技体育知识领域抽象成一套概念体系，再具体化为一个词表来表示，包括每一个词的明确定义、词与词之间的关系（例如用代、属、分、参关系）以及该领域的一些公理性知识的陈述，并且能够在这个知识领域的专家之间达成某种共识，即能够共享这套词表，所有这些就构成了该知识领域的一个"知识本体"。最后，为了便于计算机理解和处理，需要用一定的编码语言（例如 RDF/OWL）明确表达上述体系（词表、词表关系、关系约束、公理、推理规则等）。在这个意义上，知识本体已经成为一种提取、理解和处理领域知识的工具，可以应用于竞技体育学科和专业领域。实际上图书馆领域很早就在进行类似的工作了，主题词表、分面分类的思想即是初始的萌芽，今天能够通过严格的形式化之后借助计算机的强大处理能力，为实现信息系统的语义互操作提供核心支持。目前，本体互操作研究主要包括本体工程；本体的表示、转换和集成；本体的应用等。

应用互操作技术主要解决以下问题：

①集成异构资源。竞技体育信息资源来源于多种不同的信息源，如各种竞技体育数据库、OPAC 信息、电子书、图像库、视频库、文件系统和电子邮件系统等，而且各种信息源的应用环境也不尽一致，如不同的硬件平台、操作系统、通信协议和数据库管理系统等又形成了异构的服务平台，通过互操作技术，可实现对异构资源的利用。

②集成分布性资源和服务。在网络环境下，多数可互操作的竞技体育信息服务系统是物理分布的，其提供的信息资源和相关服务分布在 Web 上的各个角落。跨越 Web 上众多的站点发现有用的信息资源，是竞技体育信息集成服务的主要内容。用户能够访问单个服务系统无法提供的更广泛的信息，而且服务的实现对用户而言是透明的，能够满足用户对竞技体育信息集成和一站式服务的需求。

③屏蔽分布的各种竞技体育信息资源之间的差别，为用户提供一个统一的服务界面，在该统一界面上进行的检索和服务对于用户来说是透明的。通过这个统一的服务界面将分布的各种数字化竞技

体育信息资源集成在一起，通过一个集成服务平台向用户提供服务。

竞技体育信息集成服务中的互操作是一个复杂的问题，不仅包含一系列的关键技术，且还存在着知识产权、经济、社会和法律等方面的问题。互操作作为一个新的信息集成与服务技术，在应用中应注意以下问题：

①发展不同本体（ontology）之间的互操作，本体虽然为语义互操作提供了解决方案，但其本身也存在着异构性，因此不同本体之间的互操作是数字图书馆与集成服务互操作的一个重要方面。

②发展跨语言的互操作，建立全球范围的竞技体育信息集成服务体系，解决好跨语言、跨文化的互操作问题，其中包括比较复杂的语言翻译问题。

③注意互操作的安全性，随着竞技体育信息集成服务的发展，必须考虑互操作的安全问题，保证集成服务系统的可靠性、稳定性和持续发展。

④注意对未来服务系统的互操作，要求服务系统可扩展和可移植性，使得任何一个服务系统在任何时候都可以作为一个模块被集成到其他服务系统（包括未来的其他服务系统）之中。

6.3 信息过滤的技术实现

近年来，信息过滤技术在各种领域中都得到了不同程度的发展及应用。不同的系统涉及不同的范围，有不同的功能，使用不同的平台，但它们的目标都是根据用户模型将最有价值的信息自动推荐给用户，这就主要涉及信息过滤技术的应用。在以用户为中心的竞技体育信息服务过程中，信息过滤技术也发挥着重要作用。

6.3.1 信息过滤一般模型

信息过滤（Information Filtering）是指计算机根据用户文档（user profile），从动态变化的信息资源中自动检索出满足用户个性化需求信息的一种技术。①

一个信息过滤系统通常包括四个基本组成部分（见图6-4）。

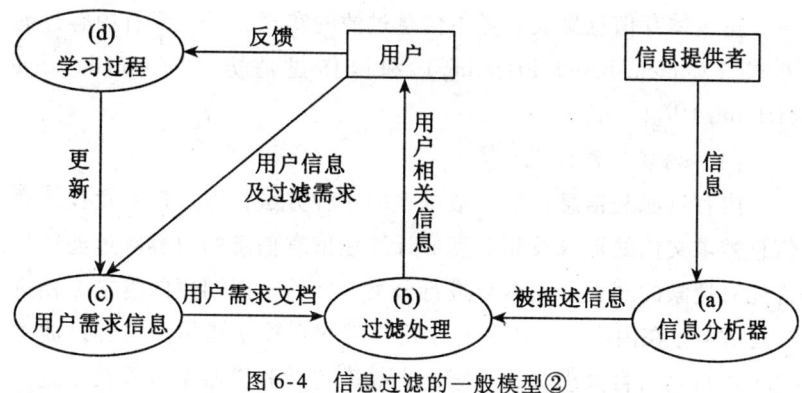

图6-4 信息过滤的一般模型②

信息分析部件（a），从信息提供者处获取或收集信息（例如文档、消息），将信息进行分析并以适当的数据形式（例如向量）来表示，表示结果将被输入到过滤处理部件（b）中。

过滤部件（b），这是信息过滤系统的核心。将用户模型与信息进行匹配，从而决定一条信息与用户是否相关。获得过滤结果的用户是信息相关性的最终决定者，用户的评估可以进一步反馈给学习部件。

用户模型部件（c），显式地或隐式地收集用户的信息需求，并构建用户模型。用户模型也被输入到过滤部件中。

学习部件（d），能提供更好的过滤模型。由于建立和改变用户模型的困难，过滤系统必须包括一个学习部件，发现用户兴趣的变化，并通过强化、弱化或取消现存有关用户的知识，来更新用户

---

① Yuval Elovici, etc. A Decision Theoretic Approach to Combining Information Filters: an Analytical and Empirical Evaluation [J]. Journal of the American Society for Information Science and Technology. 2006, 57 (3): 306.

② 程妮等. 国外信息过滤系统的研究综述 [J]. 现代图书情报技术, 2005 (6): 30-38.

模型。否则,不精确的用户模型将影响过滤结果。

6.3.2 竞技体育信息集成过滤服务的实现方式

竞技体育信息集成服务中信息过滤的实现方式主要有内容过滤方式(Content-based Filtering)和协作过滤方式(Collaborative Filtering)①。

(1) 内容过滤方式

内容过滤是信息过滤中最基本的一种方法,即用户对竞技体育信息需求文档的形成及相关度的计算仅依靠信息的内容。过滤软件首先对搜索的页面根据内容进行分类,然后根据用户的需求文档进行过滤②。在内容过滤中,每个用户都相互独立操作。内容过滤主要采用自然语言处理、人工智能、概率统计和机器学习等技术进行过滤。把每个用户的信息需求表示成一个用户兴趣模型,即表示成向量空间中的一个用户向量,并通过对文本集内的文本进行分词、标引、词频统计加权等过程来生成一个文本向量,然后计算用户向量和文本向量之间的相似度,主动将相似度高的文本发送给该用户模型的注册用户。用户在接收到文本信息后,可以对新信息进行兴趣评价,比如可以评价为相关和不相关。在此基础上,过滤系统可以利用反馈信息对用户模型进行修改和维护,在用户和系统的互动中提高获取信息的效率和质量。

内容过滤根据信息资源与用户兴趣相似性来过滤信息,每个用户都独立操作,不需要考虑别人的兴趣爱好。内容过滤简单、有效,但是也存在一些问题:① 难以区分同一主题过滤结果的内容质量好坏,并且随着信息数量的剧增,属于同一主题的信息也在增加,从长远考虑,内容过滤的效率和质量会降低;② 不能为用户发现新的感兴趣的信息,只能从用户的信息行为中发现和用户已有

---

① 白丽君. 基于内容和协作的信息过滤方法研究 [J]. 情报学报, 2005, 24 (3): 304-308.

② Anonymous. History and Development of Filters. Library Technology Reports. 2004, 40 (2): 8-26.

6 竞技体育信息集成服务实现技术

兴趣相似的信息；③ 如果采用的内容过滤方法不当，匹配计算不准确，将会导致过滤结果很不准确，存在许多不感兴趣的信息。

（2）协作过滤方式

协作过滤是通过掌握竞技体育信息用户群体中各个个体间的相互联系及组织关系来实现的信息过滤方法。许多人将合作式信息过滤的方法解释为"相似"用户之间相互合作的过程。即根据用户的相似性来推荐资源，协作过滤的出发点在于任何人的兴趣不是孤立的，某个群体的个体是相互影响的。协作过滤通过分析用户兴趣，在用户群中找到与指定用户的兴趣相同或相似的用户，综合这些相同或相似用户对某一信息的评价，获得指定用户对此信息的喜好程度预测。协作过滤的实现一般分为两步：首先，获得用户信息，即获得用户对某些信息项的评价；其次，分析用户之间的相似性并预测特定用户对某一信息的需求。

与内容过滤相比，协作过滤有下列优点：能够对机器难以自动进行内容分析的多媒体信息和电子邮件等进行过滤；能够对一些复杂的、难以表述的概念，如信息质量、品味等进行过滤；具有推荐新信息的能力。但协作过滤也存在一定问题，表现在①：①存在早期级别问题。在系统刚运行时，参与系统评价的用户往往很少，很多信息资源不可能被评价到。如在竞技体育科技文献协作过滤系统中，一篇文献如果没有被任何用户评价过，那么过滤系统将不会对该文献进行预测推荐。②存在稀疏性问题。通常信息项数目要远大于用户所能接受的信息数，而一般用户都很少愿意对浏览过的信息给予兴趣评价，即使评价，数量一般也很少，这就使得用户这一信息项矩阵很稀疏，实际参与相似性计算和预测计算的评价级别很少，这就很难发现相似的用户和提供准确的推荐。③存在可扩展性问题。基于用户预测算法中计算用户相似性时需要对所有系统用户进行相似性计算，随着系统用户和信息资源的增多，计算量会变大，系统性能会越来越低，因此要求过滤系统具有可扩展性。

---

① 白丽君．基于内容和协作的信息过滤方法研究［J］．情报学报，2005，24（3）：304-308．

为了使过滤系统的结果更准确,给用户提供更好的个性化集成信息服务,针对内容过滤和协作过滤存在的优缺点,我们有必要将两者结合,充分利用它们的优点,克服相互的缺点,使过滤系统的性能得到提高。在实际的竞技体育信息服务工作中,可以根据需要将两种方法结合起来使用。

6.4 智能信息推拉的技术实现

在过去的几十年中,已经有许多有关基于拉取技术的信息服务方面的研究,如搜索引擎、传统的全文检索等。然而随着互联网络的发展,用户要查找相关信息,不但成本很高,而且费时,推送技术为用户检索相关信息又提供了一条较合适的途径①。在以用户为中心的竞技体育信息集成服务中,要结合使用信息推送和信息拉取技术。

6.4.1 智能信息推拉技术的技术流程

智能信息推拉(IIPP, Intelligent Information Push-Pull)技术运用人工智能、机器学习、知识发现、知识推理方法,将"智能信息推送"与"智能信息拉取"技术相结合,通过自动传送信息到用户桌面,真正实现集成化的一站式服务。

智能推拉技术的工作流程如图 6-5 所示②。

其中,智能信息推拉就是应用人工智能、机器学习方法,识别和预测各种用户的兴趣或偏好,从而有针对性地、及时地向用户主动推送所需信息,满足不同用户的个性化需求;智能信息拉取,则应用知识工程的知识推理搜索方法,可提高搜索引擎的快速性和准

---

① Zhiyun Xin, etc. Information Push-Delivery for User-Centered and Personalized Service [J] // Springer-Verlag 2005. L. Wang and Y. Jin (eds.): FSKD 2005, LNAI 3613: 594-602.

② 王枞等. 基于智能信息推拉技术的客户关系管理系统 [J]. 计算机工程与应用, 2001: 10-11, 18.

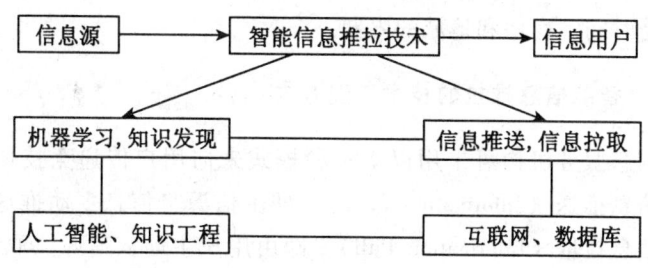

图 6-5　智能信息推拉技术的工作原理

确度，从而用户可以更及时地拉取所需的最新动态信息；信息推拉结合可取长补短，既可及时地、主动地将最新信息推送给用户，又可有针对性、选择性地满足用户个性化需求；知识发现功能则能采用知识发现的方法和技术，可从所"推送-拉取"的信息中提取有用知识，发现隐藏在大量数据中的内在规律。

智能信息推拉（IIPP）技术的关键是①：

①技术的智能性。应用该技术的服务系统不是停留在一个地方等用户去寻找，而是有目标的、主动寻找合适的信息给用户，并能通过控制搜索的深度过滤掉不必要的信息，提高信息推拉的准确性。

②信息的预采集，可自动跟踪用户事先预定的信息并及时准确地获取，可自由增加、修改与管理用户所需信息，可实现信息优化和自由精选。

③合理的信息传播管理和控制，能使无用信息和数据无法进入本系统，进而降低系统的无效信息流量，限制有害信息的使用和传播。同时，可以提高信道利用率和有效数据的传输率，降低重复数据的信道占用量，提高服务效率。

④及时和准确的信息推拉。信息源及时地向用户推送不断更新的动态信息，能根据用户的需求，有目的地及时把用户感兴趣的信

---

① 马明霞等．智能信息推拉（IIPP）技术在图书馆信息服务中的应用 [J]．现代情报，2005（6）：94-96．

息主动发送给用户。而且应用智能推拉技术，向用户推送信息时可以不受时间、程序和地域的限制。

6.4.2 智能信息推拉的技术实现方式

信息服务机构可采用以下三种模式来向用户传递竞技体育信息：信息推送（Information Push），即由信源将信息主动推送给用户；信息拉取（Information Pull），即由用户主动从信源拉取信息；推拉结合（Push and Pull），即在信息获取过程中既有来自信源的推送也有用户自身的主动拉取。

（1）面向用户的信息推送

这是由信息服务机构主动将信息发送给用户，如竞技体育信息发布服务、展览服务等。信息推送模式能及时地向用户推送不断更新的动态信息；对用户要求低，普遍适用于广大用户，不要求用户有专门的技术。但针对性差，推送的信息内容缺乏针对性，不便满足用户的个性化需求。

竞技体育信息推送模式的实现方式有三种，一是简单推送，二是代理推送，三是订阅频道方式。简单推送方式中，用户在竞技体育信息提供商的站点填写订阅单，服务商读取表单后，按需要推送信息。代理推送方式是通过设置代理服务器来搜集相关的用户信息，然后和竞技体育信息提供商建立联系，遍历相关站点，搜集用户感兴趣的信息内容后推送给用户。通过简单推送和代理推送两种方式，用户还必须对大量杂乱无序的信息进行查找，仍不是理想的方式①。而订阅频道方式中，所有的信息都被按内容划分为不同的"频道"，用户可以通过订阅自己感兴趣的频道来获取信息。

（2）基于需求的信息拉取

这是由用户主动从"信源"中提取所需信息的模式。如目录查询、数据库查询等。信息拉取模式的针对性好，用户能根据自己的需求有目的地去查询、搜索所需的信息，信息服务机构只是被动

---

① 孙美丽. 从以资源为中心到以用户为中心的网络信息资源管理模式[J]. 图书馆杂志, 2004（3）：18-20.

地接受查询，提供用户所需的部分信息。但及时性差，当信息更新变化时，用户难以及时拉取新的动态信息，而且对用户要求高，要求用户有相应的专业知识，掌握查询技术。信息拉取的辅助工具主要有目录分类式搜索引擎、全文检索式搜索引擎等。

(3) 智能化的推、拉结合

这是在信息"推送"和"拉取"的基础上融入了人工智能、机器学习方法、知识工程的知识推理搜索方法、知识发现方法等技术，将智能信息推送（IIPush）和智能信息拉取（IIPull）相结合所形成的。它为信息"推"、"拉"加上了"智能"，提高了"信源"对"用户"兴趣的推测水平，能真正实现以用户为中心的竞技体育信息集成化服务，提高用户的满意度。

智能信息推拉技术是将信息推送与拉取模式结合，能做到取长补短，使二者优势互补。根据推、拉结合顺序及结合方式的差异，又分为以下四种不同推拉模式①：

①先推后拉式，即先由信源及时推送信息，再由用户有针对性地拉取个性化信息。如将电子期刊的目次信息推送给用户，供其浏览，用户一旦发现自己所需信息，可再连接到服务器浏览或下载全文等服务方式。

②先拉后推式，即用户可根据兴趣先拉取搜索所需信息，再有针对性地推送相关的其他信息，这样既能满足用户个性化需求，又能进行主动服务如个性化的频道订阅、邮件订阅等。

③推中有拉式，即在信息推送过程中，允许用户随时中断、定位在所感兴趣的网页上，并进一步搜索，主动拉取更丰富的信息。

④拉中有推式，即在用户拉取信息的搜索过程中，信息服务机构根据用户输入的查询信息，主动推送相关信息和最新信息。

以用户为中心的竞技体育信息服务意味着信息服务机构由以信息资源为中心、资源建设为目标的战略逐渐转变为以用户为中心、服务为目标的战略。"智能信息推拉" IIPP 技术的研究、开发和广

---

① 黄国忠. 基于智能信息推拉技术的主动信息服务 [J]. 情报杂志，2005（10）：59-60，63.

泛应用将有助于用户从海量信息中高效获取有用知识,提高竞技体育信息推进与拉取的智能水平,提高竞技体育信息资源的集成管理与服务能力,满足用户的个性化需求。这样,智能推拉技术对信息用户而言,提高了用户信息获取的智能水平,从而使用户能够更加快速、准确地获得自己感兴趣的信息。它能对用户提出的搜索请求进行解析和信息查询,能应用人工智能、知识工程的知识推理及知识挖掘方法对查询到的大量信息进行分析、筛选,能将过滤后的搜索结果返回用户端。智能推拉技术对信息服务机构而言,可以根据用户信息需求,先通过人工智能、机器学习等方法,对用户的习惯和爱好加以分析,同时选择较好的发布策略,更加有针对性地、及时向用户推送所需信息,以满足不同用户的个性化需求。

在竞技体育信息集成服务中应用"推送"和"拉取"技术,最终需要解决的问题是"推什么,推给谁"。智能信息推拉技术就是在网上信息获取技术中加入了智能化的成分,相对提高了网络的智能化水平,能够了解发现用户的兴趣,从根本上解决"推送"和"拉取"技术应用过程中遇到的问题,使信息服务中的信息流不再是单一的"拉",还有反方向的"推"。但若要做到最大限度地满足用户的个性化信息需求,提高用户的满意度,服务机构必须对用户的需求进行尽量准确的预测,而且在信息传递时,要尽量降低对用户操作技能的要求,减轻用户的操作负担。

7 面向用户的竞技体育信息集成服务管理

竞技体育信息集成服务的发展，除了竞技体育信息整合与服务平台、竞技体育信息资源和信息技术以外，还涉及相关的运行机制，这一章主要探讨竞技体育信息集成服务中的用户管理、服务人员管理、服务流程的优化、服务质量的控制和标准化管理这五个方面的运行机制。

7.1 竞技体育信息集成服务中的用户管理

在竞技体育信息服务中，竞技体育信息资源已不再是决定信息服务优势的唯一因素，资源和服务的同质化趋势越来越明显。因此竞技体育信息服务机构应处处以"用户"为中心，根据用户信息需求的差异有针对性地提供信息服务。竞技体育信息集成服务中的用户管理除了一般信息服务面临的用户管理内容以外，还需要解决以下问题：

7.1.1 竞技体育信息服务中的用户信息集成

用户信息是开展竞技体育信息集成服务的重要依据，用户信息应该共建共享①。用户信息的集成就是要求把各信息服务部门和机构的用户信息汇集起来，完善用户资源共享系统，以便在服务内容

---

① 刘兹恒，楼丽萍．用户信息在图书馆工作中的应用 [J]．图书馆杂志，2002（12）：17-20, 48.

和形式上更好地满足用户的信息需求。用户信息主要包括用户的基本信息、需求信息、活动和行为信息、成果信息和反馈信息等①。

(1) 用户基本信息

用户基本信息主要是对相对固定的竞技体育信息用户群体进行特征划分，并对各类用户的主要特征进行登记和利用相关的反馈信息进行修改后形成的，应尽可能包括用户的基本情况，如用户姓名、身份、单位、职业、学力、专业、年龄等，还应该包括用户的兴趣、爱好、研究领域、知识结构、习惯行为方式等基本内容。

(2) 用户需求信息

用户需求信息包括用户信息需求的目的、兴趣、范围、习惯等。用户信息需求的获得，一方面要积极采用现代信息技术与最终用户进行互动式的信息交流，让用户能完全明确自身的信息需求；另一方面要充分利用用户资源，立足于为用户提供长期的信息服务保证，而不只停留在为用户的某次信息服务工作上。

(3) 用户的行为信息

主要是通过分析用户对竞技体育信息服务机构及其网站的利用记录所形成的，如用户查询请求的描述、用户输入查询关键词、用户维护的 Bookmark、网站页面的访问、页面逗留的时间、文档长度、对每个页面进行的操作（如保存、打印页面、将页面存入 Bookmark），对鼠标和键盘的操作等。

(4) 用户的成果信息

这部分信息主要是对用户利用竞技体育信息服务后所取得的活动和成果进行跟踪、鉴定、分析、推广应用后所得到的，通过用户成果，可直接或间接地衡量竞技体育信息服务所产生的社会效益和经济效益。

(5) 用户的反馈信息

这是改进信息服务、提高工作水平的重要信息资源，用户反馈信息包括用户对竞技体育信息集成服务所作出的评价信息，用户提

---

① 胡昌平，乔欢. 信息服务与用户 [M]. 武汉：武汉大学出版社，2001：32-34.

7 面向用户的竞技体育信息集成服务管理

出的有用建议,或指出的主要问题等,其中用户满意度是衡量信息服务质量的一项重要指标,直接反映了用户对当前竞技体育信息集成服务水平的一个认同程度。

7.1.2 用户数据模型的构建

用户数据模型是实现以用户为中心的竞技体育信息集成服务系统的关键。用户信息集成的最终目的是构建竞技体育信息用户数据模型,供各服务系统共享用户资源。用户模型问题是在专家系统人机接口设计和智能教育系统设计中首先提出来的,它是指与使用系统有关的用户信息的组织①,实际上就是对某一用户行为、兴趣倾向的描述,以确立用户所需信息资源及服务的类型②。

构建竞技体育信息用户数据模型可以使信息专家更好地理解每个个体用户或每个团体用户的信息需求(包括需求内容、需求水平及其他需求参数),可以洞察用户对信息内容和服务的期望程度。通常有6个基本的过程③:①首先确定需要了解哪些方面的用户信息;②确定和查找需要补充的信息;③开展调查,发放调查表,回收调查问卷;④根据问卷分析用户的个性与共性,并对用户进行分类;⑤根据服务情况对调查结论进行评价;⑥根据持续的反馈机制对用户模型进行修正。

根据建模过程中用户的参与程度,竞技体育信息用户共享数据模型主要有用户手工定制建模、示例用户建模和自动用户建模三种方法④。

---

① 宋媛媛,孙坦. 个性化推荐系统中的用户模型问题 [J]. 图书馆杂志,2004(12):53-56.

② 赵水森. 基于因特网的个性化信息服务研究 [J]. 中国图书馆学报,2003(4):20-24.

③ Sue Henczel. Creating User Profiles to Improve Information Quality [J]. Online. 2004, 28 (3):30-33.

④ 王翠萍. 基于个性化服务的信息资源组织研究 [D]. 武汉:武汉大学,2004:58-59.

(1) 用户手工定制建模

这是一种完全由用户根据服务系统的相关提示和要求构建用户模型的方法，用户可以手工输入感兴趣信息的分类列表，或者是选择感兴趣的服务主题等。

(2) 示例用户建模

这是一种由用户提供与自己兴趣相关的示例及其类别属性来建立用户模型的建模方法。由于用户对自己的兴趣和偏好等最有发言权，因而用户提供的有关自己兴趣的示例最能集中、准确地反映用户的兴趣和偏好等特点。示例可以通过要求用户在浏览过程中对浏览过的页面标注感兴趣、不感兴趣或者感兴趣的程度来得到，从而浏览过的页面及相应的标注成为用户建模的示例。

(3) 自动用户建模

自动用户建模是服务系统跟踪用户的信息行为并进行分析和挖掘，从而自动构建用户模型的一种建模方法，在此过程中无需用户主动提供信息。自动用户建模方法实际上是改进示例用户建模方法中的示例获取途径，将其转化为无需用户标注的自动示例获取方法。一方面，用户浏览的页面就可以反映用户的兴趣主题。如果用户频繁浏览与"高原训练"和"刘翔"相关的页面，则容易推测用户感兴趣的主题是"高原训练"和"刘翔"。因此，如果能够对用户浏览的页面进行聚类，就能够得到用户感兴趣的主题，从而也就能够实现自动用户建模。另一方面，对用户访问日志进行挖掘也是一条实现自动用户建模的途径。通过日志挖掘可以发现用户的访问模式、购买习惯等用户特点，构建用户模型。与通常意义的日志挖掘不同，自动用户建模中的日志挖掘是针对单个用户的挖掘，而不是对团体用户访问模式的挖掘，挖掘出来的规则适用于特定的用户，而不是所有用户。这种方法虽然实现简单，但往往是利用经验分析法，对用户以往的信息行为进行分析，这不能完全反映用户兴趣和需求，不利于构建高质量的用户模型。

构建用户共享数据模型通常涉及用户隐私和模型的改进问题①。因此,在用户共享数据模型的构建过程中,要注意保护用户隐私;另外,模型建立后,通常还要根据用户的反馈信息相应地更新用户模型的不同部分,以对模型进行持续改进。

7.1.3 用户管理系统的建设

竞技体育信息集成服务中的用户管理除了用户信息集成与构建用户数据模型外,还要建设统一的用户管理系统。用户管理系统主要包括用户统一认证子系统、用户信息管理与分析子系统、用户教育子系统、用户满意测评子系统②。

(1) 用户统一认证子系统

在解决用户认证问题时,如果让最终用户频繁登录,则会增加用户负担,让用户难以接受;如果在代码中设置用户名和密码,但代码需要随用户名和密码的变化经常维护,而且用户名和密码对于程序员来说,很多是不可见的。因此,为了根据用户共享模型提供的信息为用户提供一站式集成服务,必须提供统一认证服务。

(2) 用户信息管理与分析子系统

这一子系统的主要功能除了实现对用户信息的集成管理和构建用户数据模型外,还具有对用户信息及其需求的分析功能。信息分析内容有三个方面,一是针对竞技体育信息服务市场进行的分析,从社会信息和技术大环境的角度,分析竞技体育信息用户的社会分布及各主要类型用户的需求规律,有助于信息机构把握竞技体育信息市场的总体状态和用户需求的一般特性;二是针对信息机构进行的调研,从信息机构目标市场的角度,明确竞技体育信息用户及其需求的变化;三是针对用户进行调研,主要是从信息机构具体用户类型的角度,分析信息机构各类型用户尤其是重点用户和特殊用户

---

① Sue Henczel. Creating User Profiles to Improve Information Quality [J]. Online. 2004, 28 (3): 30-33.

② 李娟娟. 信息机构协作共建用户管理系统的设想 [J]. 图书馆论坛, 2003, 23 (1): 70-72.

的需求规律和特性。

（3）用户教育子系统

信息服务机构历来非常重视用户教育和培训，而且随着数字网络的发展，对用户进行教育和培训的内容和方式也越来越多。

通过用户教育和培训，不仅可以维系原有的信息用户，直接提高他们的信息素质，提高他们对信息服务的整体认识，帮助他们更快地了解和掌握先进的信息技术，熟悉专业信息资源的分布情况等；而且可以不断发展新用户，扩大用户队伍，使潜在信息用户不断向现实信息用户发展，现实信息用户不断转变成忠诚信息用户，最终拓展信息服务范围，确保用户关系的持续发展。用户信息素质和能力的培养是一个长期过程。用户教育除了要注重信息检索、信息技术的教育外，还应有激发用户信息需求和用户履行信息职责的教育，让用户既能掌握信息检索的现代化方法和技术，又有筛选、分析、判断、吸收利用信息的能力。系统依照对用户信息素质和能力的分析结果，开展个性化、自导式的教学方式，利于克服传统的着重"一般问题"施教弊病，使水平不一、能力不同、兴趣各异的用户可以自由选择学习方式，并且让用户能随时了解学习成果，提高用户的学习兴趣。

（4）用户满意测评子系统

用户满意属性主要表现在对竞技体育信息服务系统、信息服务产品和信息服务过程三个方面的满意度，用户对竞技体育信息服务系统满意属性的具体评价集中表现在理念、管理水平、技术水平等方面，而这些满意属性评判结果的取得，是建立在用户对竞技体育信息服务系统提供信息服务的过程和具体的信息服务产品满意水平的评价上，包括信息服务提供的科学性、独创性、时效性、可获利性、适用性等方面。信息用户满意水平的测评应以用户为中心，制定优秀的用户满意测评方案，设定合理的满意测评级度，正确区分用户的特征和属性，赋予合适的用户权重值。

总之，在竞技体育信息集成服务中加强用户管理，不仅是为了更好地满足用户对竞技体育信息的需求，而且要进一步挖掘用户的信息需求；不仅是为了提供用户期望的集成服务，而且要提供用户满意的服务。

7.2 竞技体育信息集成服务中的专业人员管理

美国咨询家汤姆·彼特斯（Tom Peters）指出，信息管理的成功，5%在于技术因素，95%在于心理因素即人的因素①。人的因素在竞技体育信息集成服务模式中也具有非常重要的地位，无论是竞技体育信息资源的集成、信息技术与系统的集成还是服务功能的集成，都要靠优秀的人才来完成。因此，加强竞技体育信息集成服务中的人员管理就显得极为重要。竞技体育信息集成服务中的服务人员管理目前应主要解决以下问题：

7.2.1 专业人员的服务技能管理要求

所有服务人员都应当知道信息服务机构能提供的服务，而不是那些只在一线服务部门的服务人员，虽然事实往往是这样的：在一个大的信息服务系统中，往往只要在一些既定的服务部门就能完成信息服务机构可提供的所有服务②。但用户的问题往往具有专业性和复杂性，服务人员只有通过自身能力的根本提高和系统创新，不断拓宽个人自身的知识领域，从原先单一的服务技能向综合性服务能力转变，才能充分发挥个人的服务能力，重建服务优势。这些能力应该是一种系统的能力、专业性的能力、富有创造性的能力、给用户充满信任感的能力。具体而言应包括：

①驾驭集成服务系统的能力。对竞技体育信息集成服务体系或子系统，能够统揽全局，从理论与实践的结合上，进行策划和分析，能够为用户提供满意的信息服务。

②信息资源的组织能力。竞技体育集成服务面对的是大量分

---

① [美]唐纳德·A. 马灿德等编．信息管理[M]．吕传俊，等译．北京：中国社会科学出版社，2002.

② Anonymous. Good Staff Training is Essential [R]. Library Technology Reports. 2004, 40（3）：61-64.

布、异构的甚至是动态的信息资源，必须有能力根据用户问题解决的需要对信息资源进行组织和整合，才能使集成服务具有更高的服务效率和更大的服务潜力。

③知识分析能力。集成服务不要再像一般信息服务那样拘泥于某种服务模式，根据已有的信息资源向用户提供信息资源的来源和获取方式。而要求服务人员能根据每一次服务的具体情况，创造性地设计、组织、安排和协调有关服务工作和资源内容。这就要求服务人员能从对用户知识体系和社会知识体系的分析中，快速发现与用户需求相匹配的特定知识单元。而这一能力的掌握靠对知识和知识管理学专业知识的系统学习和研究、对用户心理和需求的现实研究和分析，以及对各种科学研究与分析方法的深刻领会和熟练运用，使服务人员具备敏锐的洞察力，密切关注用户的需求，及时收集相关信息，能基于对用户特定问题的分析和相关知识的启示，帮助用户发现与分析问题，从而形成能帮助用户解决问题的方案。

④与用户的交互能力。用户情感具有两极效应，积极的用户情感能使用户将信息需求转化为信息行为，如当用户遇到态度热情且知识渊博的服务人员时，他会认为自己找对了对象，从而会感觉到可获得比过去的经验期望更好的服务。因此在一线服务人员除了应具备扎实的专业知识和工作能力外，还应该具有非凡的表达能力和与用户交互沟通能力。集成服务要求服务人员在跨应用系统和设备方面创建统一、交互式的用户体验，为用户提供统一的可定制的用户界面，与多个应用与服务集成，从而为用户提供更友好、更高效的信息服务；并重视用户的信息反馈，能够不断汲取、分析实施信息集成服务中的反馈信息。

⑤协同组织能力。网络的发展，为信息服务人员之间的网上合作和开展协同服务提供了可能，而集成服务本身就具有开放性和集成性，这就要求服务人员能根据自身的职责，协同有关人员或组织，把信息资源要素、信息技术要素与信息人员要素等有机地整合为一个整体。

⑥创造性思维的实践能力。能够通过发挥自身的创造力，把自己的创造性思想应用于职责范围内的管理实践，改进或改造所管理

的竞技体育信息集成服务系统或子系统。并能够根据不同的用户需求及信息服务环境，及时转换变通信息集成服务策略。

⑦服务伦理与道德。竞技体育信息服务机构应该加强员工的行为准则和服务伦理培训，以便使他们在工作中能以符合标准的行为高效地完成本职工作。

7.2.2 专业服务团队的组织与人力资源整合

动态服务团队是临时的、以任务为导向的。竞技体育信息集成服务的开展，需要多种类型的人才，不仅需要竞技体育方面的人才，还需要信息管理方面的人才和更多的研究型和技术型的人才。通过多种知识背景人才的有效结合，才能有效地发挥竞技体育信息集成服务的功能和优势。竞技体育信息集成服务是基于人力资源和智力资源开发的服务，它的知识化和专业化特性决定了其服务人员的专家化与团队化。

即使一个专家具有较为全面的复合知识，有时也难以完成某些难度较大的服务任务。一些服务项目因为难度大、时间紧、操作复杂等，往往需要集体智慧与协同工作才能完成。这时的服务已不是单个人的行为所能胜任，需要一个团体来支撑。为此，竞技体育信息服务机构就要建立一个各专业知识结构合理的集成服务团队。

团队的组建应以特定服务任务为导向、主题专家为成员，要求能及时提供最新的数据挖掘和知识发现，要求能有效开发、监控和匹配知识管理和服务的市场需求，采取柔性组织管理机制，实时根据任务重心的转移和更替进行团队成员的及时重组和调配。这个团队要依据用户的不同和需求的差异，灵活配置团队的人员结构，有时可以根据具体服务项目临时组建，有时可由不同信息服务机构的服务人员组成。

传统的体育信息服务机构采用的是直线制组织结构，其形式如同一个金字塔。信息服务机构中处于金字塔顶端的是一名有绝对权威的领导，他将信息服务机构的总任务分成几块，然后分配给下一级负责，这些下级负责人员又将自己的任务进一步细分后分配给更下一级，沿着这条不间断的链条一直延伸到信息服务机构中的每一个人员。这种直线制结构符合传统的信息服务需要。它是信息服务机构有条不紊地开展工作的有利措施，对那些重复性的服务工作是有效的，但是对于快节奏变化和富有挑战的动态集成服务来说，直线制结构则缺乏活力。面向问题和用户的集成服务必须依靠团队的力量，只有团队才能创造一种不断学习和尝试、相互信任和开放的气氛。服务团队中的广泛知识包括正式的、非正式的交流和各种学习与知识共享。因此，在管理上，必须具有明确的、完备的组织设计思路，使服务机构具有充分的灵活性和弹性、能在管理环境和市场需求发生变化时，仍可继续发挥其功能和作用，长期维持服务机构的正常经营和管理活动。

竞技体育信息服务机构的人力资源是指支持信息服务机构经营目标实现的内部员工的综合能力和素质。员工的这种能力和素质除了体力和智力以外，还包括员工的道德水平、信誉和社会关系等。人力资源整合是指引导组织内各成员的目标与组织目标朝同一方向靠近，从而改善各成员行为规范、提高组织绩效的过程。竞技体育信息服务机构传统的人员管理，大多是指对信息服务队伍内成员的维护与开发，提高个体的能力。而人力资源整合，则侧重于在个体能力达到一定水平的基础上，对员工队伍整体的改善与开发，从而提高总体服务能力。

竞技体育信息服务机构人力资源整合应遵循以下两条基本原则：

①一体化原则。一体化原则来源于系统化的概念，它是指在人力资源整合过程中，要充分考虑竞技体育信息服务业务流程中各个要素之间的关系，将最合适的人安排在最合适的岗位上。这里强调的是最合适而不是最好，并且要从部分着眼，资源统筹兼顾，局部服从整体，以求在竞技体育信息服务机构全局上使人力资源状况达到最优。

②责任与效率原则。作为竞技体育信息服务机构管理职能的一项重要分支，人力资源管理与开发的终极目的也是为了提高服务效率。通过各种管理制度，明确服务人员的工作责任和工作目标，辅之以各种激励手段，发挥各级、各类员工的工作积极性，在员工创

造性的劳动中提高服务效率。人力资源整合的目的，在于对员工队伍整体的改善与开发，从而使信息服务机构的人力资源总体达到最大化和最优化，推动竞技体育信息集成服务的发展。

7.3 信息集成服务流程优化

竞技体育信息集成服务的开展对竞技体育信息服务机构的业务流程尤其是组织结构产生了极大影响。为了迎接数字时代服务的挑战，体育信息服务机构也对业务流程进行了优化与再造，具体以图书馆为例进行相关分析。

7.3.1 传统信息服务流程及其缺陷

长期以来，竞技体育信息服务机构的服务业务基本上按照流程进行组织，将既定服务任务进行了分解，每个部门及其相应工作岗位人员的活动都基本限制在各自权责分工范围内，并依据事先制定的规则、程序进行工作处理，各服务部门和各服务机构之间缺乏联系和合作，其直接影响是服务功能的分散与脱节，满足用户需求的服务过程往往要跨越多个部门经过一系列的服务来完成，影响了服务效率与质量。相应地，这种服务模式下的基本服务流程是：用户向某一服务部门提出相应的服务需求，相应部门在自身的服务职责内提供相应的服务，如果用户还有其他服务需求，则必须去其他服务部门。

随着信息服务机构服务业务的拓展和服务功能的创新，基于传统业务部门设置的信息服务存在一些自身难以避免的缺陷。从用户角度看，传统信息服务存在的缺陷主要表现在：

①忽视了用户信息需求。各服务部门的设置以如何加强文献管理为主线，忽视了用户信息需求的分析和用户信息需求的满足，基本形成了"体育信息网上有什么，用户才能需要什么"的服务格局。相关服务部门被人为地割裂开来，如一些部门与用户没有直接接触，却负责文献的采访、整理与加工；直接面向用户的服务部门却不管图书馆如何收集、加工和整合信息资源。而且由于图书馆的

文献采访、分类、编目、典藏、流通等各业务部门按严格的时序进行工作,这些部门往往又以维护部门利益或达到上级领导满意为工作标准,很难做到对图书馆的整个业务流程负责,为用户的实际需求着想。

②中断了信息服务流程。各服务部门主要按文献类别设置,使工作性质相同或相近的部门分属几个部室,缺乏必要的横向联系,协调非常困难,阻碍了文献信息的有效交流。如图书与期刊、中文期刊与外文期刊等分别设立书库,外借、阅览、参考等部门。由于分工过细与部门过多,用户信息需求的满足程度往往受到部门协调效果的制约,很大程度上造成了用户利用文献信息的不便。而且由于在传统的业务机构中,缺乏将整个业务有机连接起来的技术,开展信息服务的整个文献流和信息流不得不按专业以及地理位置被分解到多个部门、多个层级,组成界限明显的部门化、层级化工作平台,一个最终满足用户需求的文献流和信息流被置于分部门、无控制的分散状态。如果某一部门出现了任务积压,其他职能部门也随之将会出现排队等候现象;如果某一环节出现中断,则整个服务流程也将中断。

③降低了用户满意度。在传统的业务机构模式下,图书馆开展的信息服务主要是一种典型的等待用户上门的被动服务,并且服务受到时间和空间条件的严格限制。图书馆每个业务部门及其工作人员严格按照各自的岗位职责和形式化的程序按部就班地工作,而不关心具体业务活动的轻重缓急。这种服务流程不断强化着图书馆工作人员如何准时上下班,机械地重复劳动,而不考虑用户的感受,以及图书馆整体服务质量的改进。尤其是对于一些部门分工的交叉区域的问题、临时出现的新问题或岗位职责范围难以明确划分的问题,彼此之间往往相互推诿,使用户对图书情报机构的服务越来越难以满意。

④限制了用户队伍的发展。服务职能的分割,信息的分散,使图书情报机构缺乏对外界用户需求的反应,不能发挥整体的服务优势。图书馆内部各业务部门之间以及图书馆与社会系统之间都呈现严重的封闭性,而新型数据库公司、网络公司等已开始了对传统图

书情报服务业务的渗透，图书馆不但不能发展新用户，更难以留住原有用户，从而限制了图书馆用户队伍的发展和用户队伍层次的提高。

7.3.2 基于集成服务的流程重构

竞技体育信息服务功能的集成是指在识别机构现有信息服务功能单元的基础上，以用户需求为导向，实现信息资源要素、信息设备要素、人力资源要素和整体服务功能的优化配置，要求充分考虑现代竞技体育信息用户的需求特点，打破原服务部门之间的严重分离，为用户提供个性化的集成服务。为此，可以设计一个当前网络环境下的基于功能集成的竞技体育信息服务系统流程（如图7-1所示）。

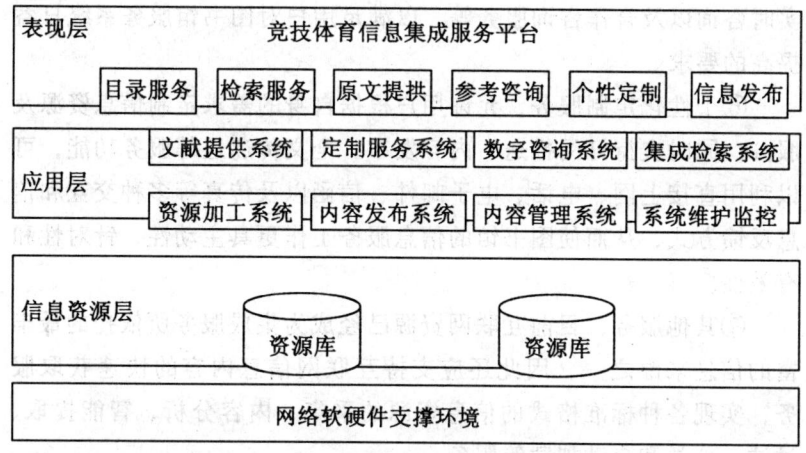

图7-1 竞技体育信息集成服务系统流程

在信息集成服务系统内，可以实现以下基本服务功能：

①目录检索服务，向用户提供了解、检索和利用本馆馆藏资源以及通过本馆可以得到的其他馆的资源目录的检索服务。

②全文信息检索与内容发布服务，向用户提供基于内容与关键词的逻辑组合检索、任意词检索、二次检索、多字段复合检索、历

史检索、分类导航检索以及关联检索等检索功能，并允许用户将加工好的数据发布到 Internet 上，使之可以被其他用户浏览和检索，从而实现信息采编、审核与发布一体化。

③文献检索与原文提供服务，能根据用户需求通过馆藏目录或文摘检索原文和提供原文服务，包括原文检索订购、电子结算、网上支付、文献传递、系统管理等功能，并支持普通信函、特快专递、传真、电子邮件、网络等方式的文献传递服务。

④集成检索服务，通过一个统一的用户界面帮助用户在多个网络数据库搜索平台中实现信息检索与结果的智能化整合，实现跨库、异构和分布式数据库检索的有效集成，减少用户熟悉多种网络搜索引擎、逐个登录数据库并输入检索条件的麻烦，提高用户操作和使用数字化资源的效率和便利性。

⑤数字参考咨询服务，支持 FAQ 咨询、E-mail 咨询、音视频实时咨询以及合作咨询服务等，以满足用户对图书馆服务系统日益提高的要求。

⑥个性化定制服务，允许用户根据自身的需求定制信息资源及服务，同时支持订阅推送、内容发布、全文传递送等服务功能，可以利用直接上网、电话、电子邮件、信函以及传真等多种交互和信息反馈方式，从而使图书馆的信息服务工作更具主动性、针对性和有效性。

⑦其他服务，目前互联网资源已经成为集成服务所依托的最丰富的信息来源之一，因此还应支持互联网信息内容的快速获取服务，实现各种标准格式的信息资源的采集、内容分析、智能提取、过滤、分类和自动加载等服务。

7.3.3 基于服务功能集成的业务流程优化

业务流程管理理论源于企业管理实践，"业务流程重组（Business Process Reengineering，BPR）是为了实现关键性能指标，如成本、质量、服务和速度等方面的根本改进，而对业务流程彻底地再

7　面向用户的竞技体育信息集成服务管理

思考和再设计的过程"①。"业务流程重组是在信息资源重组指导下的具体的业务流程的重组"②。"业务流程重组是以业务流程为改造对象和中心，以关心用户的需求和满意度为目标，利用先进的制造技术、信息技术以及现代化的管理手段，对现有业务流程进行再设计，最大限度地实现技术上的功能集成和管理的职能集成，打破传统的职能型组织结构，建立全新的组织结构，从而实现企业在质量和服务等方面的改善③。"对信息服务机构而言，信息服务功能的集成过程也就是信息流程的重组过程，基于服务功能集成的业务流程重组的目的就是为了优化服务流程，提高服务质量。

竞技体育信息集成服务与传统的服务模式不同，通常情况下，一项服务可以实现多方面的服务功能，打破了信息服务机构原有的部门与岗位界限。相应地，这种服务模式下的基本服务流程是：用户通过竞技体育信息集成服务平台向某一服务系统提出相应的服务需求，各个服务系统之间进行交互，根据用户需求进行服务资源的重组，并把用户需要的信息资源传递给用户。

就竞技体育信息服务机构而言，基于服务功能集成的业务流程优化应考虑如何以满足信息用户的信息需求为起点，把原来以职能分工为基础的业务机构设置改变为以用户为中心的业务机构，能以用户为中心进行竞技体育信息收集、组织到提供服务的具有内在逻辑联系的整个作业过程，使工作设计整体化，操作信息技术化，信息资源真正共享化。首先，应减少组织结构管理层次，使组织机构体系逐步呈扁平的网状管理结构，以促进部门之间的沟通联合，使部门之间更具渗透性，从各自封闭独立变为协作协调、彼此合作。其次，由于业务工序和组织机构的过细化都不利于提高工作效率，因此，要合并相关的业务部门，取消一些传统的机构，把相似和相

---

① M. Hammer, J. Champy. Re-engineering the Corporation: a Manifesto for Business Revolution [M]. London: Nicolas, 1993.

② 霍国庆等著.企业信息资源集成管理战略理论与案例 [M].北京：清华大学出版社，2004：133.

③ 李纲，杨君.信息流程重组与业务流程重组 [J].中国图书馆学报，2004（2）：34-37.

互关联的业务工序和环节加以整合,消除重复职能,简化工作步骤,减少工作环节,使竞技体育信息服务机构的管理更加高效化。最后,要改变以往按载体划分资源的做法,按学科和专业组织信息单元,即将同一学科的各种载体的文献信息资源集中管理,按学科实现竞技体育信息资源的集成化。

就竞技体育信息服务业务而言,基于服务功能集成的业务流程优化应在集成框架的支持下,对已有的或未来的各种服务应用系统和服务进行有效的规范与集成,解决分布异构的服务系统之间的集成问题,建立对位于本地或异地的服务系统提供集成的服务体系,来促进图书情报机构服务功能的集成和流程的优化。应考虑到以下因素:

①提供服务应用系统的运行环境,可以兼容各种分布、异构的服务系统的运行;

②能够集成竞技体育信息机构原有的服务系统;

③在达到服务系统有效集成的同时,减少服务系统之间的耦合度;

④使信息集成服务的框架具有可扩展性,满足未来服务系统的发展与更新;

⑤能够支持协同工作和服务的环境。

7.4 信息集成服务的质量控制

"质量管理"在《质量管理体系——基础和术语》中被定义为"在质量方面指挥和控制活动,通常包括制定质量方针和质量目标以及质量策划、质量控制、质量保证和质量改进",其中"质量控制是质量管理的一个部分,致力于满足质量要求"[1]。对于竞技体育信息集成服务而言,服务质量方针和目标应与信息服务机构的服务宗旨和目标相一致,而质量策划是信息服务机构服务发展战略的

---

① 国家质量技术监督局.中华人民共和国国家标准质量管理体系标准[M].北京:中国标准出版社,2001:89-100.

一部分,质量保证和质量改进则主要体现在具体的服务过程中。基于信息集成的动态性和受用户需求的牵引,信息集成服务的架构和用户对质量的预期始终处于动态变化之中。因此,这里主要分析如何控制竞技体育信息集成服务的质量,以更好地根据用户需求提供满意的服务。

7.4.1 优质信息服务的质量指标

国际标准化组织(ISO)对质量的定义为:"产品、体系或过程的一组固有特性满足顾客和其他相关方要求的能力。"美国著名质量管理学家朱兰认为:"质量是由两项因素综合而成的,即:第一项因素是吸引顾客并满足其需要的特征;第二项因素是免于不良,从而避免顾客的不满。"① "服务质量是指服务特性的集中效果,它决定于被服务用户的满意程度。"②

具体来说,一项优质服务的质量主要由以下六个因素决定,即可感知性、可靠性、响应性、保证性、安全性和移情性③,从而形成了优质服务的质量指标。竞技体育信息服务作为一种特殊的服务,笔者认为这六项质量指标也是同样适用的,主要包括:

①可感知性(Tangibles)。可感知性是指信息服务的"有形部分",如各种信息服务设施与设备、各种载体的信息资源以及信息服务人员的外表等,借此可以有形地体现出该信息服务机构有别于其他机构提供信息服务的竞争能力。服务的可感知性从两个方面影响用户对服务质量的认识,一方面,它们提供了有关服务质量本身的有形线索;另一方面,它们又直接影响到用户对服务质量的感受。

②可靠性(Reliability)。可靠性是指服务人员可靠准确地履行

---

① Joseph M. Juran. 朱兰质量手册(第五版)[M]. 北京:中国人民大学出版社,2003:56-58.

② 何绍华著. 现代标准化与质量管理[M]. 北京:科学技术文献出版社,2002:222.

③ 刘满凤,黎志成. 服务质量的测评模型[J]. 消费经济,2003(3):50-52

信息服务承诺的能力。许多以优质服务著称的服务机构都是通过可靠的服务来建立自己的声誉的。可靠性实际上是要求服务机构避免在服务过程中出现差错,因为服务差错不仅会造成直接的经济损失,而且可能意味着失去很多潜在的用户。

③响应性(Responsiveness)。这是指服务人员随时准备迅速准确地为用户提供个性化信息服务的意识。对于用户的各种需求,信息服务机构能否予以及时的满足和回应将表明该机构的服务导向,即是否把用户放在第一位;同时,服务效率则从一个侧面反映了该机构的服务质量。

④保证性(Assurance)。这指服务人员具有信息服务的知识和技能、服务伦理以及表达出完成服务任务的自信与可信的能力。它能增强用户对信息服务质量的信心和利用信息机构的热情,它能增强用户对信息服务机构的服务质量的信心和安全感。友好态度和胜任能力二者都是不可或缺的。服务人员缺乏友善的态度自然会让用户感到不快,而如果他们对专业知识懂得太少也会令用户失望,因此服务人员更应该具有较高的胜任服务的知识水平。

⑤安全性(Safety)。这指用户在接受服务的过程中能够保证其人身和财产的安全。特别是在网络环境中,当用户在接受某项服务时,需要将自己的个人重要信息或私人隐私提供给服务机构,用户总希望这些隐私信息不会被服务机构或其他人非法利用。

⑥移情性(Empathy)。这指服务人员应设身处地地为用户着想,给予用户热情的关注和帮助。移情性不仅仅是服务人员的友好态度问题,而且是指信息服务机构要真诚地关心用户,了解他们的实际需求(甚至是个人方面的特殊需求)并予以满足,使整个服务过程富有"人情味"。

总之,提供优质的信息服务是竞技体育信息机构生存和发展的基础,也是开展质量管理活动的目的和工作核心。而事实上,一个产品或服务的质量只有在使用过程中才能体现出来,故对质量唯一有发言权的是用户,以上优质服务的质量指标从用户的角度去衡量的话,最终还是表现为用户对信息服务机构所提供的信息产品和服务的满意度。

7.4.2 基于用户的集成信息服务质量评价

Charles McClure 将信息服务评价定义为：确认和收集关于特定服务或活动的数据的过程，建立可以评价其成功的标准，确定服务或活动的质量以及服务或活动实现既定目标和任务的程度①。对竞技体育信息集成服务进行评价的主要目的是通过系统收集有关集成服务工作的各种数据，进行全面的价值分析和综合判断，在肯定服务集成效果的基础上，找出集成服务中存在的问题和不足，以供服务质量控制甚至质量改进提供依据。因此，对竞技体育信息集成服务的评价是进行服务质量控制的基础。

国内图书馆界非常重视对自身服务情况进行评价，如图书馆对学科信息门户、集成检索等方面的评价，也有 CALIS 等集成服务组织专门对参考咨询等服务项目进行了评价。国外图书馆也已经利用了许多工具和方法对自身的发展、服务情况和服务质量进行了评价，如美国研究图书馆协会每年的调查、LibQUAL+TM 和其他的用户调查方法，正规的如平衡计分卡法和关键用户群体评价法；其中许多方法是正规的和基于经验的，也有许多定性的和非正规的方法；定性和定量相结合的评价过程和结果为图书馆馆员掌握新的服务技能、承担新的服务任务和从事新的服务工作提供了可能，从而使图书馆更能了解和满足用户需求②。

竞技体育信息机构自身做好服务质量的评价是提供优质服务的保证，但更应重视用户对服务的评价。如 C. R. McClure 和 R. D. Lankes 认为数字参考评价应包括：①结果评价，即答案的质量，包括准确性、对用户的适用性、交互的机会、教育指导作用等；②过程评价，即服务过程的效益和成就，包括服务的可获得

---

① Charles R. McClure. User-based Data Collecton Techniques and Strategies for Evaluating Networked Information Services [J]. Library Trends, 1994, 42 (4): 591-593.

② Gail V. Oltmanns. Organization and Staff Renewal Using Assessment [J]. Library Trends, 2004, 53 (1): 156-162.

性、答复的及时性、服务程序的清晰性、服务的广度（答复问题的比例）、员工的培训与考评、用户隐私、用户意识等；③经济评价，即服务成本和成本效益；④用户满意度，满意度指标包括准确性、及时性、员工的行为、技术因素、物理设施等。其最后的评价标准还是要达到用户满意①。

用户对服务质量的评价是一个相当复杂的过程。采用多种方式鼓励、引导和激励用户评价和检验各服务机构的服务理念、服务内容与服务模式，检验信息资源集成的合理性、技术集成的保障率等，通过采用发放调查表、电话询问、适时地召开用户座谈会等形式与用户建立多层次与全方位的信息联系，通过调查和沟通及时征询用户对现行服务集成的意见，了解用户对扩展信息服务集成内容和形式的要求。

7.4.3 信息集成服务的质量控制

姜永常从知识服务资源度、服务内容、服务方式度、服务手段、服务对象、服务人员、服务经营和服务过程角度8个方面分析了如何进行知识服务质量的全面控制问题②。

这些指标对于竞技体育信息集成服务是同样适用的，因为知识服务是一种基于集成化的服务，集成服务的理想境界是为了向用户提供各种信息甚至是能够直接解决问题的答案或知识，更好地满足用户需求。控制信息服务质量的常用方法主要有质量差距分析方法和服务过程控制方法。

（1）基于差距分析的服务质量控制

服务质量差距分析内容主要包括：①通过与用户期望的服务质量比较分析找出差距；②通过与管理者制定的服务质量标准比较分析找出差距；③通过与其他服务机构相同或相似的服务项目对照分

---

① 初景利. 图书馆数字参考咨询的理论与实践研究 [D]. 北京：中国科学院研究生院，2003：108.
② 姜永常，陶颖. 论知识服务质量的全面控制 [J]. 中国图书馆学报，2005（1）：65-70.

7 面向用户的竞技体育信息集成服务管理

析找出差距；④通过用户感受到的服务质量与信息服务机构承诺的服务质量比较分析找出差距。其中基于用户期望的质量与实际提供的信息服务质量之间的差距分析是最主要的服务质量差距分析法。

通常用户对服务质量所作的评价不仅与其经历的实际服务质量有关，而且与其对服务质量的期望有关，用户对服务质量的评价是其期望质量与实际经历的服务质量之间比较的结果。不同知识背景的用户对服务具有不同的期望。因此，管理人员应该深入了解用户期望，进而制定出服务质量标准。同时应该为用户提供真实的服务信息及能够实现的合理承诺；因为过低的服务承诺不足以吸引用户，而过高的承诺则会令服务者无法履行诺言。

目前 LibQUAL +TM 是最有影响的基于用户期望的服务质量差距分析与控制法。

LibQUAL +TM 来源于 SERVQUAL。SERVQUAL 是 20 世纪 80 年代末在服务行业兴起的一种新的服务质量评价方法。1988 年，美国市场营销学家 L. L. Berry、A. Parasuraman 和 V. A. Zeithaml 依据"全面质量管理"（TQM）理论提出了这种服务质量评价方法。其理论基础是"服务质量差距理论"。他们认为，最终的服务质量取决于用户感受到的服务水平与用户所期望的服务水平之间的差值。即：服务质量＝用户感受到的服务水平－用户所期望的服务水平。

美国学者 Zeithaml，Berry 和 Parasuraman 等人在 1993 年提出顾客期望分为理想服务（Ideal Service）、期望服务（Desired Service）和一般服务（Adequate Service）。把这一观点应用到信息服务的期望，可以这样解释：Ideal 有"称心如意的"意思，也就是期望获得最满意而期望值高的信息服务。Desire 有"愿望、希望"的意思，也就是期望能获得事先认为能得到的服务。Adequate 有"适当的"意思，也就是期望获得符合自身信息需求的服务。前者服务为非常满意，可归为潜在期望；后两者服务为用户可以接受的服务，可归为基本期望①。

---

① 徐纲红. 信息用户服务质量——层次性期望与满足 [J]. 图书馆杂志, 2004（1）: 33-36.

SERVQUAL 则采用问卷调查的方式调查用户的主观感受（知觉）。在可接受的最低服务水平和理想的服务水平之间存在一定的差距，这个差距称为"容忍区"。如果用户实际感受到的服务水平落在容忍区之内，则表明用户认为这种服务的质量是可接受的、可容忍的；如果用户实际感受到的服务水平落在容忍区之外，若低于可接受的最低服务水平，则表明用户认为其服务质量不可容忍，若高于理想的服务水平，则表明其所提供的服务质量高于用户的期望[1][2]。

ARL（美国研究图书馆协会）和 Texas A&M 大学合作，以 SERVQUAL 为基础，继承了 SERVQUAL 的评价方法和工作机理，通过反复进行读者调查来对 SERVQUAL 进行不断的修订，2000 年美国教育部高等教育改善基金向 ARL 提供资助"研究型大学图书馆服务效果评价"项目，并定名为 LibQUAL +TM。该项目以 SERVQUAL 为基础，重新定义调查问题、层面以及数据收集过程，旨在研究一种新的用于衡量信息服务质量的方法。图书馆信息服务质量评价方法的应用具有普遍性，在竞技体育信息整合平台服务中可以用于评价竞技体育科学文献的组织和集成利用效益。

基于用户期望的服务质量差距分析是有效控制信息服务质量的方法，它有助于信息服务机构发现服务供需双方对服务理解的差异，找出引发差距的根源和改进服务策略，以便保证用户期望的质量与实际提供的信息服务质量相一致。差距分析要做好下列几项工作：①与用户建立伙伴关系；②建立传统的用户沟通渠道；③影响用户期望，能随时意识到用户的期望变化并作出相应的调整以适应用户需求的变化；④信息服务质量概念是动态的，应及时调整服务手段和方式；⑤改善管理，提高服务中的用户满意度。

---

[1] 初景利. 应用 SERVQUAL 评价图书馆服务质量 [J]. 大学图书馆学报, 1998, 16 (5): 43-44.

[2] 袁琳, 刘银红. ARL 对 LibQUAL +图书馆服务质量评价模式的研究与应用 [J]. 图书情报知识, 2004 (2): 75-77.

7 面向用户的竞技体育信息集成服务管理

(2) 基于服务过程的服务质量控制

过程控制法是服务质量管理的一种主要方法和原则。①ISO9001：2000 质量管理体系标准列出了质量管理的八项原则，其中就包括过程方法，其他依次为以顾客为关注焦点、领导作用、全员参与、管理系统方法、持续改进、基于事实的决策方法和与供方互利的关系，以这八项原则和方法为基础，从而使组织理解质量管理和应用，真正改善组织绩效。

以用户为中心的竞技体育信息集成服务强调与用户的高度交互性，使得过程质量控制成为一个需要重视的环节，而且也是保证最终服务产品质量的前提。不仅服务过程贯穿于用户解决问题的全部过程，而且服务人员还要融入用户及其决策过程之中，与用户形成非常明确和紧密的双向沟通关系。这就决定了服务质量应由服务产品质量和服务过程质量两方面组成。以往，信息服务更多地强调服务产品质量，过程质量往往表现在查准率、查全率等指标上，控制的方法也多停留于服务态度等方面。

对信息服务过程进行质量控制是用户服务过程的重要组成部分，它依赖服务工作规范、程序和标准来评价和控制整个用户服务的过程。对竞技体育信息集成服务过程实现质量控制要做好下列几项工作：①确定竞技体育信息集成服务的内容范围和质量标准。根据用户需求从自身拥有的信息服务能力出发，策划和确定提供信息集成服务的内容和类型，制定出既与用户期望相吻合，又能同国际接轨的，切合实际通过努力能够达到的集成服务质量标准。制定质量标准时要合理地权衡服务质量和成本，还要通过对主要信息产品和服务的评估找出存在的质量问题和制约因素。②制定质量体系文件。通常质量文件由质量计划、质量测量、质量记录和质量手册4部分组成。③全面分析各环节的质量职能，确定负责各级质量管理和控制的权限及职责，以便及时消除或者减少由于不合理程序的复杂操作和不适当的训练造成的各种不良因素。④充分利用质量管理

---

① 赵伯兴. 论信息服务质量的全面管理和控制 [J]. 情报理论与实践，2003（6）：519-522.

工具、绩效测定工具和统计工具，对信息提供及时、准确、新颖、可靠与否以及价格可承受性等方面进行测定。⑤记录信息服务的过程和结果，建立信息服务档案。这是改进质量的依据。通过对记录内容的模拟和分析可以发现服务过程中不合理的程序，找出对用户要求理解和认识方面的差距，进而通过构建服务补救系统实施补救。收集信息用户对服务质量的评价也是服务质量控制中的重要环节。⑥提供服务质量承诺。服务承诺必须与能够提供的服务能力相一致，对内要能够取得管理者的认同，对外要符合用户特定的质量要求。⑦与用户建立稳定的服务信息反馈联系。用户对信息服务的反馈信息，既是改进服务质量的重要依据，也是挖掘潜在服务内容的重要依据。⑧规划分析服务流程。通过分解服务步骤画出服务流程图，以便信息供需双方在服务过程的接触瞬间改进服务的质量。可通过图表的形式把服务的过程和每一步的内容展示出来，直观清晰地展现信息服务的全过程，然后整合和分析服务失败信息，找出提供劣质服务或者服务失败的原因。

鉴于竞技体育信息集成服务的动态集成特点，应有机结合使用基于服务过程和基于服务差距的质量控制方法。可借鉴 CALIS 在服务质量控制方面的成功经验①，如由 CALIS 管理中心直接负责的"资源与服务"评估子项目组，对 CALIS 开展的各种服务，如资源检索、馆际互借与文献传递、参考咨询、联机编目、业务培训等进行了评价和质量控制。基于服务过程的质量控制，如 2005 年 4 月 CALIS 采取了三种方式进行评估和质量控制，即：①各子项目提交中期检查报告和检查申请；②CALIS 管理中心审查后，视情况组织检查组进行现场检查；③CALIS 管理中心根据审查或检查的结果，提出评估意见。基于服务差距的评估和控制表现在 CALIS 制定了馆际互借、参考咨询和定题服务方面的相关服务指标，根据既定指

---

① 中国高等教育文献保障系统．CALIS 各中心建设思路与建设内容（PPT）．[EB/OL]． [2006-10-20]．http：//www.calis.edu.cn/huiyiziliao/huiyi5/CALIS% B8% F7% D6% D0% D0% C4% BD% A8% C9% E8% B7% BD% B0% B8.pdf.

7 面向用户的竞技体育信息集成服务管理

标进行质量控制,其中包括参加馆数量、覆盖率、业务量、系统运行情况、请求满足率(本馆、外馆)、服务的满意度、服务响应时间、用户评价、推广情况、培训和宣传活动等指标。

8 竞技体育信息集成服务案例分析

目前，国内外体育权威管理机构、部分运动项目组织机构以及体育信息服务商在提供竞技体育集成信息服务实践中积累了一定经验。以下以我国国家体育总局主办的中国体育资讯网和国家帆板队的体育信息集成服务实践为基础，分析网络环境下体育行业中竞技体育集成信息服务的现状，总结现有集成信息服务平台的特色和不足，基于以上分析，我们构建了竞技体育信息集成服务平台，探讨其技术实现和集成服务的提供。

8.1 中国体育资讯网信息集成化服务分析

中国体育资讯网是国家体育总局体育信息中心建立的专业体育信息研究与咨询服务网站，拥有一支由精通英、日、俄、德、法等语种、在体育信息研究和咨询领域有相当造诣的15名资深专家组成的研究队伍（其中高级研究人员6人）。从设计初衷上看，中国体育资讯网充分利用国际互联网信息传播量大、辐射面广、不分时间、地域限制等优势，密切关注国内外竞技体育、体育产业、大众体育等领域发展的最新动态，广泛搜集各渠道信息，并进行系统加工整理和深入研究，以期能够及时传递国内外体育信息、及时准确地为国家体育总局的决策提供具有战略高度的信息咨询服务，为运动训练与竞赛部门、体育科研与教学单位、体育中介机构、新闻媒体、体育经营企业提供系统的全方位的体育信息服务①。多年来，国家体育总局信息中心还为"奥运争光计划"服务，努力研究国外奥运会项目的制胜规律、探索国外竞技体育保障体系、运动训练的先进方法与手段、科技攻关与服务、教练员、裁判员与运动员管理、运动器材与设备、国家队建设、训练基地建设、赛制改革等领域的基本趋势；尤其为国家队备战奥运会、亚运会等世界大赛提供大量的具有战略高度的情报信息。在中国国内的体育信息服务组织中，该网站集成了多个专门数据库，内容十分广泛，服务于中国体育的各类主体和成员，因此被视为一种信息集成化服务。

从构建形式上看，中国体育资讯网可以称为行业综合性信息门户，是面向多种体育信息用户（竞技体育信息用户为其重要组成部分）的包罗内容较为宽泛的信息门户。下面，将分别对其提供信息服务的具体情况、服务方式和服务特点以及信息服务中存在的不足进行分析。

8.1.1 体育资讯网信息集成化服务情况

目前，网站的建设方——国家体育总局体育信息中心在对收集的数据进行整理加工的基础上建立了"竞技体育成绩数据库"、"国际群众体育信息数据库"、"国外体育管理信息数据库"、"中国群众体育管理信息数据库"、"我国体育企业名录数据库"、"体育政策法规数据库"，在此基础上正在筹建"我国一、二线运动员管理信息系统"和"体育产业统计等大型数据库"。中国体育资讯网对其中比较成熟数据库提供了主题信息分类、标题信息检索和条目浏览功能。

（1）资讯网依托的数字化信息资源

国家体育总局体育信息中心主要通过数字化和非数字化两种形式提供体育信息服务。数字化信息服务方面，通过网站用户可以直

---

① 中国体育资讯网．关于我们．[EB/OL]．[2007-10-20]．http：//www.sportinfo.net.cn/aboutus.asp.

接从相应的专业数据库中获取信息;也可以通过网站针对不同体育信息用户设计的相应栏目进行有关信息的获取。在这些数据库的基础上,国家体育总局体育信息中心编辑出版了《竞技体育信息》、《中外群众体育信息》、《体育产业信息》、《足球理论与实践》、《反兴奋剂动态》、《体操信息》、《世界大赛、世界纪录、世界排名成绩汇编》、《奥运会信息》、《亚运会信息》等刊物,这些刊物定期或不定期出版。

资讯网所利用的专门数据库包括:

①竞技体育成绩数据库。该数据库是国内目前最大最完整的竞技体育成绩数据库。网上可查阅 2000 年以来世界锦标赛、世界杯赛、洲级锦标赛等国际重大比赛成绩(2000 年前上述比赛成绩可订购光盘版数据)。数据量以每年约 2 万条新成绩记录入库速度递增。

②运动训练信息数据库。数据库收录了自 1992 年以来国家体育总局体育信息中心收集、整理、翻译的国外具有代表性的高水平运动训练的情报信息资料。信息内容涵盖重大赛事备战、高原训练、力量训练、耐力训练、运动训练科技攻关与服务、运动训练方法与手段、奥运集训的组织和管理、运动训练基地建设、运动训练器材与设备等方面。这一数据库的信息资料科技含量较高,每年增加大量新信息,可以为高水平竞技体育项目训练提供一定的高质量的信息支持。

③国外体育管理信息数据库。该数据库主要收录自 1995 年以来国外体育宏观管理、国际奥林匹克运动、大型综合性运动会、国外体育财务管理、体育科研管理体制、国外体育政策法规、体育经费管理、体育产业与市场等领域的信息资料。

④国际群众体育信息数据库。该数据库自 1996 年开始建设,是国内群众体育信息方面的权威数据库,数据库资料定期更新。信息内容包括国内外群众体育管理、社会体育指导员、学校体育、体质监测、群众体育俱乐部、国外全民健身计划、体育人口、体育场地、体育消费与体育用品、运动处方、社区体育、群众体育科研等 12 个信息系统。

⑤体育政策法规信息数据库。该专题数据库主要收录自1980年以来、由国家体育总局以及地方体育管理机构制定和颁布的体育政策文件、法律法规，以及国外有关的体育政策法规等信息。

⑥体育产业数据库。该数据库主要收录自1994年以来国家体育总局体育信息中心收集、整理、翻译的体育用品、体育市场营销、俱乐部经营、体育融资、体育旅游、体育赞助、体育保险、体育经纪服务、赛事营销策划等领域的信息资料。

从以上分析中可知，资讯网是一种整合部分资源的信息集成化网站，其中整合的资源决定了服务的集成度。

（2）以用户为中心设计的网站栏目

目前，中国体育资讯网设置了"北京奥运信息"、"竞技体育信息"、"体操信息"、"反兴奋剂动态"、"群众体育信息"、"体育产业信息"、"体育用品信息"7个主要栏目，除此之外在栏目设计中还有一个"专题报告"栏目。

①北京奥运信息。该栏目收录了体育信息中心自编的从2006年到2008年出版的《北京奥运信息》不定期出版物，约70万字。信息内容重点报道主要对手国家和运动员备战的最新情况、各主要强国实力分析及重点项目的训练动向、新技术；国际述评、科研新动向、新成果；器材变革；医务监督；兴奋剂检测等。其主要为国家体育总局备战2008年奥运会提供决策参考，为各项目国家队训练提供信息支持，同时对地方队训练起指导作用。

②竞技体育信息。该栏目收录了由国家体育总局体育信息中心与国家体育总局竞技体育司合办出版的每月一期的出版物《竞技体育信息》。信息内容密切关注国内外竞技体育最新发展动态，深度分析和及时报道国外主要对手国家重大赛事备战情况，为有关部门提供高质量的情报服务，深度分析国内外竞技体育领域重大事件的背景与趋势、国外竞技体育保障体系、运动训练的先进方法与手段、运动训练科技攻关与服务、教练员、裁判员与运动员管理、运动器材与设备、国家队建设、训练基地建设、赛制改革等领域的最新发展动态。及时向各级体育行政机构、各省市自治区体工大队、运动技术学院、新闻媒体、业余体校、科研院校提供高质量的信息

服务。

③体操信息。该栏目收录了由国家体育总局体育信息中心与中国体操运动项目管理中心合办出版的每月一期的出版物《体操信息》。它是各级体操管理机构、体操队、体操学校、科研机构、新闻媒体等重要的信息获取渠道。信息内容涵盖竞技体操、艺术体操、蹦床、健美操四个项目。以登载国际体操联合会、中国体操协会官方消息、国内外中大型赛事最新动态、运动训练、规则变化、主要对手国家动态追踪、实力分析等文章为主。

④反兴奋剂动态。该栏目收录了由国家体育总局体育信息中心与中国奥委会反兴奋剂委员会合办出版的每月一期的出版物《反兴奋剂动态》。信息内容主要是有关国内外有关禁用药物与方法的最新研究动向、检测技术进展、奥林匹克运动禁药名单、国际体育组织反兴奋剂政策法规、重大国际或国内比赛药检信息、重大兴奋剂事件、重要国际会议等反兴奋剂动态,以及国家体育总局颁发的各种反兴奋剂规定、通知和文件。

⑤中外群众体育信息。该栏目收录了由国家体育总局体育信息中心与国家体育总局群众体育司合办出版的每月一期的出版物《中外群众体育信息》。主要登载国内外"全民健身计划"、体育消费、国民体质监测、大众体育政策、社会体育指导员、老年人体育、妇女体育、青少年体育、社区体育、大众体育科学研究、大众体育经费与场地等保障措施、体育活动等方面的文章,为群众体育管理与科研提供所需信息。

⑥体育产业信息。该栏目收录了由国家体育总局体育信息中心与国家体育总局体育经济司合办出版的每月一期的出版物《体育产业信息》,主要登载奥运经济、奥运市场开发、体育无形资产开发、体育市场、体育用品、体育市场营销、体育融资、筹资、俱乐部经营、赛事营销、体育旅游、体育赞助、体育保险、体育场馆经营开发、体育活动与赛事策划、体育经纪服务等领域的文章。

⑦体育用品信息。该栏目收录了由国家体育总局体育信息中心编订出版的每月一期的出版物《体育用品信息》,信息内容主要登载协会新闻、活动介绍、市场热点、国内外现状及趋势、政策法规

8 竞技体育信息集成服务案例分析

及标准等方面的文章,其中还包括中国企业进军海外应了解的规则和规定、具体案例介绍等,主要服务于各相关中心、地方体育局产业管理部门、联合会会员、协会组织、相关企业和媒体。

⑧专题报告。目前,该栏目收录了奥运实力分析、专项训练进展、国别体育发展比较、反兴奋剂发展、竞技体育管理、体育设施等方面的专题报告,此外也包括了部分非专题报告类信息。

8.1.2 体育资讯网信息平台集成信息服务特点

国家体育总局体育信息中心一方面提供网络数据库和电子期刊的信息服务,一方面通过编辑出版纸质定期和不定期刊物向会员单位提供非数字化信息服务。中国体育资讯网信息服务采用会员制。会员可通过互联网享受包括数据库检索、电子刊物及科研服务三大类信息服务。该网站的集成信息服务特点如下:

①网站以自建数据库为信息服务基础。网站依托国家体育权威管理机构,由专人定期从不同信息源获取相应主题资讯、经由人工分类处理建设主题数据库。人工获取和处理信息避免了许多无效信息的录入,保证了数据库建设的质量,对用户的信息利用有一定质量保证作用。

②网站信息服务设计中体现了一定的集成信息服务理念,为用户提供了多种渠道获取所需的信息资源。首先,在页面上设计了其他主要竞技体育信息来源的链接,扩大了用户获取信息的渠道。其次,在服务用户方面,中国体育资讯网面对大众体育、竞技体育、奥运竞技、体育产业、体育产品、体育科研等多个类别的用户,从栏目设计中体现了以用户需求为中心的信息集成服务思想。具体信息栏目中提供的信息经由人工分类在一定程度上提高了信息的针对性和服务的有效性。从设计初衷上看,"专题报告"栏目的开辟带有参考咨询和定题服务的色彩,是迈向更深入更专业的信息服务的一种努力。

③用户可以通过多种途径获取所需信息,其中部分服务体现了信息导航服务功能。在平台中,用户可以通过栏目分类浏览进入相关专业信息资源库,通过"分期浏览"、栏目提供的有限的"文章

分类"(二级信息分类标引)以及"文章标题检索"获取相应数据库的信息内容。其中,部分栏目数据库中提供给用户的一些二级检索标引,具备了初步的行业内信息导航服务的功能,有利于用户做进一步的信息检索。例如,在"竞赛成绩数据库"中,设计了世界锦标赛、世界青锦赛、亚洲锦标赛、亚洲青锦赛、其他洲锦赛、其他洲青锦赛、世界杯赛、洲际杯赛、其他国际赛、世界排名等10个二级检索标引;在"运动训练库"中设计了田径、体操、摔跤、举重、击剑、柔道、赛艇皮划艇、手球、拳击、排球、网球、冬季项目、科学训练、足球共14个二级标引,等等。

8.1.3 体育资讯网信息平台集成服务的不足及其原因分析

比照前文所述竞技体育信息用户的信息需求和对集成信息服务的需求,从以上的分析中我们可以看到这一平台的集成信息服务存在不足:

①网站信息中缺乏多媒体体育信息,竞技体育专项信息过少,数据库提供的信息内容不够丰富、有些库的数据缺失严重,平台信息更新不及时,这些问题的存在导致平台还不能很好地满足用户的信息需求。

目前,网站的信息资源类型单一、主要以文字信息为主,网站中欠缺在竞技体育和体育经济信息中广泛存在并为广大用户需要的图像、声像等多媒体信息。各专项中,仅对体操等少数有优势信息资源的专项信息单独建设了数据库,对大多数的专项信息散放在其他各个数据库中,并且还不能统一检索。同时,网站中现有的信息内容也还不够丰富。例如,在"体育产业库"中对二级标引"体育用品"项目进行直接检索时(见图8-1),给出的检索结果中的信息仅有10余条,在信息更新方面,信息更新不及时,信息更新周期间隔较长。仍以图8-1的检索结果为例,从截图上展示的信息中可以清晰地看到,信息的更新间隔较长。

造成上述问题的原因主要有以下两点:

原因之一是网站信息数据的获取与处理过于依赖人员手工操作,没有使用网络信息集成服务的相关技术,没有发挥网络技术在

8 竞技体育信息集成服务案例分析

注：网站浏览日期为 2008 年 4 月 14 日。如无特殊说明，本章网页截图日期均同此日期。

图 8-1 "体育产业库"二级标引"体育用品"展示结果

获取和利用各类信息资源方面的优势来弥补自身的不足。一方面，单纯采用人员方法进行信息数据建设，其建设和维护成本高，信息服务水平受到极大限制。另一方面，现代网络和电子信息技术的发展，在不同技术框架下对异构系统之间的信息整合研究都有了一定的进展。平台完全可以采用网络爬虫技术、网页内容自动抽取技术、网络信息自动检索技术等，借助信息技术扩大和加快网络信息采集，实现初步过滤、分类和索引，再结合现有的人员手工操作方式，能够有效提升信息资源的数量和质量，改善信息的丰富性、及时性和针对性，从而提高信息服务水平。

原因之二是网站缺乏对其他来源信息资源的利用，资源层面的信息整合不足。中国体育资讯网全部依赖自建数据库来提供信息服务，加上自身人力、物力的制约带来的数据库建设中的不足，难以保证信息用户对所需信息准确性、及时性和全面性的要求，阻碍了信息服务水平的提升。竞技体育资源的分散分布、现有信息资源的分布现状以及许多专门信息涉及知识产权问题，决定了要为用户提供高质量的信息服务就要广泛建立与其他部门的业务联系，为用户以多种方式取得那些信息资源提供服务。中国体育资讯网还没有建立与外部多信息部门及机构的信息服务协作关系。虽然在该网站首页上有中国大众体育网（http：//www.chinasfa.net，国家体育总局体育信息中心承办）、第29届奥林匹克运动会组织委员会官方网站（http：//www.beijing2008.cn）、国家体育总局中国体育信息网（http：//www.sport.gov.cn，国家体育总局体育信息中心承办）、体育管理在线（http：//www.sportmonline.cn）的链接，但是由于这些平台大多属于一个机构承办的面向不同用户的信息平台，其信息具有比较强的相似性。在机构合作方面，非常缺乏与其他权威竞技体育信息服务机构的合作，比如与权威体育新闻机构的合作、与国内外大型信息服务提供商的合作、与专业数据库的合作等都还没有开展。

②网站没有提供可以实现跨栏目、跨数据库信息检索的统一搜索服务。现有的信息检索是建立在对各个栏目内部数据库信息的检索基础之上的。因此，从不同的栏目和数据库就同一检索项进行相同主题词的检索，结果差别很大。而且，每个数据库中检索出的信息内容差异非常大。比如，分别在"竞技体育信息"、"反兴奋剂信息"和"北京奥运信息"三个栏目中以"反兴奋剂"为主题词进行检索，检索结果分别为2条、266条（前两项检索结果见网页截图8-2、网页截图8-3）。继而在网络列示的所有数据库中进行相同的信息检索，在"国外体育管理库"中获取检索结果213条，在"体育政策法规库"中获取检索结果1条，其他库检索结果均为0①。并且，每个数据库中检索出的信息内容差异非常大。这说明针对具有特定信息需求的用户，网站现有的功能设计不能很好地整合现有资源，为用户提供准确、统一和全面的信息服务。

---

① 以上均为2008年4月14日的检索结果。

8 竞技体育信息集成服务案例分析

图 8-2 "竞技体育信息"栏目中"反兴奋剂"词条的检索结果

③在网站设计中,没有设计能够反映用户信息反馈、用户信息需求发布、用户对信息服务的评价的相关功能模块。这样,虽然网站在设计初衷上有为特定人员提供深层次服务的意向,但在具体实现中由于缺乏与信息用户沟通的环节而使得信息服务与信息需求脱节,在无从了解用户信息需求的情况下,不能很好地满足用户的深度需求。

从以上分析我们看到,当前中国体育资讯网信息服务中存在的关键问题在于对外部网络信息资源的整合不足、信息服务的集成度不高。网络环境下,集成信息服务应以信息共建、共享和共用为目标和手段,应充分利用信息集成技术采集和处理信息,同时通过和多个信息单位的合作形成逻辑上的公共信息资源库,通过数据库间各信息主体充分不间断的信息交流和共享,提高信息服务的效率和效果,才能充分发挥中国体育资讯网作为一个体育信息集成服务网站的功能。

竞技体育信息集成服务

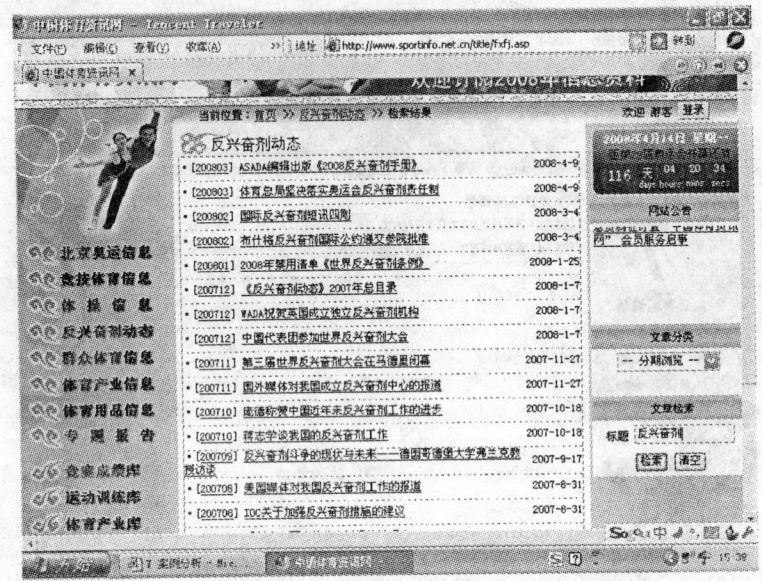

图 8-3 "反兴奋剂动态"栏目中"反兴奋剂"词条的检索结果

8.2 国家帆板队集成信息服务实践分析

在竞技体育各项目中，帆船帆板运动除了具有对运动智能、技战术、运动员体能要求都很高的特点外，还有一个突出的特点是运动的不可控性。受到天气、风速、风向、水流等环境条件的影响较大，帆船帆板的最佳航线的选择取决于运动员对帆的空气动力性能、船或板的水动力性能、风向、风力的大小以及涌、浪、潮汐、气象知识的综合而灵活地应用。帆船帆板项目涉及的竞赛规则还包括海上航行、救生、避碰等极为复杂的航行权问题，即便是多年在世界大赛上夺取过奖牌的运动员，也会在世界大赛中出现对规则理解的错误，我国运动员也曾在奥运会的比赛中出现过对规则理解的偏差而痛失金牌的情况。这项运动对运动员的综合素质要求非常高，一个优秀的运动员除了应具备体育运动知识和良好的运动能力

8 竞技体育信息集成服务案例分析

以外，还需要具备空气动力学、流体力学、海洋学、气象学等方面的知识。因此，为了提高该项目的整体组织水平，有必要针对运动员、教练员以及帆船帆板管理人员开展集成化的信息服务。

从 2005 年开始，国家队科研组根据国家队领导、教练员和运动员的需求，就已经开展了相关的研究，并构建了国家队信息服务平台，为国家帆船帆板队运动员提高专项理论水平，更好地去感悟水流、气象、海浪、风力方向等提供集成化的信息服务。2006 年国家体育总局开始加强科研信息平台建设工作，第一期重点建设帆船帆板、赛艇、皮划艇、游泳、举重等十几个运动项目的科研信息平台。在此基础上要逐步建立共同的科研信息平台。国家帆船帆板队运动员通过不断地长期积累，使技战术感觉得到升华和飞跃，通过外显化使基于个人认识的体会和感觉成为自己日常训练和比赛中能自觉应用并能进行交流的知识和经验，而集成信息服务平台为此提供了有力的支撑。

国家队信息平台利用信息化的优势，整合了各个学科的信息资源，为帆船帆板项目提供了智力储备。目前，国家帆船帆板队信息平台已经在帆船队中广泛使用，依托该信息平台还组建了国家帆船帆板队局域网。在局域网内可以进行运动技术互助分析，运动员利用自己的终端反复地观看揣摩训练比赛录像和教练员的讲评，大大地提高了训练的效果，提高了运动员的学习兴趣，逐步建设成为了一个学习型的运动队，让该项运动的发展站上了更高的台阶。

8.2.1 帆船帆板集成信息服务平台的基本功能

目前，已经基本完成帆船帆板国家队内部信息服务网络及其相关信息服务网站的建设工作，基本满足了国家队的需求，其基本功能如图 8-4 所示①。

为了满足应用的需要，整个信息平台分为五大模块，如图中矩形框图所示。一为运动员信息，其中包括国内运动员信息和国际优

---

① 周长城. 国家帆船帆板队信息平台的构建与应用 [D]. 武汉：武汉体育学院，2007：23-30.

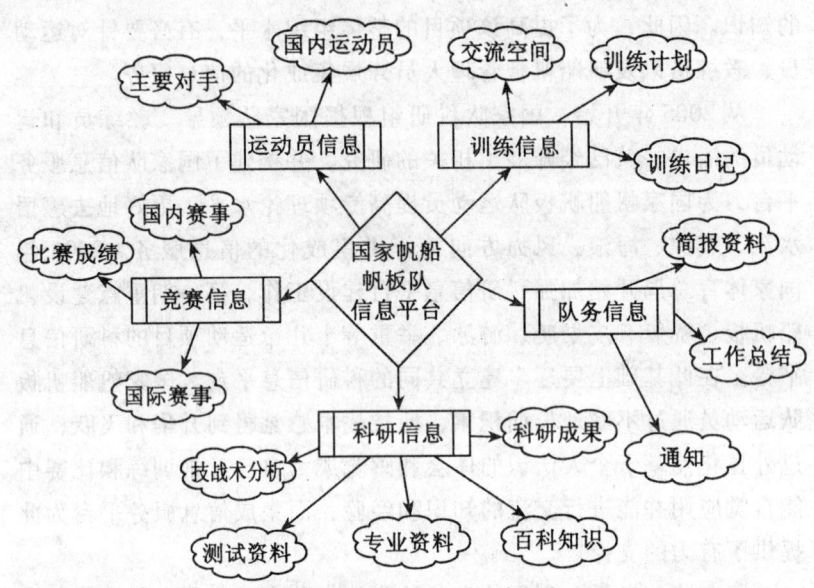

图 8-4　国家帆船帆板队集成信息服务平台的主要功能

秀选手的相关信息；二为竞赛信息，主要包括国内赛事、国际赛事和比赛成绩；三为科研信息，主要包括有专业资料、百科知识、技战术分析和测试资料；四为队务信息，主要包括了通知、工作总结和简报资料；第五部分为训练信息，主要包括训练计划、训练日记和交流空间。整个信息平台除了包括提供相关资料外，还提供强大的交互式平台，能够满足教练员和运动员以及运动员和运动员之间的交流。

（1）基于网络信息资源环境的集成信息发布服务业务

在信息集成服务内部管理系统中制作信息采集器，或者直接使用系统本身的资源收集系统，利用网络爬行软件或网络漫游装置在网上定时定期地进行以预先设定的关键词集合为目标的搜索；将收集到的所有信息集中存储于一个临时空间，对其进行第二次筛选，依照特定的筛选模型将其中新颖性和精确性有保障的内容筛选并依照重要程度排序，然后将其中最重要的信息（A 类信息）发布，并将所有查询到的 A 类信息收入数据库提供回溯服务；新颖性和精确性但无法保障的内容（C 类信息）直接删除，重要性相对不足的信息（B 类信息）可以收入数据库供其他服务使用。针对国家帆船帆板队对天气信息的要求，该信息服务平台提供了关于 2008 年北京奥运会帆船帆板的比赛场地在青岛海域的天气信息服务。因为，这时的风向变化大，海流暗潮涌动情况十分复杂，气象信息特别难以准确提供。2008 年奥运会帆船帆板比赛场地如图 8-5 所示。

因此，我国帆船帆板选手在自己主场上比赛，只有对青岛场地的水文、气象等规律了如指掌，运动员才能够充分利用主场作战的优势发挥出自己的水平。在 2007 年的青岛集训和测试赛中，通过对教练员的海上实测数据、青岛海洋大学的气象水文的数值预报和对奥运会气象服务资料的收集，国家队信息服务平台整合了三个系统的大量数据资料，教练员和运动员可以通过比较三个系统对同一天比赛水文气象预报的不同数据看出各自的优缺点。对青岛比赛场地气象水文数值信息进行收集与整合后，可以进行全天候的气象水文的信息发布。

（2）集成化信息推送服务

未注册用户在注册过程中提供用户信息和需求特征信息，登录后自行设置定制信息，依据注册用户定制信息，按照其个性化需求，系统将服务器定期扫描用户定制信息之后的产品采用推送至终端或推送至邮箱的方式定期提供给用户。帆船帆板训练计划的制订是整个训练的第一步，也是体现教练组训练思想的具体表现，教练员在每个周期的训练开始前就该周期的年度、季度和月训练计划，包括平时的训练计划和赛季的训练计划。集成信息服务平台没有建立之前，教练员的周训练计划都是打印出来供运动员观看的，里面有大致的每天训练的内容，在每天海上训练或是陆上训练开始前，教练员都会把详细的当天训练内容给队员们作讲解，并作出具体的要求。集成信息平台建立后，队员们就可以在通过集成推送信息服务提前了解教练的整个训练方案和计划，能够把本周的训练计划和之前几周的训练计划作对比，并可以通过留言板把自己对教练员训

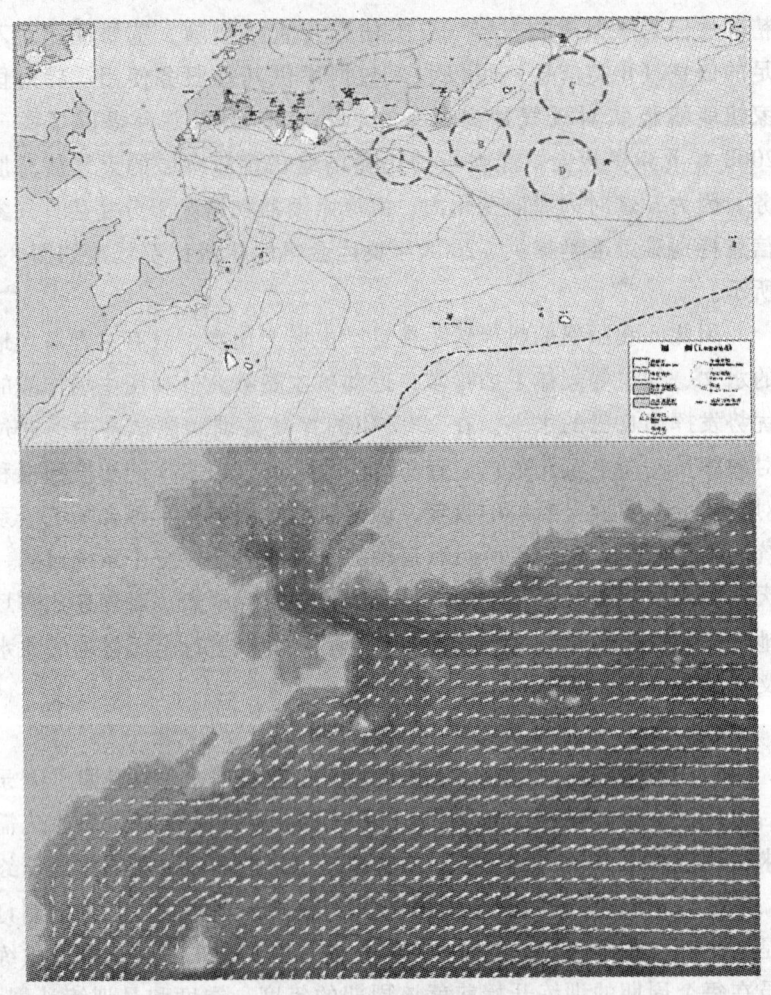

图 8-5　2008 年奥运会帆船帆板赛事地点图

练安排的想法说出来，或是提出更合理的建议，这样有利于队员与教练间的交流，有利于促进训练效果的提高。

每天训练结束后，运动员登录国家队网站将自己的训练日记录入国家队集成信息服务平台，教练员也通过登录集成信息服务平台进入训练日记数据库中，通过系统集成推送服务来自动接受运动员录入的日记并进行批改,对运动员当天的训练表现和技术的状况作出点评。每天训练结束后教练员在给运动员做训练小结时,可以在会议室中通过无线网络登录国家队集成信息服务平台,调取其中的训练技术录像或是照片,讲评当天训练课运动员在海上训练的基本情况、技术特点等,并可以和以前的训练录像或照片做对比,运动员训练后也可以登录信息平台反复观看或者下载训练录像或照片自行分析、比较。例如:对影像资料中的运动员帆的后帆边的对比研究可以看出跑船时帆的受力情况、运动员对帆的调整情况。此外,可以通过观看自己的训练和比赛录像,及时了解自身技术特点和不足,在接下来的训练中能够及时地加以调整和改进。通过比较自己和对手录像资料,找出国外运动员技术的优势和不足,用以拟定比赛时的制胜方案。如图 8-6 所示,我国女子帆板运动员殷剑在 2006 年青岛国际帆船赛上同获得冠军的法国 Merret Faustine 之间的尾风段技术对比图,可以看出两人在摇帆技术风格上的巨大差异。

国家队信息平台数据库系统还储存了本周期国家队各场比赛的赛事资料,包括各项比赛的竞赛通知、航行细则、比赛中的运动员绕标顺序、比赛成绩排名等。

图 8-6 帆船技术动作对比分析图

国家帆船帆板队长期在外驻训,队伍的管理是做好训练工作的第一步,通过集成信息服务平台定制的中心文件、通知等可以让队员们更好的了解中心领导的指示精神，中心领导和队部领导也可以通过信息平台利用其管理员授予的权限随时检查教练员的训练工作和运动员在训练中的表现情况等，加强了对国家队训练工作的管理。信息服务平台上的交流区也可以供我们的运动员在里面畅所欲言，对于国家队的管理工作提出各种意见和建议。

（3）专题咨询集成信息服务

集成化信息服务由于其理念、技术、资源、服务等各方面的优势，有利于专题咨询服务甚至是智能自动专题咨询服务的开展，国家帆船帆板队集成信息服务平台可以通过其整个信息处理架构的更新和完善实现专题咨询服务功能：通过集成信息服务平台的网络功能，全国各地的帆船帆板方面的有关专家的信息被整合进来，运动员和教练员以及其他与此相关的人员可以通过利用集成信息服务平台提供的参考咨询服务，对自己在训练中遇到的各种问题进行相关咨询。进行运动技术的问题分析，达到提高训练成绩，提高比赛名次的最终目的。

8.2.2 面向运动队的帆船帆板信息集成服务的组织机制

同中国体育资讯网的信息集成服务相比较，国家帆板队的集成信息服务平台有着更为明确的用户对象，用户需求的界定和信息服务功能设计更有针对性。在具体的信息服务中，更加强调了对专业信息的集成，明显的优势在于开展了与工作密切联系的更深层次的主动性信息服务，并且取得了一定的成效。

①针对训练生活特点组织信息，信息内容专业性、针对性强，信息格式多样化。帆船帆板项目在我国只发展了数十年，而国外却有数百年的历史，从横越大西洋的大帆船到各种小型帆船、单人艇甚至帆板，国外从事帆船帆板运动的人数不胜数，相关文献资料也非常丰富。基于这种发展差距，我国帆船帆板人必须努力接收外来资讯、大胆实践、敢于创新，才能实现跨越式发展。信息平台通过对外文资料的翻译来获取最新的资讯正是实现跨越式发展的捷径。在信息平台中收录了国内外大量的关于帆船帆板理论的文章，信息平台的使用提高了训练的科学化水平。帆船帆板运动技术水平的提

高必须以训练理论的提高为先导,信息平台上不断发布有翻译、更新的大量国内外帆船帆板专项业务、竞赛、对手、技术特征等资料,以及帆船帆板各大网站的信息,如国家队体能测试、生化测试结果、各重点级别的世界前五十强排名、每年欧洲各大赛事的具体比赛信息、各级别的级别规则的更新、帆船帆板规则的案例等。国家队科研组还组织翻译了三本专业帆船训练书籍:《调帆技术》、《帆船训练》、《帆船比赛》。通过翻译这些专业书籍有助于指导教练员的日常训练工作的开展,而且对运动员来说也是熟悉训练、了解项目规律的有效途径,使之对于帆船帆板运动的热爱之情也更进一步加强了。此外,国家队信息平台中还收录英文原版专业书籍,比如 High Performance Sailing、Sail Power、The American's Cup 等供教练员和运动员查阅。

结合竞技体育专业项目的特点,网络平台上不仅有文本文献资料,还收录了大量的运动员训练、比赛时的技术录像和照片以及部分对手的技术录像、照片等第一手影像资料。信息平台的影像资料中包含许多富有教育意义的纪录片,如 Discovery、国家地理等介绍地理人文的多媒体信息资源。同时,结合帆船帆板国家队驻外训练地处偏僻海边、远离城市的特点,为了调节训练环境给队员带来的闭塞和压抑感,促进训练后身心放松和体力的恢复,国家队信息平台利用信息化传媒的科技优势,通过多媒体的手段为国家队的运动员和教练员们提供丰富的影像娱乐资源,也为用户提供"百家讲坛"等热播节目和中外经典影视资源。

②在平台设计和建设上,以用户为导向、面向业务和项目训练组织信息服务。信息服务除了包括提供相关资料外,还提供强大的交互式平台,能够满足教练员和运动员以及运动员和运动员之间的交流。教练员、运动员都自发地购买了笔记本电脑,无论国家队转场到哪里,一项首要的工作就是组建国家队的信息服务网络接入口,这样教练员和运动员们就可以进入信息平台实现队员的信息管理和训练、比赛资讯的收集下载,有力地促进了国家队训练效果的提高。网络基础上的信息平台成为国家帆船帆板队训练、生活中不可或缺的一部分,在教练员、运动员训练、工作和生活中发挥着不

可或缺的作用。建立信息平台的目的不是为了仅仅建立一个属于自己的信息服务平台,而是利用这样的一个平台,提供多元化的服务,其最终目的是为了让运动员提高专项技能,获得更好的运动成绩。因此,在信息平台上除了有大量供运动员和教练员阅览的文本资料外,还有大量的运动员训练、比赛时的技术录像和照片以及部分对手的技术录像和照片。

③基于技术和网络资源环境的平台信息服务方式的变革。当前竞技体育信息服务正朝向主动化方向发展,因而竞技体育信息服务系统在资源集成并进行了相关的处理后,必须有针对性的向用户提供服务,而且这个过程必须是自动控制的。即集成化信息服务平台要能够自动根据其数据库中信息的变化、网上相关信息源的变化和深层开发的结果动态发布相关信息并及时提供相关资源服务。

8.3 竞技体育项目信息集成服务平台的研发及应用

针对中国体育资讯网与国家帆板队信息集成服务的不足,作者在参加国家自然科学基金项目"面向用户的信息整合与服务"过程中,研发了面向竞技体育用户的项目信息集成平台。目前,平台正面向项目用户试用。

8.3.1 用户需求为中心的竞技体育信息集成服务平台总体框架

竞技体育信息集成服务平台面向多类别竞技体育用户,旨在建设一个兼顾一般性竞技体育信息需求和个性化信息需求的集成信息服务系统,构建满足不同层次的竞技体育信息需求的开放性服务平台。在平台建设粗具规模之后,可针对国家和地方重点发展的优势竞技体育项目开展集成信息服务。同时,开发和建设具有优势和特色的数据库。竞技体育信息集成服务平台的总体框架如图8-7所示。

如图8-7所示,平台可以按照三种标准进行集成。首先,是从首页的栏目设计上对信息的显示按照栏目进行集成;其次,在具体栏目之中,根据竞技体育的组织特点采用按照专业项目的标准进行

8 竞技体育信息集成服务案例分析

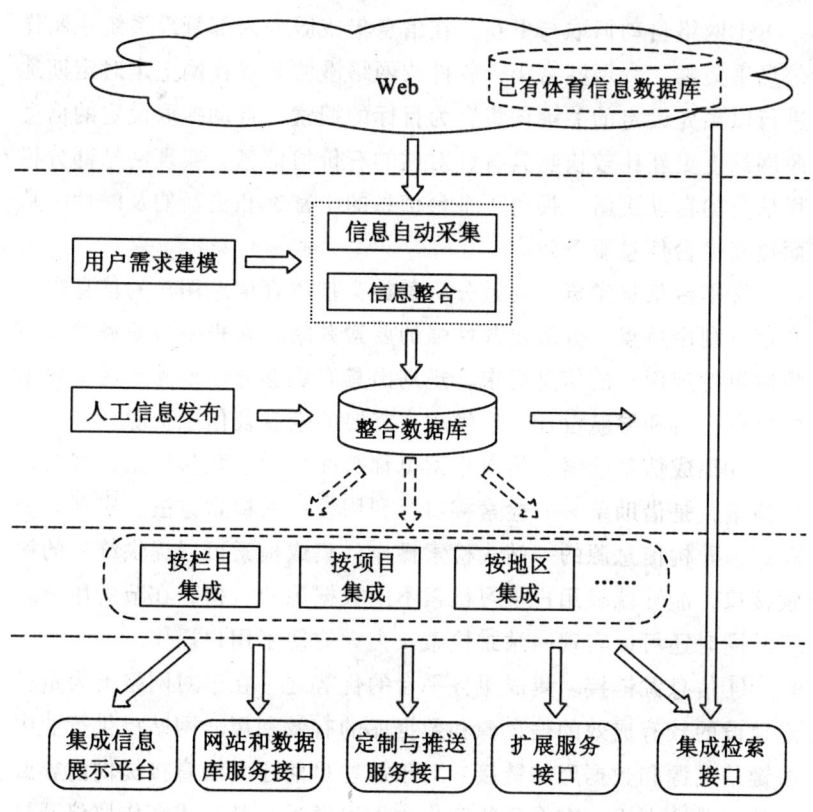

图 8-7 竞技体育项目信息集成服务平台总体框架

集成,这种集成符合绝大多数信息用户的信息利用习惯;再次,由于我国竞技体育开展的历史原因,各专业项目形成了地区分布各有优势的现状,在平台信息服务向纵深发展的时候,可以适当按照地区进行信息集成,这在客观上也是符合人们的信息需求偏好的。在信息进行充分整合和集成的基础上,平台提供 5 个方面的服务。

8.3.2 竞技体育项目信息集成服务平台的功能设计

竞技体育集成信息服务平台提供的主要功能包括:网络信息自动抓取与更新、平台信息浏览、集成信息检索、信息源链接、用户信息定制与推送、网络咨询与互动。

①网络自动抓取与更新。在信息集成服务内部管理系统中制作信息采集器，利用网络爬行软件或网络漫游装置在网上定时定期地进行以预先设定的关键词集合为目标的搜索，自动抓取设定的信息源网站上更新比较快、具有针对性的有价值信息，实现网站部分栏目信息的自动更新，提高了平台信息的丰富性和更新的及时性，从而提高平台信息服务效率。

②平台信息浏览。通过分析各类竞技体育信息用户的信息需求和信息利用特点，分解出共性强的要素并结合未来平台业务发展中将侧重特定用户的信息需求，规划出具有能够方便地满足这些要求的信息栏目和导航设计，提供用户需要的信息及信息资源。

③集成信息检索。集成检索也称跨库检索、联邦检索、多数据库检索，是借助单一的检索接口，利用统一的检索方法，实现对分布式、异构信息源的一站式检索操作。集成检索可以提供统一的检索接口，能够减轻用户学习检索不同数据源的负担，在节省用户时间的同时还可以实现一站式检索，大大方便了用户操作。

④信息源链接。集成服务平台的优势之一在于对网络上大量已经建设的较有成效的信息源和数据库的有效利用。网站提供行业内关键信息源和数据库的链接。对于那些目前还无法直接提供内容服务的专业数据库，在今后的工作中可以通过与其达成合作协议开展代理服务。分类信息导航可以在现有条件下尽力满足用户的一站式信息服务需求，是网络信息集成的有益补充。

⑤用户信息定制与推送。网站中提供 RSS 信息定制推送服务，用户可以通过网站提供的可定制信息类目有选择地订阅自己感兴趣的竞技体育信息。新信息源被不断地"实"时推送到用户面前，而勿需用户访问网站和其他网络资源，避免了时间和精力的浪费，有效地提高了信息服务的及时性、主动性和针对性。

⑥用户咨询与互动。平台为用户提供三种形式的用户咨询与互动服务方式——专家问答、竞技论坛和电子邮件。在专家问答中，通过对各领域的专家名人的博客和个人网站的导航，以及和部分专家达成合作约定，用户可以向专家提出自己的疑难问题获得专家的

解答和帮助。

8.3.3 竞技体育信息集成服务平台的实现

通过对当前主流的信息系统开发技术进行比较和评估，本平台采用 Java 开发环境，在现阶段平台设计中使用了自主开发的网络爬虫技术、基于 Htmlparser 的网页内容抽取技术、基于 Lucene 的信息检索技术、基于 Struts2 + Ibaits 的网站开发等技术。平台的技术实现方案如图 8-8 所示。

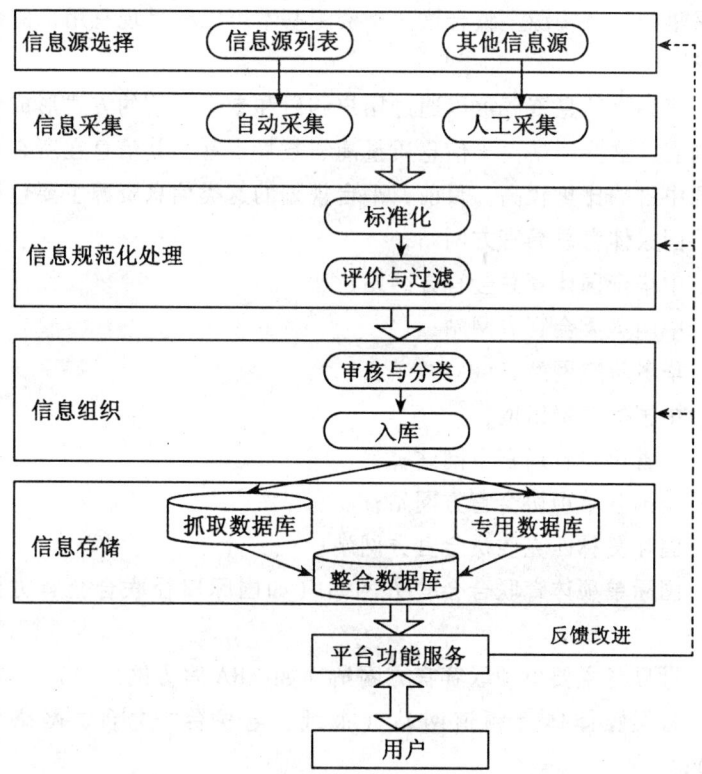

图 8-8 竞技体育信息集成服务平台系统的实现

在前台网站建设中，平台采用当前流行的 MVC 框架 Struts3.0，Struts3.0 是在 Struts 的基础上吸取了 Web Work 的优点，进行改进后的强大的 MVC 框架。采用 Struts3.0 技术可以使网站的结构清晰、逻辑明了，同时在响应速度和安全性上得到很好的保障。在数据库处理上，采用 Ibatis 技术进行数据持久化工作，使关系数据库和面向对象的编程语言可以更好地结合在一起。同时，通过数据缓存处理技术，实现数据的快速响应，确保在恶劣的网络环境中实现大规模数据的快速传输。

信息源的选择。信息服务集成首先体现在信息资源的整合上。平台信息来源于两大类信息资源：一类是行业内最常用的主要的网络信息资源，另一类是其他媒体信息资源和一些还不能实现网络自动采集的信息资源。整合这两类资源基本可以满足现有用户的信息需求。

第一类信息资源可以通过用户调研和专家评估的方式形成信息源列表，这些网站由于信息质量高、数量丰富，其信息在所有采集来源中占的比重较高。目前，平台规划的这类信息资源主要包括：

国家体育总局官方网站；

中华全国体育总会官方网站；

中国奥委会官方网站；

华奥星空网站；

中国体育资讯网；

各省市体育局官方网站；

全国各单项协会官方网站；

国际奥林匹克委员会官方网站；

国际单项体育联合会官方网站（如国际田径联合会官方网站等）；

世界各主要单项联赛官方网站（如 NBA 官方网站等）；

各类媒体体育频道网站（报纸、电视台、电台、网络媒体等）；

其他有关的体育商业网站。

第二类信息资源主要包括未被列入上述资源列表的其他非网络信息资源、目前情况下还不能进行网络自动获取的数据库资源，以及其他渠道获取的信息资源等。

信息采集。在对信息源来源进行合理规划后，可以针对上述第一类资源采用网络自动获取技术采集信息，对第二类信息则需要大量结合人工采集。信息的自动采集主要是根据用户事先确定的数据源，构造一定的规则对多个信息源进行实时跟踪和采集，所采集的信息具有时效性和全面性，可以最大限度地以最快的速度整合已有资源，能有效地保证用户对信息丰富性和信息更新频率的要求。鉴于不同代表信息来源均有自己的特色信息，除了能够动态抓取其中通用的信息之外，还应考虑不同网站之间的差异性数据。而人工采集一方面可以弥补网络信息的不足，另一方面经过人工择取和处理的信息具有明确的针对性和价值，可以提高信息处理质量。

信息规范化处理。对于自动采集到的信息，很难确保其满足特定竞技体育信息用户的要求，特别是大量冗余、无用信息也有可能被采集到，从而对自动采集信息的整体质量和精确度产生影响。因此对采集到的信息进行评价和过滤是很有必要的。对采集来的信息，采用有关的信息技术根据前期设定的数据格式对信息进行转换和标准化整理，在此基础上对采集的信息作出评价和过滤。信息采集与过滤涉及一系列处理，包括内容页面的链接提取和处理、内容网页的文本抽取、提取内容的规范化、提取内容的相关性判断和过滤。相应的信息处理标准主要依据于前期的分析设定。

信息组织。信息的组织包括了信息审核和分类等工作。信息组织环节是对信息进行序化与优化的过程，也是提供优质信息服务的前提。在对采集信息进行评价中，就已经对信息的项目特征进行了量化，信息的项目分类可以此为依据。对竞技体育信息的组织工作主要集中于按照信息内容所属栏目进行分类上，同时相关信息还可按照项目、地区的标准进行标引和集成。

信息存储。数据库是实现平台主要服务功能的物质基础。在上一环节的信息组织工作中，对于当前其他信息源中还没有形成优势的行业内信息进行分类汇总并进行规划，通过积累逐步建设平台自有的特色数据库。通过分类的信息分别进入网络抓取数据库和专用数据库，这二者共同形成逻辑意义上的整合数据库。在统一各个发布平台数据格式的前提下，在数据层可以实现互联互通，经过一定时间的积累后可形成庞大的集成竞技体育信息库，为进行永久性信息存储和开放式信息服务提供基础。

在整合数据库的基础上，平台提供面向用户的立体服务，具体包括：平台信息展示与浏览、集成信息检索、信息源链接、信息定制与推送、专家问答、竞技论坛和电子邮件信息咨询服务。平台采用目前比较成熟的技术方法提供以上服务。

服务反馈。平台可以从用户的浏览情况中了解用户的信息需求和信息利用特点，还可以从信息定制和互动服务中抽取掌握更多的用户信息需求特点。平台可以从这些信息中提炼出有用的知识，借以改进平台信息源规划工作、改进信息规范化处理和信息组织工作。

8.3.4 竞技体育信息集成服务平台的服务提供与应用前景

在以上设计的基础上，竞技体育信息服务平台实现了网络环境下的信息资源整合和集成信息服务的提供，其紧密结合用户需求的有效率的信息集成服务模式具有良好的应用前景（见图8-9）。

（1）平台的集成服务内容

竞技体育信息集成服务平台的服务提供主要体现在信息的整合和信息服务的集成两个方面。

①基于栏目的信息集成（见图8-9）。具体的栏目包括：竞技新闻、政策法规、体育产业与产品信息、竞技体育视频信息、运动训练信息、奥运信息、竞技体育成绩信息、运动项目信息、体育名人，这些主题栏目的设定能够满足当前竞技体育信息用户最为关注的主题内容，提高用户的信息利用效率。

②基于运动项目的信息集成。图8-9中运动项目栏基本涵盖了2008年奥运会的正式比赛项目。通过信息的自动抓取和分类，可以实现基于运动项目信息集成和资源组织。推动网络环境下体育信息资源的集成和整合，竞技体育信息集成服务平台实现了篮球项目信息集成和发布（见图8-10）。

竞技体育信息集成服务平台通过信息源的规划和选择，达成了从网络自动采集信息，可大大提高竞技体育信息资源的数量和质

8 竞技体育信息集成服务案例分析

图 8-9　竞技体育信息集成服务平台首页结构

量,加快竞技体育信息的更新频率。

(2) 平台的应用拓展

如图 8-9 所示,在信息进行充分整合和集成的基础上,平台目前的服务主要通过五大类服务方式向用户提供信息服务,这五大类服务方式是:集成信息展示平台、网站和数据库服务接口、定制与推送服务接口、扩展服务接口和集成检索接口。集成信息展示是基础性服务,面向所有信息用户;针对许多现有的各具特色的体育网站和还不能进行直接信息采集的数据库资源,网站和数据库导航和代理等服务可以最大化地为有进一步信息需求的用户提供便捷的服务;定制与推送服务是针对某类竞技体育信息有长期需求的用户提供的一种主动信息服务,增强了对用户信息需求的了解并使信息服务更具有针对性,提高了信息服务的质量;扩展服务中当前开展的

竞技体育信息集成服务

图 8-10　竞技体育信息集成服务平台篮球项目信息的发布

比较成熟的是专家问答、竞技论坛和电子邮件三种形式。

通过上述不同形式的互动信息服务，可以满足用户单纯靠浏览却不能解决疑难的更深层次的信息需求，平台提供的信息服务向知识信息服务转变；最后也是基础的一项集成服务是集成检索，通过统一的整合数据库，可以提供跨栏目、跨专业项目和跨地区的信息集成检索，在此基础上开发出一套集成检索接口，对用户的检索请求进行分发，将各数据库反馈的结果进行整合，以统一的形式展示给用户，实现多平台协作的透明化检索服务，有效地保障信息服务效果。

图 8-11 具体展示了平台提供的 RSS 信息定制服务的情况。用

8 竞技体育信息集成服务案例分析

户可以选择感兴趣的信息栏目,并且可以进一步在各栏目下再根据网站提供的热点主题选择信息类别进行信息定制,平台在用户定制的基础上提供信息推送服务。这样,可以让用户按照自身信息需求方便快捷地达到聚合信息的目的。在网站运营步入稳定、形成一定的固定信息用户和专家资源以后,结合现有的网络留言、专家咨询、竞技论坛和电子邮件这些扩展服务模式,平台还可以进一步开展网络博客等服务,形成专业圈子,充分利用用户之间的互动来补充正式渠道信息服务的不足,使平台成为竞技体育信息的汇聚之地。

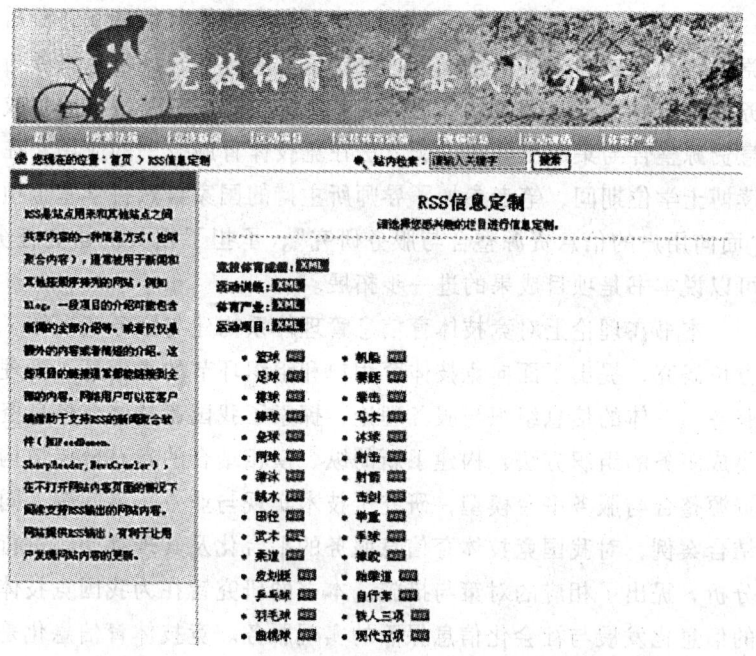

图 8-11 竞技体育信息集成服务平台 RSS 信息定制

在平台建设中,我们拟针对国家和地方重点发展的优势竞技体育项目,如湖北省竞技体育的优势项目跳水、体操、乒乓球等,和湖北省体育局开展合作,开展平台集成信息服务实践,实现集成平台的应用和服务推广。

竞技体育在创新型国家建设和文化发展中具有重要地位，在很大程度上是国家发展和民族振兴的标志之一。从战略上看，竞技体育的开展需要各方面支撑，不仅包括竞技体育决策、科学管理、多方面投入、队伍建设、人才培养和现代化设施作保障，而且需要充分而完备的信息保障，实现我国竞技体育的国际化，这意味着信息化建设中竞技体育信息化同样值得重视。基于这一认识，本书将体育管理学和信息管理与情报学理论相结合，以竞技体育发展及其信息需求为导向，根据我国竞技体育的结构和目标进行了信息保障机制研究，构建了以需求为导向的、面向竞技体育多元主体的集成化信息服务体系，提出了基于多类型、多渠道、多来源的信息资源平台整合理论；在集成服务的实现中，根据竞技体育信息服务滞后于竞技体育发展和公共信息服务、科技信息服务、经济信息服务与政务信息服务的现实，探索了现代信息服务技术与基于网络的集成信息资源整合与集成服务理论、方法在竞技体育服务中的应用。在攻读博士学位期间，笔者参加了导师所主持的国家自然科学基金项目"面向用户的信息资源整合与服务研究"，承担了相关的研究任务，可以说本书是项目成果的进一步拓展。

本书在理论上对竞技体育信息管理体系构建与服务实现作了全方位研究，提出了面向竞技体育用户和组织环节的集信息、管理和服务为一体的信息组织与服务理论，探索了我国竞技体育信息资源集成服务的组织方法，构建了新的纵、横相结合的具有分层结构的资源整合与服务平台模型，研究了技术实现与业务拓展问题。同时结合案例，对我国竞技体育信息服务的平台化及其现存问题进行了分析，提出了相应的对策与措施。本书的研究旨在为我国竞技体育的信息化发展与社会化信息保障的实现服务。竞技体育信息化是一个不断发展变化的动态过程，因此本书的研究也面临着不断深化和拓展的问题，本人将以此为起点将研究引向深入。

参考文献

[1] 胡昌平. 现代信息管理机制研究 [M]. 武汉: 武汉大学出版社, 2004.

[2] 胡昌平等编著. 信息服务与用户研究 [M]. 修订版. 北京: 科学技术文献出版社, 2005.

[3] 胡昌平等著. 面向用户的信息资源整合与服务 [M]. 武汉: 武汉大学出版社, 2007.

[4] 黄长著. 中国图书情报网络化研究 [M]. 北京: 北京图书馆出版社, 2002: 143.

[5] 孟广均等著. 信息资源管理导论 [M]. 第二版. 北京: 科学出版社, 2007.

[6] 霍国庆等著. 企业信息资源集成管理战略理论与案例 [M]. 北京: 清华大学出版社, 2004.

[7] 王翠萍. 基于个性化服务的信息资源组织研究 [D]. 武汉: 武汉大学, 2004.

[8] 周永红. 以用户为中心的信息集成服务研究 [D]. 武汉: 武汉大学, 2006.

[9] 夏立新. WWW环境下学术信息资源及其检索策略研究 [D]. 武汉: 武汉大学信息管理学院, 2002.

[10] 体育科学指南 [M]. 金季春, 等译. 北京: 北京体育大学出版社, 2002.

[11] 肖林鹏著. 中国竞技体育资源调控与可持续发展 [M]. 北京: 北京体育大学出版社, 2006.

[12] 董伦红. 体育信息管理的理论构建及应用系统开发研究

[D]. 北京：北京体育大学，2002.

[13] 中国体育科学学会. 当代体育信息学科建设现状和发展前景展望［R］. 体育科学研究现状与发展（2005-2007），2007（10）.

[14] 孙庆祝，刘逢翔，陈家起，陈培友. 我国体育信息化发展趋势及对策研究［J］. 西安体育学院学报，2007（1）.

[15] 中国体育项目管理信息系统［EB/OL］.［2008-4-10］. http://www.soft7.com/trade/7/76478.html.

[16] 周洪珍. 2008奥运会6省市重点项目布局现状的比较研究［J］. 北京体育大学学报，2007（5）.

[17] 吴希林，袁守龙，孙平，唐家珍. 我国竞技体育运动项目结构特征及奥运设项效益研究［J］. 体育科学，2007（5）.

[18] 周长城. 国家帆船帆板队信息平台的构建与应用［D］. 武汉：武汉体育学院，2007.

[19] 鲍勇. 2008年我国奥运项目布局策略探析——从1984年以来的奥运成绩谈［J］. 北京体育大学学报，2006（1）.

[20] 肖鹏，郑景惠，张旭东. 网络体育信息资源整合及共享服务模式研究［J］. 科技信息（学术研究），2007（5）.

[21] 黄琼霞. 体育院校图书馆信息资源建设探讨［J］. 广州体育学院学报，2007（2）.

[22] 王萍. 体育院校图书馆数字化服务人员问题探析［J］. 哈尔滨体育学院学报，2007（4）.

[23] 黄琼霞. 体育院校图书馆信息资源建设探讨［J］. 广州体育学院学报，2007（3）.

[24] 曾永忠. 互联网体育信息传播的现状及发展对策研究［J］. 图书馆，2007（6）.

[25] 姚燕军. 体育信息在备战全运会过程中的应用研究［J］. 甘肃科技，2007（8）.

[26] 金琼，马雷. 体育院校图书馆学科馆员组织模式探讨［J］. 北京体育大学学报，2007（9）.

[27] 李宝凤. 体育院校图书馆体育竞争情报的服务及发展对策研

究［J］．山东体育学院学报，2007（5）．

[28] 黄琼霞．从重点学科建设谈体育院校图书馆的信息资源建设［J］．情报探索，2007（8）．

[29] 练六英．体育院校图书馆网络参考咨询服务探讨［J］．科技情报开发与经济，2007（14）．

[30] 李宝凤，吕仲敏．体育院校图书馆建立"学科馆员"制度的思考［J］．北京体育大学学报，2007（10）．

[31] 周敦敏．数字时代体育信息资源的优化组织及集成——上海体院图书馆自建特色数据库的探索［J］．体育科研，2007（4）．

[32] 刘文娟，张重喜，温宇红．信息时代的体育专题资源整合——以游泳专项数据库的建立为例［J］．北京体育大学学报，2007（12）．

[33] 刘雪松，胡敏娟．体育信息为竞技体育服务的模式研究［J］．成都体育学院学报，2007（6）：55-58．

[34] 孔军，邓胜利．专业博客与学科门户的互动分析［J］．情报理论与实践，2007（1）：40-42．

[35] 谢旭东．竞技体育信息化动因分析及对策研究［J］．沈阳体育学院学报，2007（3）：45-47．

[36] 刘艳，彭絮．信息构建在学科信息门户中的应用研究［J］．情报科学，2007（12）：1829-1832．

[37] 池建，苗向军．2008年奥运会我国奥运优势项目、潜优势项目备战策略［J］．北京体育大学学报，2006（5）：1009-1012．

[38] 姚少玲．冬奥会比赛项目［J］．俄语学习，2006（5）：81-84．

[39] 张平，马德云．我国竞技体育数据库管理系统的应用现状与对策研究［J］．体育科技文献通报，2006（3）．

[40] 杨文奎．高校图书馆体育信息咨询服务的缺失及对策［J］．大学图书情报学刊，2006（6）．

[41] 红斌，马飞．北京奥运会对我国体育信息化建设的影响［J］．

商场现代化, 2006 (16).

[42] 刘扶民, 张立, 薛万和, 袁俊杰, 刘畅, 张春强. 国家队专项器材管理系统的研制与应用 [J]. 北京体育大学学报, 2006 (2).

[43] 王会寨, 卢石. 网络环境下运动训练信息服务的实践 [J]. 沈阳体育学院学报, 2006 (4).

[44] 尹博. 我国体育管理信息化的研究 [J]. 北京体育大学学报, 2006 (5).

[45] 张立, 潘志琛, 袁俊杰, 刘畅, 李劲松. 国家队实用管理信息系统的研制与应用 [J]. 天津体育学院学报, 2006 (6).

[46] 白洁. 体育信息技术应用现状与展望 [J]. 体育文化导刊, 2006 (9).

[47] 吴淑华. 面向世界的我国体育信息资源数字化建设 [J]. 图书馆理论与实践, 2006 (3).

[48] 郭建伟. 关于体育信息资源利用和整合的思考 [J]. 武汉体育学院学报, 2006 (9).

[49] 钟炼. 体育信息为运动训练服务的探索 [J]. 山东体育学院学报, 2006 (4).

[50] 吴萍, 乐嘉锦. 基于 B/S 三层架构的体育信息处理系统的设计与实现 [J]. 东华大学学报（自然科学版）, 2006 (4).

[51] 胡彪, 饶坚, 姚蕾, 唐义梅. 体育信息整合暨区域间信息共享的研究 [J]. 武汉体育学院学报, 2006 (2).

[52] 金琼. 体育信息的定题服务探讨 [J]. 北京体育大学学报, 2006 (2).

[53] 周德书. 深化体育院校教学改革与图书馆信息服务工作的发展对策——以广州体育学院为例 [J]. 图书馆论坛, 2006 (6).

[54] 中国高等教育文献保障系统. CALIS 各中心建设思路与建设内容（PPT）. [EB/OL]. [2006-10-20]. http://www.calis.edu.cn/huiyiziliao/huiyi5/CALIS%B8%F7%D6%D0%C4%BD%A8%C9%E8%B7%BD%B0%B8.pdf.

[55] 徐敏，施化吉，张晓阳等．基于神经网络集成的专家系统模型．计算机工程与设计 [J]，2006，27（7）：1216-1219.

[56] 张敏．基于 Agent 的个性化信息检索系统设计 [J]．信息技术，2006（6）：48-54.

[57] 邓胜利．面向用户的文献信息服务集成探索 [J]．图书情报工作，2006（1）：109-111，143.

[58] 胡昌平，邓胜利．基于用户体验的信息资源整合分析 [J]．情报学报，2006（2）：231-235.

[59] 胡昌平，邓胜利．基于用户体验的网站信息构建要素与模型分析 [J]．情报科学，2006（3）：321-325.

[60] 胡昌平，李阳晖．面向用户的交互式信息服务组织分析 [J]．图书馆论坛，2006（6）：188-193.

[61] 王晓艳，胡昌平．基于用户体验的信息构建 [J]．情报科学，2006（8）：1235-1238.

[62] 胡昌平．面向用户的资源整合与服务平台建设战略—国家可持续发展中的图书情报事业战略分析（2）[J]．中国图书馆学报，2005（2）：5-9，24.

[63] 潘德利，王宇，朱凡，孙玉宁，单立新．辽宁竞技体育信息资源建设发展研究 [J]．图书馆学刊，2005（2）：38-40.

[64] 孟庆慧．数据库管理系统在体育院校科学管理中的应用 [J]．辽宁体育科技，2005（3）.

[65] 张延平，李向军．体育信息的内涵及共享平台建设 [J]．河北体育学院学报，2005（4）.

[66] 于红霞，李瑜．北京奥运会对我国体育信息化的影响 [J]．体育学刊，2005（4）.

[67] 周天华．体育信息资源的开发和利用 [J]．上海理工大学学报（社会科学版），2005（3）.

[68] 李成杰．网络环境下的体育信息资源及其获取方式 [J]．山东体育科技，2005（1）.

[69] 李建平．试论网络环境下的体育情报工作 [J]．高校图书馆工作，2005（3）.

[70] 王松岩.基于 Internet 的足球战术教学与训练信息交互平台的开发研究[J].武汉体育学院学报,2005(9).

[71] 孙永泰,费发洲.网络环境下体育信息运动的影响因素及对策分析[J].安徽体育科技,2005(3).

[72] 刘保国.《体育信息专刊》为内蒙古自治区优秀运动队服务的研究[J].山东体育学院学报,2005(1).

[73] 华音,胡彪,谢晓云.体育信息资源共享的现状、问题和措施[J].体育文化导刊,2005(10).

[74] 胡昌平,周永红.信息集成服务回顾与展望[J].图书馆论坛,2005(4):1-7.

[75] 程妮等.国外信息过滤系统的研究综述[J].现代图书情报技术,2005(6):30-38.

[76] 白丽君.基于内容和协作的信息过滤方法研究[J].情报学报,2005(3):304-308.

[77] 黄如花,陈朋.基于网络的集成化信息检索[J].中国图书馆学报,2005(1):46-49,60.

[78] 焦玉英,王娜.国内合作参考咨询服务发展研究[J].中国图书馆学报,2005(1):57-60.

[79] 黄国忠.基于智能信息推拉技术的主动信息服务[J].情报杂志,2005(10):59-60,63.

[80] 孔敬,李广建.学科信息门户:概念、结构与关键技术[J].中国图书馆学报,2005(5):50-53,90.

[81] 李华明.智能 Agent 技术与个性化信息服务模式的实现[J].图书馆论坛,2005,25(3):101-103.

[82] 向菲.面向用户的学科信息门户构建模式分析[J].情报科学,2005(10):1568-1572.

[83] 高新陵,谢友宁.基于用户的数字资源整合模式研究[J].图书馆杂志,2005,24(5):35-38.

[84] 牛敬莹,刘文娟,张重喜,白洁.体育情报学研究综述[J]北京体育大学学报,2005(9):1195-1196.

[85] 黄国忠.基于智能信息推拉技术的主动信息服务[J].情报

杂志, 2005（10）：59-60, 63.

[86] 孔敬, 李广建. 学科信息门户：概念、结构与关键技术[J]. 中国图书馆学报, 2005（5）：50-53, 90.

[87] 许鑫, 苏新宁. 高效数字资源整合平台研究[J]. 现代图书情报技术, 2005（9）：61-68.

[88] 贺德芳. 知识链接发展的历史、未来和行动[J]. 现代图书情报技术, 2005（3）：11-15.

[89] 傅泽平. 基于理性个性化的网络信息定制服务[J]. 情报科学, 2005（11）：1859-1864.

[90] 姜永常, 陶颖. 论知识服务质量的全面控制[J]. 中国图书馆学报, 2005（1）：65-70.

[91] 马明霞等. 智能信息推拉（IIPP）技术在图书馆信息服务中的应用[J]. 现代情报, 2005（6）：94-96.

[92] 徐建新, 姚嘉. 中央电视台雅曲奥运会IDF奥运综合信息查询系统的设计及关键技术[J]. 现代电视技术, 2004（10）.

[93] 边卫, 黄黎. 专业运动队信息管理系统的设计与实现[J]. 体育科学, 2004（3）.

[94] 熊媛, 张毅, 陈小平, 姜侃. 跳水训练数据管理与分析系统设计与应用[J]. 体育科学, 2004（10）.

[95] 赵慧, 李玉芝. 我院图书馆体育信息资源的开发与信息服务研究[J]. 沈阳体育学院学报, 2004（6）.

[96] 尹德凤, 尹博. 我国体育职能管理部门信息化现状研究[J]. 首都体育学院学报, 2004（4）.

[97] 甘清瑛. 我国体育院校图书馆网络信息服务的现状及对策[J]. 广州体育学院学报, 2004（2）.

[98] 张晓林. 分布式学科信息门户中网络信息导航系统的规范建设[J]. 大学图书馆学报, 2002（5）：28-33, 43.

[99] 史海燕, 毕强. 国外主要信息集成项目介绍与评析[J]. 情报科学, 2004, 22（7）：839-844, 896.

[100] 陈朋. 基于机构合作的信息集成服务——传统文献信息服务走出困境的突破口[J]. 情报理论与实践, 2004（2）：

165-169.

[101] 季晓林. 网络环境下信息服务的新模式: 协同服务 [J]. 津图学刊, 2004 (2): 10-13.

[102] 粟慧, 杨福康. 信息集成研究进展 [J]. 图书情报工作, 2004, 48 (7): 100-104.

[103] 郑邦坤, 吕先竞. 基于"一站式"服务的模式及支撑平台 [J]. 现代图书情报技术, 2004 (5): 52-54.

[104] 孙美丽. 从以资源为中心到以用户为中心的网络信息资源管理模式 [J]. 图书馆杂志, 2004 (3): 18-20.

[105] 马大川, 杨红平. 信息资源的集成整合研究 [J]. 中国图书馆学报, 2004 (3): 36-40.

[106] 李枫林, 胡昌平. 面向用户的网络信息资源整合策略 [J]. 中国图书馆学报, 2004 (5): 47-49.

[107] 刘彩霞, 王会寨, 邱旭东, 赵澄宇, 牛敬莹. 全国高等体育教育系统文献信息资源共享模式研究 [J]. 中国体育科技, 2003 (6): 35-37.

[108] 杨双燕, 赵水宁. 体育数据分析中数据挖掘技术的应用 [J]. 浙江体育科学, 2003 (4).

[109] 张选惠, 温佐惠, 马强. 武术套路竞赛系统管理软件的制作与研究 [J]. 四川体育科学, 2003 (3).

[110] 李皿, 钟炼. 搜索引擎在体育文献检索中的比较研究与应用 [J]. 天津体育学院学报, 2003 (4).

[111] 陈如桦, 潘前, 高娅. 全运会信息研究与服务——以福建省备战九运会信息研究与服务为例 [J]. 中国体育科技, 2003 (12).

[112] 周敦敏. 关于体育院校图书馆特色数据库建设的思考 [J]. 上海体育学院学报, 2003 (5).

[113] 徐健. 利用 XML 实现图书馆 Web 数据库的动态发布 [J]. 现代图书情报技术, 2003 (1): 54-56.

[114] 肖云, 等. 竞技体育教练员信息需求调查分析 [J]. 体育科学, 2001 (2): 37-39.

[115] 全国体育系统中文体育图书联合书目数据库课题组. 全国体育系统中文体育图书联合书目数据库建设研究 [J]. 中国体育科技, 2001 (1): 6-10.

[116] 2008北京第29届奥林匹克运动会 [EB/OL]. [2008-4-8]. http://www.beijing2008.cn/cptvenues/sports/

[117] 秦俭, 徐明. 国外几所体育图书馆 Web 站点信息服务比较研究 [J]. 成都体育学院学报, 2000 (1).

[118] George Olsen. Expanding the Approaches to User Experience [EB/OL]. [2006-10-20]. http://www.boxesandarrows.com/archives/expanding_the_approaches_to_user_experience.php.

[119] Lorcan Dempsey. The Subject Gateway: Experiences and Issues Based on the Emergence of the Resource Discovery Network [EB/OL]. Online Information Review, 2000, 24 (1): 8-23, http://www.rdn.ac.uk/publications/ior-2000-02-dempsey/.

[120] Ken Hardman. Information Sources for Comparative Physical Education and Sport (in English) on the International Level [EB/OL]. Int J Phys Educ 40, http://www.hofmann-verlag.de/, 2003 (3): 88-92.

[121] Donald G. Frank. Sports Research: Key Web Site to Facilitate Successful Research [EB/OL]. College & Research Libraries News 68, http://www.ala.org, 2007 (5): 305-309.

[122] Darlene A. Kluka, Charles T. Smith, B.S., Terry Lilly, M.S., David Ponton. Selected Publications and Websites for Professional and Aspiring Sport Administrators [J]. International Journal of Physical Education, 2000, 37 (3): 112-120.

[123] Chris Ferguson. Shaking the Conceptual Foundation, too: Integrating Research and Technology Support for the Next Generation of Information Service [J]. College and research libraries, 2000 (4): 300-311.

[124] A. Sherman. Overview of Research Information Regarding Vision and Sports [J]. Journal of the American Optometric Association,

1980(51): 661-665.

[125] V. Palade, R. J. Howlett, L. C. Jain, et al. Automated Knowledge Acquisition Based on Unsupervised Neural Network and Expert System Paradigms[M]. Berlin Heidelberg: Springer-Verlag, 2003: 134-140.

[126] Charles R. McClure. User-based Data Collecton Techniques and Strategies for Evaluating Networked Information Services[J]. Library Trends. 1994,42(4):591-593.

[127] Gail V. Oltmanns. Organization and Staff Renewal Using Assessment[J]. Library Trends. 2004,53(1):156-162.

[128] Rachel Heery. Information Gateways: Collaboration on Content [J]. Online Information Review, 2000(1): 40-45.

[129] Yuval Elovici, etc. A Decision Theoretic Approach to Combining Information Filters: An Analytical and Empirical Evaluation[J]. Journal of the American Society for Information Science and Technology. 2006,57(3):306.

[130] R. J. Bayardo Jr., W. Bohrer, R. Brice. Infosleuth: Agent-based Semantic Integration of Information in Open and Dynamic Environments [EB/OL]. [2006-10-20]. http://www.argreenhouse.com/Infosleuth/.

[131] Eyal Oren, Armin Haller, Cédric Mesnage, Manfred Hauswirth, etc. A Flexible Integration Framework for Semantic Web 3.0 Applications[J]. IEEE Software. Los Alamitos: Sep/Oct 2008, 24(5):64.

[132] Yuval Elovici, etc. A Decision Theoretic Approach to Combining Information Filters: An Analytical and Empirical Evaluation[J]. Journal of the American Society for Information Science and Technology. 2006,57(3):306.

[133] Zhiyun Xin, etc. Information Push-Delivery for User-Centered and Personalized Service [J]//© Springer-Verlag 2006. L. Wang, Y. Jin (eds.). FSKD 2005, LNAI 3613:594-602.

[134] Charles R. McClure. User-based Data Collecton Techniques and Strategies for Evaluating Networked Information Services[J]. Library Trends 1994,42(4):592.

[135] Maristella Agosti, Hans-Jorg Schek, Can Truker. Digital Library Architectures: Peer-to-peer, Grid, and Service-orientation[G]. The Sixth Thematic Workshop of the EU Network of Excellent DELOS. Cagliari, Italy, 2004(5).

[136] Marek Hatala, Griff Richards, Timmy Eap, et al. The Interoperability of Learning Object Repositories and Services: Standards, Implementations and Lessons Learned[EB/OL]. The 13th International World Wide Web Conference on Alternate Track Papers & Posters. NY, USA, 2005. [2006-10-20]. http://portal.acm.org/citation.cfm?id=1013368.1013371.

[137] Kurt Maly, Mohammad Zubair, Li Xuemei. A High Performance Implementation of an OAI-Based Federation Service[EB/OL]. The 11th International Conference on Parallel and Distributed Systems (ICPADS'05), 2006. [2006-10-20]. http://doi.ieeecomputersociety.org/11.1109/ICPADS.2006.27.

[138] Enterprise Dg. Architecture Guidelines for Trans-European Telematics Networks for Administrations (Version 8.1)[EB/OL]. Brussels, September 2005. [2006-10-20]. http://ec.europa.eu/idabc/en/document/3485/5887.

[139] John Dodd, Bruce T. Peat, David R. Mayo, et al. Interoperability Strategy: Concepts, Challenges, and Recommendations [EB/OL]. Concept Level White Paper, March 2003 [2006-10-20].

http://www.iaconline.org/portal/server.pt/gateway/PTARGS_0_2_1873_0_0_18/EA%20SIG%20030403%20White%20Paper%20Interoperability%20Strategy%20Concepts%20Challenges%20And%20Recommendations.pdf

[140] Sandra Payette, Thornton Staples. The Mellon Fedora Project

Digital Library Architecture Meets XML and Web Services. 2003. [EB/OL]. [2006-10-20]. http://www.fedora.info/documents/ecdl2002final.pdf

[141] Cousins Shirley, Sanders Ashley. Incorporating a Virtual Union Catalogue into the Wider Information Environment through the Application of Middleware: Interoperability Issues in Cross-database Access[J]. Journal of Documentation, 2006,62(1):120-144.

[142] Hondgson Ralph, Pollock Jeffrey T. Adaptive Information: Improving Business through Semantic Interoperability, Grid Computing, and Enterprise Integration[J]. Information Processing & Management, 2005,41(5):1301-1303.

[143] M. G. Sreekumar, T. Sunitha. Seamless Aggregation and Integration of Diverse Datastreams: Essential Strategies for Building Practical Digital Libraries and Electronic Information Systems [J]. International Information and Library Review, 2005, 37(4):383-393.

[144] Gordon Dunsire. Conspectus and the Scottish Collections Network: Landscaping the Scottish Common Information Environment[EB/OL]. [2007-11-20]. http://pro.tsv.fi/stks/signumnew/200603/5.pdf.

[145] Jeff Grammer. The Enterprise Knowledge Portal [EB/OL], [2006-10-20]. http://www.dmreview.com/tom.cfm/issueid=1183.

[146] Woo, Joonhee. The Relationship Between Knowledge Portal Functionalities and Business Benefits. [EB/OL]. [2006-10-20]. http://wwwlib.global.umi.com/dissertations/preview/1420149.

[147] David Wainwright, Tersesa Waring. Three Domains for Implementing Integrated Information Systems: Redressing the Balance between Technology, Strategic and Organizational Analysis[J].

International Journal of Information Management. 2004(24):329-346.

[148] Hind Benbya. Corporate portal: a Tool for Knowledge Management Synchronization [J]. International Journal of Information Management. 2004(20):201-220.

[149] Z. Lu, Y. Wang, Z. Zhang, et al. E-service Model of Outdoor Sports Club: Information Flow Guides People Flow [C]. Proceedings of the 8th Joint Conference on Information Sciences, 2005, Vols 1-3:1534-1537.

后　记

本书是在我的博士论文基础上修改而成。由于我的运动训练经历、体育教育背景和所从事的体育职业，自从2004年我进入武汉大学信息管理学院攻读博士学位以来，就一直关注信息集成服务研究，并将其与竞技体育结合，历时4年多。回首4年多的博士研究生学习生涯，老师的谆谆教导、领导的真诚关怀、同学的无私帮助、同事的关心体贴、家人的无限理解，令人感慨万千。正是这一段的经历使我体会到求学路上的艰辛和快乐。在本书即将付梓之际，我内心充满了无限感激。

首先要特别感谢我尊敬的导师胡昌平教授。导师渊博的学识、深厚的学术素养、诲人不倦的教学作风、严谨的治学态度、孜孜不倦的敬业精神，时刻激励着我不断追求和探索。在本书的撰写过程中，导师在选题、研究思路和框架结构等方面提出了许多建设性意见，给予了悉心指导。导师教给我丰富的知识和科学的研究方法，将使我终身受益。四年来，导师在学习上给予我很多的关心和帮助，为我提供了大量的学习和成长机会，导师主持的国家社会科学基金重大项目、国家社会科学基金研究项目、国家自然科学基金研究项目以及教育部重大课题攻关项目等一系列高规格的研究课题，使得我能站在一个更高的平台上研究竞技体育领域的信息服务问题。可以说，本书是这些项目的具体反映。总之，我的每一点进步都凝聚了导师大量的心血和付出。师恩如海，我将在今后的科学研究中更加努力，争取以优异成绩来回报恩师的期许与厚望。同时，在生活上导师和师母也给予了无微不至的关怀。在此向老师和师母表示由衷的谢意！

后　记

对武汉大学信息管理学院严怡民教授、张李义教授、唐晓波教授、余世英教授、邓仲华教授、黄如花教授、周耀林教授、李枫林副教授、邓胜利博士等各位老师在求学期间给予的教诲和帮助，以及在本书撰写中提出的许多具有建设性和针对性的宝贵意见，在此表示深深谢意。

感谢王秀华老师和刘秋霞老师的诚挚关心和帮助。

感谢易勤教授，您的关心、照顾、鼓励和鞭策我将铭记在心。

感谢武汉大学体育部杜耀权书记、胡剑波主任、郭晶教授、朱卫雄教授、张新生教授、沈名顺教授、胡晓华副教授、刘伟林副教授、罗飞虹副教授等各位老师在我求学期间给予的无私关怀。

武汉大学出版社高璐老师、詹蜜老师给予了充分的支持，为著作的修改、定稿付出了辛苦的劳动。

对以上老师、学者在此特致谢意，同时对给予帮助的汪慧玲、刘高勇、岳庆玲、张敏、胡潜、陈果等同门、朋友、同学，表示感谢。

同时要感谢我的家人。正是你们的默默的支持和无私的付出，才有我今天的顺利成长。你们的健康快乐是我最大的心愿。

本书虽告一段落，却仍有很多缺憾，这正是我继续前进的动力。我会继续努力，奋斗在体育科学研究之路上。

孔　军

2009 年 4 月